U0856486

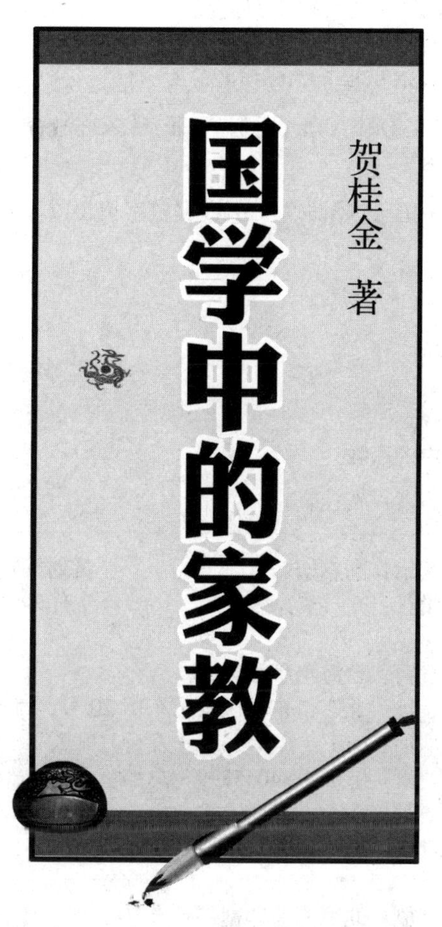

台海出版社

图书在版编目（CIP）数据

国学中的家教 / 贺桂金著 . -- 北京 : 台海出版社，2017.5

ISBN 978-7-5168-1423-9

Ⅰ . ①国… Ⅱ . ①贺… Ⅲ . ①家庭教育－中国 Ⅳ . ① G78

中国版本图书馆 CIP 数据核字（2017）第 113387 号

国学中的家教

著　　者：贺桂金

责任编辑：高惠娟　　　　策划编辑：卜　卜
装帧设计：翌　晨　　　　责任印制：蔡　旭

出版发行：台海出版社
地　　址：北京市东城区景山东街 20 号，邮政编码：100009
电　　话：010 － 64041652（发行，邮购）
传　　真：010 － 84045799（总编室）
网　　址：www.taimeng.org.cn/thcbs/default.htm
E － mail：thcbs@126.com

印　　刷：北京嘉业印刷厂
开　　本：710 毫米 ×1000 毫米　1/16
字　　数：226 千
印　　张：15.5
版　　次：2017 年 7 月第 1 版
印　　次：2017 年 7 月第 1 次印刷
书　　号：ISBN 978-7-5168-1423-9
定　　价：38.00 元

前言

国学，是中华文化中积淀下来的瑰宝，是中华民族几代文化精英思想的结晶。在过去的几千年里，它都深深地影响着中国人生活的方方面面，从国家的法律制度，到日常的礼仪规范，从治国方略，到个人修养，无所不包。它散发出的璀璨光芒令世界为之瞩目。新文化运动及其以后的很长一段时间，国学遭到了空前的挑战，但是随着社会经济的飞速发展，人们道德信仰的缺失，西方哲学的退色，国学文化再一次散发出夺目的光彩。人们发现，最终能够引领中国人走出精神困境的，仍旧是中国自己的哲学。所以，国人重新审视起了祖先们的智慧，再一次将国学从尘封的历史中取出，拭去上面的灰尘，发现了内在的精髓，于是掀起了一场又一场的"国学热"。

不可否认，国学并不都是精华，但它仍旧是一味济世良药。虽然国学中有些内容是封建社会腐朽的产物，但是当今的人们早就脱离了那个盲目信仰、愚昧无知的年代，懂得了如何取其精华，去其糟粕。于是，从老子的"无为"中看到了"有为"，从庄子的"逍遥"中看到了天性的解放，从孔子的"礼乐教化"中看到了如何提升个人修养……提取圣人智慧中的精华部分，用以指导我们当今的生活，既省力，又见效，一举两得，何乐而不为呢？

如今的社会，是一个浮躁的社会，是一个功利化的社会，这种浮躁的气息无孔不入，无处不在，甚至影响到了祖国的花朵，未来的栋梁。当他们还是幼苗的时候，本该清新嫩绿的叶面上却覆盖了一层肮脏与污浊。"痴心父母古来多"，家长们面对孩子身上出现的种种问题，想要解决而又无从下手，因此头痛不已，无奈之下，病急乱投医，四方请家教，却没见到什么成效。这种心态就好比要将一匹小马驹要训练成千里马一样，面对小马驹在成长过程中出现的劣行，不知道怎么改正，不知道怎么引导。打，只能增加它的叛逆心理；宠，又会让它丧失奔跑的能力。唯有找到正确的训练方法，才能最终培养出一匹千里马来。

国学中的智慧是清透的，能够拂去人心中的杂尘，全面提高个人修养，丰富人的心灵和头脑。“三人行，必有我师焉”讲的是谦虚好学的美德，“知人者智，自知者明”讲的是洞察世事的智慧，“人生天地之间，若白驹之过郤”讲的是对光阴的积极利用，“恻隐之心，仁之端也”讲的是悲天悯人的爱心。国学智慧，从孩子的各个方面入手，以培养一个具有健全的人格，健康的身体和心理，有着远大的理想和自强不息的精神的孩子为目标。本书编者更是精心挑选了历代国学经典文本中的经典条目，从《论语》《老子》《庄子》到《弟子规》《菜根谭》，跨度广，眼界宽，取材精。并对其作了深入的剖析，全面的解读，通俗易懂，且佐以实例，借鉴西方成功家教，为家长全方位地指出了一条教育孩子的绝佳途径。相信家长读毕之后，定能在如何教育孩子的问题上豁然开朗，受益匪浅。若能将这些正确的教育方法用在孩子身上，相信每一棵幼苗都能成为国家的栋梁之材！

目录

第一章 《增广贤文》

第二章 《论语》

第三章 《道德经》

第四章 《庄子》

第五章 《孟子》

第六章 《荀子》

第七章 《墨子》

第八章 《弟子规》《菜根谭》《周易》

第一章

《增广贤文》

《增广贤文》是中国古代儿童启蒙书目。《增广贤文》中的绝大多数句子都来自经史子集、诗词曲赋、戏剧小说以及文人杂记，其思想观念都直接或间接地来自儒、释、道各家经典，从广义上来说，它是雅俗共赏的“经”的普及本。书中认为人的一切都是命运安排的，人应行善，才会有好的际遇，它倡导行善做好事。如何待人接物，是全书的核心。在主张自我保护、谨慎忍让的同时，强调人的主观能动性，文中强调了读书的重要、孝义的可贵。

《增广贤文》以有韵的谚语和文献佳句选编而成，其内容十分广泛，从礼仪道德、典章制度到风物典故、天文地理，几乎无所不含，而又语句通顺，易懂。但中心是讲人生哲学、处世之道，其中一些谚语、俗语反映了中华民族千百年来形成的勤劳朴实、吃苦耐劳的优良传统，是宝贵的精神财富。

平生莫作皱眉事，世上应无切齿人

——教育孩子做人要正直，不做亏心事

阅读提示：你可以侥幸地欺骗许多人，但绝对欺骗不了自己的良心。正如你眼见一圆却口说是方，你骗了别人，骗得了你的双眼和心中铭印下的那个圆吗？显然是欺骗不了的！

人们常说“扪心自问”，就是让自己对做某件事的动机、过程、结果向自己的良心作个交代。

明代冯梦龙所著《警世通言·第八卷·崔待诏生死冤家》里有这样一个故事：

绍兴年间有一个碾玉的崔宁，因为和郡府里的养娘秀秀私奔，去往远离郡府两千余里的地方做待诏，却不想遇着郡府排军郭立，夫妻二人害怕被郡王知晓，遂请郭立吃酒要他隐瞒二人之事，郭立满口应承。但是一回到郡府，郭立马上禀报给了郡王，郡王性烈，害了秀秀性命，但秀秀即便做了鬼，还是回来与崔宁相守。待崔宁得到御前赏识，重又开店，恰又遇郭立，这郭立却是做了亏心事，不敢与秀秀相见。回到郡府仍然说与郡王并立下军令状，不料秀秀没抓来，却让自己挨了五十背花棒。秀秀终于报得冤仇。

在故事里，郭立无颜见秀秀，可见良知是人与生俱来的，是在人的血脉里流淌的。或许别人不知他欺骗的事，但归根到底，他难逃自己良心的鞭挞。

在东方修持术中，有“眼观鼻，鼻观口，口关心”之说，这是一种自我反思的方法，它通过眼、鼻、口最终到心的反思过程，来观察自己的言谈行事是否对得住自己的良心。

俗话说得好：“平生不做亏心事，半夜不怕鬼叫门。”假如一个人平时行事正直、光明磊落、心胸坦荡，肯定活得潇洒而坦然。但是一个做了亏心事的人，或许在人前百般掩饰，装作若无其事的样子，但是内心却惶惶不可终日，因为，他一直逃避不了良心的谴责。曾经有一名背负重案的犯人为了躲避追捕，在外地躲了许多年，风声不像以前那么紧了，但是没有料到有一天他居然前来自首。后来公安机关问他为什么自首的时候，他说，他表面上过得和常人的生活没有两样，但是整日如惊弓之鸟，提心吊胆，以至到了杯弓蛇影的地步，只要看见一切带“警”的标示和声音，以及一切警匪电视剧，就感觉自己马上要被捕了。直到自首之后，心理才安宁了些。在看守所的第一夜，是他睡得最安稳、最香甜的一夜，这是为何？因为他放下了心里的罪孽，不必整日再受良心的责备了。

有些罪犯在法庭接受审问时，为了能够掩饰自己的罪过，逃脱罪责，谎话连篇，瞒天过海，可是，他一旦静下来面对自己的良心时，便会受到良心的谴责与鞭挞，因为良心是公正的。平时我们说“你做了什么自己心里有数”，就是说做事要对得起良心，否则就会于心不安。人最欺骗不了的就是自己！

只要平时做事都对得住自己的良心，那么就能行得正走得端，也不会招致别人的忌恨，富豪慈善家霍英东先生曾说：“我不会怕别人报复我、绑架勒索我，因为我从来不对别人做亏心事。”这话是多么磊落与坦荡，何等的自信与豪迈。这世界上有许多富豪活得惴惴不安，生怕别人陷害自己，出门就有一帮保镖随行，其实看起来声势浩大，然而其内心仍是软弱的。只要平时不做亏心事，哪里还用担心有人陷害自己，哪里还要雇请一帮保镖呢？人只要对得起自己的良心，保护好自己的良心，不会坏了良心，那么就是保卫了自己的一切。良心是每个人的人性中都有的，并不会因为身份地位的高低而有所不同，它对每个人都一视同仁，不论是达官显贵还是平民百姓，只要做了亏心事，始终逃脱不了良心在背后无休无止的追随，直到自己坦诚自己的错误，良心才会放过你。

有这么一些人，他们口中说着仁义道德，说着什么“做人要讲良心”，自己却因为难以抵挡种种诱惑而不由自主地将手伸向了邪恶之地。财迷心窍、好慕名利、嫉妒他人、心胸狭窄、目中无人、斤斤计较等种种不安稳的恶劣习性将促使人做一些违背自己良心的坏事，坏事做完，又担心东窗事发而遭受各种报复，于是百般掩饰，然而越是掩饰，内心越是不安，总觉得别人的眼光能将自己看穿，然后又会坠入自责与不安的深渊。人往往会因为一念之差，而做出不安分之事，事后或许会感到某种快乐、满足，然而最终都难逃良心的审判。虽然每个人在身份地位、个人学识与修养上存在着差异，但是有一点是相同的，那就是在做了违背自己良心的事情以后，都会无一例外地感到极度的恐惧、紧张、惴惴不安，这就是良心对他的谴责。

孟子说，不学而能为良能，不思而知为良知。也就是说，良心的选择是不必经过思考的，这是出于人的本性使然，天性中的良心会时刻督促着你做事要有规矩，千万不要越过雷池半步。

人们说："做事要拍一拍自己的良心。"就是说，做人做事要光明磊落，不要做什么见不得人的勾当。尤其是对孩子来说，更要重视培养孩子的正直观念。孩子就像一匹一尘不染的白布，"染于苍则苍，染于黄则黄"，极易受外界的影响，因此家长要事无巨细地关心孩子，教育孩子，引导孩子，让孩子从小就明白"做事要对得起自己的良心"这句话的含义，并且始终以这句话来要求自己。

闲时不烧香，急时抱佛脚

——教育孩子平时不要松懈

阅读提示：无论是学习还是工作，都要注意平时多努力，积累知识，到了关键的时候，才不至于手足无措，才能应付自如。在处理人际关系方面，也应注意平时广交朋友，急他人所急，帮他人所需。只有这样，才能在自己有困难的时候，不会感到孤立无援，才会有更多的人向你伸出友谊之手。

古时候，云南南部有一个小国家，从国王到各级官员以及平民百姓，都推崇佛教，国内出家当和尚的人特别多。有的人犯了罪当杀，为避免一死，便临时跑进寺庙，双手抱住佛像的脚，表示愿意出家为僧、痛改前非，国王因此赦免了他。后来，信佛的人越来越多，这个故事渐渐演变成了一句俗语，“闲时不烧香，急时抱佛脚”，用以形容一些人平时没有准备，临时慌忙应付的行为。

想要胸有成竹地做一件事情，就要事先准备好，打好各方面的基础，正所谓“有备无患”。俗话说“艺高人胆大”，为什么“胆大”呢，因为有这个“艺”在，有了金刚钻，就敢揽瓷器活，但是如果没有金刚钻而硬要揽瓷器活的话，恐怕就难免出丑了。

古时候，齐国的国君齐宣王爱好音乐，尤其喜欢听吹竽，手下有 300 个善于吹竽的乐师。齐宣王喜欢热闹，爱摆排场，总想在人前显示做国君的威严，所以每次听吹竽的时候，总是叫这 300 个人在一起合奏给他听。

有个南郭先生听说了齐宣王的这个癖好，觉得有机可乘，是个赚钱的好机会，就跑到齐宣王那里去，吹嘘自己说：“大王啊，我是个有名的乐师，听过我吹竽的人没有不被感动的，就是鸟兽听了也会翩翩起舞，花草听了也会随着节拍摆动，我愿把我的绝技献给大王。”齐宣王听得高兴，不加考查，很爽快地收下了他，把他也编进那支300人的吹竽队中。

这以后，南郭先生就随那300人一块儿合奏给齐宣王听，和大家一样享受着优厚的待遇，心里得意极了。

其实南郭先生根本就不会吹竽，他不过是滥竽充数而已。每逢演奏的时候，南郭先生就捧着竽混在队伍中，人家摇晃身体他也摇晃身体，人家摆头他也摆头，脸上装出一副动情忘我的样子，看上去和别人一样吹奏得挺投入，还真瞧不出什么破绽来。南郭先生就这样靠着蒙骗混过了一天又一天，不劳而获，白拿薪水。

但是好景不长，过了几年，爱听竽合奏的齐宣王死了，他的儿子齐湣王继承了王位。齐湣王也爱听吹竽，可是他和齐宣王不一样，认为300人一块儿吹实在太吵，不如独奏来得悠扬逍遥。于是齐湣王发布了一道命令，要这300个人好好练习，做好准备，他将让这300人轮流地吹竽给他欣赏。乐师们接到命令后积极练习，都想一展身手，这个时候，那个滥竽充数的南郭先生急得像热锅上的蚂蚁，惶惶不可终日。他想来想去，觉得这次再也混不过去了，只好连夜收拾行李逃走了。

像南郭先生这种人，平时不作准备，到了紧要时候，就现出原形来了，这种人不学无术靠蒙骗混饭吃的人，骗得了一时，骗不了一世。假的真不了，任凭伪装技术再高，也难以逃过实践的检验，最终还是会被揭穿。想要取得真正的成功，就要脚踏实地地安心学习，一天一天地积累知识与经验，练出来一身过硬的本领，才能走南闯北无所畏惧。

“闲时不烧香，急时抱佛脚”的现象在孩子身上也时有发生。尤其是在考试前夕，很多学生平时不用功，把时间都消耗在网络、电视和游戏上，等到面临真正考验的时候，才慌里慌张地挑灯夜读，一下子熬到半夜，第二天精神也不好，更会影响发挥，结果考试还是考不好。因此，想要真正考出好成绩，唯一的办法也是最好的办法，就是平时认真学习，不要心猿意马。未雨绸缪，方能防患于未然。

那么，对于家长来说，怎样才能让孩子平时加紧学习而不松懈呢？

第一，给孩子提供安心学习的环境。古语有云“玩物丧志”，如果孩子的兴趣过多，涉猎广泛，就难以专注于某一件事情。因此，不要让孩子沉迷于太多的事物。比如孩子在学习的时候脑子里想玩游戏，又想打篮球，还想看电影，这样的状态哪里能够学得进去呢？因此，家长应尽量控制孩子在娱乐方面的时间，尽量不要让他过于沉迷。另外孩子学习的时候，要尽量减少打扰他的因素，给孩子提供一个安静的学习环境，让孩子能够聚精会神。有些家长在孩子学习的时候自己开着很大的音量看电视，或是哈哈大笑，这都很容易让孩子分心，也是家长应该谨记的。

第二，培养孩子的学习兴趣。兴趣是最好的老师，如果没有兴趣，那么逼着孩子学习就无异于坐牢房，让他感觉如坐针毡、坐卧不宁，既浪费了时间，又没有什么学习效率，家长要让孩子学会主动学习，发现学习中的乐趣。比如家长在平时可以给孩子讲解书中一些有趣的知识，让孩子开阔眼界，激发起他的好奇心，引导他自己去书中探索，慢慢地，孩子就会对学习产生浓厚的兴趣。

第三，劳逸结合。如果家长每天都要逼着孩子学习，可能会有两种情况发生：一种是把孩子培养成书呆子；一种就是让孩子产生厌学的心理。孩子不是机器，不可能一天 24 小时一刻不停地去做一件事情，家长要注意让孩子劳逸结合，适当地轻松一下，玩一会儿游戏，这样既能放松大脑，为孩子减压，又能锻炼孩子的灵活性和思维能力，让孩子学习的时候认认真真地学，玩耍的时候痛痛快快地玩，不过要注意的是家长要合理掌握孩子学习与玩耍的时间。

如果孩子能每天认真学习，持之以恒，那么考试到来的时候，自然会信心满怀，如同一位将赴沙场的将军，平日里熟读兵书，千军万马布置齐备，打仗还有什么可怕的，凯旋也是自然的事情了。

凡人不可貌相，海水不可斗量

——不要根据外表判断好坏

阅读提示：评价一个人是不可以从外貌上来判断的，如果以貌取人，那么往往会造成对人的认识不清。要真正了解一个人，就要进行全面而客观的观察分析。

这句话的意思是，人是不能通过相貌来评判的，海水是不能用斗来衡量的，这是告诉我们，对待一个事物，要客观、全面地去观察，不能仅凭表面印象。评判一个人，不要只看他的长相，即使一个人的长相很普通，也可能是身怀绝技、握瑾怀瑜之人。

关于这句话，还流传着一个小故事：以前，有一户官宦人家，住在京城，家主是罗大人，在朝中为官。罗大人有三个儿子，个个是难得的才俊，都在外地当官，家中就剩下三个儿媳妇和婆婆度日，三个儿媳当中就属三儿媳长得最丑，全家人都不喜欢她，叫她丑姑。

有一次罗大人回家休假，想要看看三个儿媳妇中哪个比较聪明，于是就给她们出了个谜，就是让她们三个都回娘家，回来时手里要拿着纸包着火，再用布兜着风来见他。半天工夫，大儿媳妇和二儿媳妇都愁眉苦脸地空着手回来了，只有丑姑提着一个纸糊的灯笼和一把布面扇子来到公公面前。公公很高兴，这正是他想要的谜底，对三儿媳妇连声夸赞，从此，乡里人都知道丑姑是何等的聪明了。

有一年，罗大人在朝中遇到了难题，皇帝要他在一个月之内将海水变成酒，办不成就革职问罪，罗大人这下慌了，怎么也没了主意，闷闷不乐地回到家中，把情形对家人说了一遍。这时丑姑说：“爹，你不用害怕，明天你带我上朝，我自有办法。第二天罗大人带丑姑上了朝，面见皇上，皇上说：”你这个民女可有办法将海水变成酒吗？”

丑姑说："皇上，要想把海水变成酒并不难，可是你要用斗把海水量一量，看看能有多少斗，这样我们才能用同样的斗数去做酒。"皇帝一听怔住了，心想，这海水怎么能用斗去量呢？看来这女子长得虽然面丑，但是她的头脑非常聪明，绝不是普通的女子，真是奇女呀。

皇帝感叹道："凡人不可貌相，海水不可斗量！"接着，皇帝便赐封丑姑为三品诰命夫人，其丈夫和罗大人也各自官升一级。

其实类似这种例子还有很多，三国时的诸葛亮能言善辩，神机妙算，举世闻名，无人不知，无人不晓。可是诸葛亮的夫人你知道吗？据记载，他的夫人相貌奇丑，然而品格清奇，才华横溢，所以帮助诸葛亮成就了一世英名。鲁迅先生虽然身材矮小、其貌不扬，但是他以一支如椽巨笔像手术刀一样无情地切开了旧中国的伤口，对中华民族的命运做出了深刻剖析，他写的文章痛快淋漓、一针见血，揭开了那些虚伪的面具。靠他的口诛笔伐，人们增强了胜利的信心，而他也最终成为中国近代伟大的文学家和思想家。因此在对一个人做出评判或是任用某个人的时候，不要轻易地从外表上做出评判。

有一群昆虫在草堆里聚餐联谊，它们一边兴奋地聊天，一边开心地吃着精心准备的可口美味的食物，没过多久，它们就把汽水喝了个精光。

没有汽水，大家口渴难耐，就商量要派一个代表跑腿帮大家买汽水，而卖汽水的地方又离草堆有一段颇长的路程，昆虫们认为要解决口干舌燥的问题，一定要推选一位跑得特别快的代表，才能胜任这项任务。

大伙你一言我一语，环顾四周，挑来挑去，最后它们一致推选蜈蚣为代表，因为它们认为蜈蚣的脚最多，走起路来，也一定是旋风般那么快。

蜈蚣盛情难却，起身出发为大家买汽水，昆虫们继续嬉闹欢笑，一时间忘了口渴的难耐。过了好久，大家东张西望，都在纳闷蜈蚣怎么还没回来，更是有点放心不下，于是螳螂自告奋勇地去了解一下究竟发生了什么事，一推开门，结果发现蜈蚣还蹲在门口辛苦地穿鞋子呢！

就像上面这则寓言故事中的蜈蚣一样，昆虫们只看到了它的脚多，而没有客观考究脚多是不是真的行路也快，到最后，因为脚多，连鞋子也没有穿好。

一般情况下，我们会因为一个人的相貌美丑而在心中对这个人产生某种印象，觉得他能力或是个人品格会怎么怎么样，事实上在很多时候都会看走眼，一个人的能力或是人品是内在的东西，是难以从外表上体现出来的，如果一个人的外表就能显现出他的能力的话，那为什么还有“考试”这个环节呢。此外，人们常常有一种惯性思维，以为只要腿长或是脚多，跑得就一定快，就像故事中的蜈蚣一样，虽然脚多，却不见得跑得快，因为光是穿鞋子，就要花掉一段颇长的时间。所以，在对一个人做出评价的时候一定要经过客观、全面的观察，不要轻易地就下结论。尤其是对孩子来说更为重要。比如孩子在结交新朋友时，不能以一个人的美丑作为择友的标准，而是要去除个人的偏见，对所有人都能真诚相待，只有彼此真诚相待的朋友才是真正的朋友。

家长培养孩子也是一样的道理，如果家长想让自己的孩子有更多的机会去发展，去适应社会，就需要让孩子明白，人的能力跟外表并不一定是成正比的。老天是公平的，它或许不会给你美貌，但是会给你一个聪敏过人的头脑。或许不会赐予你财富，但是会给你健康，它向你关闭了这扇窗子，必然会打开另一扇窗。每个人都有自己的特长和优势所在，只要能够发现自身的优势，并深入挖掘，定能开创一片属于自己的天地。

贪他一斗米，失却半年粮；争他一脚豚，反失一肘羊

——教育孩子不要因小失大

阅读提示：我们做任何事情都不能贪图小便宜，否则吃亏上当的终归是自己，因小失大的教训千万要牢记。

这句话的意思是说：贪图他人一斗米，却损失了自己半年的粮食；争别人一只猪蹄，却舍去了自己一肘羊肉。这句话告诫人们，不要贪图小便宜，贪小便宜容易吃大亏。在生活中，有一些人总喜欢打小算盘，心中算计着如何占人家便宜，算计来，算计去，吃亏的还是自己。正如《红楼梦》中所言，机关算尽太聪明，反误了卿卿性命。因此，做人要安守本分，踏踏实实，不要有非分之想。平时要管住自己的嘴，不贪吃；要管住自己的手，不多占。喜欢占小便宜的人，往往会因小失大，得不偿失。

有一个笑话是讽刺那些爱贪小便宜的人的：有一乡下的青年，因为牙齿坏了，来到市里寻找牙医欲拔掉那颗坏牙。问医生说拔一颗牙齿要多少钱，牙医说一颗五百元，拔两颗可以便宜些，只收八百元。青年心想，好不容易跑一趟市里，只拔一颗牙那不是太浪费时间和金钱了吗，既然拔两颗比较便宜，就拔两颗，省得再跑一趟，所以就拔了两颗牙。本来只是一颗牙坏了，但是因为贪便宜却拔掉了两颗牙，这就是典型的因小失大，得不偿失。

让员工在法定工作时间之外多加会儿班，在很多企业看来是再正常不过的事情了，但是全球最大的零售商沃尔玛却是因为爱贪这种“小便宜”而在此事上栽了跟头，由于沃尔玛少算员工的工作时间，结果被加利福尼亚州劳工部门一纸诉状告上了法庭，要求沃尔玛赔偿员工损失。其实从每个员工来看，这种“小便宜”的确不算什么，员工午休时，被要求提前几分钟干活；该下班了，亦会被要求再

坚持几分钟。对每个员工来说，影响并不是特别大；沃尔玛公司称，也就是平均亏欠员工 20 多美元。但以沃尔玛百多万员工来计算，累计起来的“小便宜”可绝不是一个小数目。而看似占了便宜的沃尔玛，却因此陷入法律和舆论泥潭。后来，沃尔玛顶不住来自各方的压力，终于为“少算了”员工工作时间一事道歉，并与美国劳工部达成协议，向员工们补发总计 3400 万美元的工资。但是沃尔玛的麻烦并没有因此而终结，后来，加州的劳工部门又将沃尔玛告上法庭，以沃尔玛和联邦劳工部达成的协议不能满足加州五万名员工为由，要求对沃尔玛作深入调查，为员工提供更多的赔偿。宾夕法尼亚州一陪审团做出裁决，判定沃尔玛的确存在“强迫超时劳动”的行为，必须对该州在职和离职的员工赔偿共 7800 万元。加州法庭也做出判决，要求沃尔玛为侵占员工休息时间赔偿 1.72 亿美元。该公司近年因类似原因被告上法庭已有 50 多次，遭判金额数以亿计，在其声誉和利益上都带来了不良的影响。这就应了一个道理，贪小便宜必定要吃大亏，世界第一大零售商也难存‘侥幸’。

而在现实生活中，这种爱贪小便宜的事情每天都在不停地上演着：根据轨道交通乘客守则，儿童购票标准为：每名成年乘客可免费携带一名 1.2 米以下的儿童乘车，超过一名的按超出人数购票，1.2 米 –1.5 米的儿童购半票。然而并不是每个人都会严格遵守，一些家长竟然“指导”孩子逃票乘车。

尽管售票处有 1.2 米的儿童购票标记，但是有很多家长视而不见，假如碰到相关工作人员询问时，家长就找借口推脱，如“孩子顽皮，不小心把票掉到电梯缝里了”、“孩子粗心，票不知弄到哪里去了”等，工作人员难以确定其真实性，只好放行。工作人员说，虽然按有关规定，对逃票乘客要罚款，但因无法核实真假，工作人员只得对家长们进行教育。

俗话说得好：“上梁不正下梁歪。”家长因为贪图蝇头小利而故意让孩子逃票，不仅有违公德，而且给孩子带来了不良影响。这会让孩子逐渐养成爱占小便宜的毛病，对孩子的健康成长非常不利。由于孩子还没有判别是非的能力，往往会把家长的这一做法看成是理所应当的，长大之后也就会往更坏的方面发展，甚至于走上歧途，锒铛入狱。因此，从对孩子的影响来看，逃票并不是一件小事，家长应该改变自己的做法，不要只看见眼前的小利益，而是应当将眼光放长远，从长远出发，以身作则，为孩子树立一个值得学习的好榜样。

良药苦口利于病，忠言逆耳利于行

——教育孩子正确对待批评

阅读提示：能够虚心接受批评意见的人，是胸怀大度而且勇敢的人，因为他敢于面对自己的缺点，允许他人对自己进行批评，从而发现不足，进行改正，取得进步。

这句的意思是说，良药虽然味道非常苦，但是治病却非常有效；而一些中肯的言语大多不太动听，但是有利于人们改正缺点。这句话的要义是让人们明白，面对对自己展开的批评，要能够虚心接受，认真对待自己的过错，并努力改正。

人非圣贤，孰能无过，圣人尚且如此，更何况是孩子，孩子犯了错误并不可怕，只要能够正确认识自己的错误，并能够及时进行改正，就是一个好孩子，正所谓“过而能改，善莫大焉”。可怕的是犯了错误不仅不能改正，还听不进别人的批评意见，一意孤行，逐渐地由小错到大错，由大错到不可救药。

正确的批评建议犹如割开伤口的手术刀，剔去腐肉，生出新肉，它对提高人的综合素质有很重要的意义。虽然有些话听起来非常刺耳，有些批评如针刺般地扎心，但是只要于己有利，确实是切中了要害，那么就要有虚心接纳的胸怀。

我国古时候，有一个人善于批评，而一个人善于接纳，这就是魏徵与唐太宗。

唐太宗李世民，为人开明，善于纳谏，在他的统治之下，唐朝国泰民安，天下太平，生产发展，文化繁荣。这一切得益于唐太宗开阔的胸怀和善于改正错误的态度。

他的臣子之中有一个人名叫魏徵，说话尖锐，不留情面。有一次，唐太宗从外面回来，气呼呼地说：“气死朕了，朕非把这个乡巴佬儿千刀万剐，否则不足以泄朕胸中之怒气！”长孙皇后见唐太宗如此盛怒，就问唐太宗在生谁的气，唐太宗气愤地说：“除了魏徵，还能有谁！他天天在朝廷上指责朕的过错，丝毫不留情面，而且胆敢当面顶撞朕，真要气死朕了。”长孙皇后听到之后，非但不怒，反而欣悦地告诉唐太宗：“恭喜皇上，贺喜皇上，正是由于明君在位，臣子才敢于直谏啊。”听到这番话，太宗的怒气才渐渐地消退了。正是因为有敢于忠言直谏的魏徵和通达贤明的长孙皇后以及胸怀宽广的唐太宗，才出现了大唐盛世这一局面。在这一时期，政治开明，国富民强，百姓安居乐业，国家上下一片繁荣景象，后人称这一时期为“贞观之治”。

有些孩子从小受到家人的宠爱，哪里听到过一句批评！家长一般都要看孩子的脸色行事，孩子做了一些好事，就不断地提出表扬，而当他做了错事的时候，却极少提出批评。其实每个人都喜欢听表扬的话，而不愿意接受批评，但是如果一味地沉浸在别人的赞扬里，那就会裹足不前。批评往往是一杯醒酒汤，能让人从自我满足中清醒过来，对待孩子也是一样，不能只对其表扬，也要对其展开适当的批评教育。

法国心理学家高顿教授曾经作过一项专题研究：从小生活在赞扬声中，没有接受过批评的孩子，非常容易就变成“老虎屁股摸不得”的小霸王，主观意识强，听不进他人的意见，这对孩子的心理和他们的前途都是非常不利的。而当这些孩子长大之后，就更加难以容忍他人的批评，事事都以为自己做得很好，这种人在遇到挫折的时候根本没有应对的能力，更难以适应社会的需要，这对孩子的事业发展没有任何的积极作用。

德国著名的早期教育的典范卡尔·威特对于儿子做出的良好行为，会提出表扬。但是老威特仍然提醒其他父母：不要对孩子过多表扬，也不要表扬过头。原因之一是随便表扬，也就失去了表扬的作用。原因之二则是随处表扬容易让他感到自满。一些父母总是喜欢向外人炫耀自己的孩子怎么比其他孩子强，这很容易让孩子感到自满自足。而且一旦形成这种心理，想要改正是非常困难的。很多有发展潜质的孩子就是因为过于骄傲自满而没能达到通往天才之路的终点。那么，父母要如何让孩子学会接受批评意见呢？

1. 寓批评于表扬。当孩子在某方面取得进步或是做出一些可称赞的举动时，家长要给予孩子表扬和鼓励，让孩子得到鼓舞和动力，但是要注意，要适时地表扬，不应该随意表扬，否则表扬便失去了效力。在进行了表扬之后，可以委婉地为孩子指出“美中不足”之处，让孩子听一些反面意见，不过态度要中肯，要让孩子听得进去，而且要以理服人。这种先表扬而后指出不足的做法，能够让孩子意识到没有谁是完美的，能够帮助孩子树立正确面对批评的心态。

2. 教会孩子仔细倾听他人的批评。不管对方的批评多么尖锐，多不留情，都应当让孩子细细地去琢磨，看这些批评是否都说到了点子上，因为往往越是尖锐的批评越能切中要害。而且只有细细地琢磨，认真地倾听，才能发现自己或许真的存在哪方面不足，才能发现改善自我的方法。渐渐地让孩子明白，倾听他人的批评，不仅是对他人的一种尊重，也是改善自我、发现不足的好方法。

3. 进行必要的批评时，注意保护孩子的自尊心。当孩子做错事情以后，往往会悔恨万分，陷入深深的自责，心理或许会出现大的漏洞，这个时候家长要注意孩子的心理健康，千万不要劈头盖脸一顿臭骂，而是要先将孩子做得比较好的方面给予充分的肯定，然后再告诉孩子哪里做得不对，应当如何改正，万万不要让孩子觉得自己一无是处，这会大大地打击孩子的自尊心和自信心。而且家长在对孩子做出批评时，要就事论事，不要把陈年旧账全都翻出来，不要老记着孩子的过错，让孩子觉得永远无法在父母面前抬起头来。只有用温和的批评方式，切实地提出孩子的错误所在，才能让孩子接受批评，进行改正。

4. 不要错怪孩子，允许孩子解释。假如家长的批评不当，或是批评不符合事实，要允许孩子进行辩解，如果真的是家长的错误，要向孩子道歉，还孩子一个清白。如果不问青红皂白，就认定是孩子犯了错误，硬要他改正的话，孩子从心里就会不服气，就算口头接受了批评，答应了改正，但是心里会觉得非常委屈，即使接受了你的批评也没有任何作用。

笋因落箨方成竹，鱼为奔波始化龙

——逆境出人才，直面艰苦

阅读提示：只有经过艰苦的锻炼方能成才，这是古往今来被反复证明了的一条人才成长规律。在人的生存发展过程中，客观环境不会主动地满足人的需要，人必须去改造它，才能使自己与环境相互适应。人才的成长，也必然要经历这样一个在改造环境中适应环境，使环境成为自己成长发展的重要条件的过程。

这句话的意思是说：笋因为掉下一层层皮才成为竹子，鱼正因为有了奔波经历才有了成龙的机会。磨难是生活的一部分，对于每一个成功人士而言，在通往成功的路上，没有一帆风顺，一马平川，想要成功每个人都要经历重重考验，种种艰险。

如果一个人要立志成才，那么唯有直面艰苦，因为唯有经过艰难困苦的考验，才能磨炼自己坚强的意志，不服输的精神，才能发掘自己的潜力。鲁迅先生说过："真的猛士，敢于直面惨淡的人生。"只有在艰苦中锻炼，而且坚持到底的人，才能够变压力为动力，将个人的能量发挥到极限，才真正走上了通往成功的道路。

1791 年，法拉第出生于英国伦敦市郊一个贫困铁匠的家里。他的父亲常常生病，收入微薄，家中子女又多，所以法拉第小时候连饭都吃不饱，有时候他一个星期只能吃到一个面包，当然更谈不上去上学了。

法拉第 12 岁的时候，就上街去卖报。一边卖报，一边从报上识字。到 13 岁的时候，法拉第进了一家印刷厂当图书装订学徒工，他一边装订书，一边学习。每当有了空闲时间，他就翻阅装订的书籍。有时甚至在送货的路上，他也边走边看。经过几年的努力，法拉第终于摘掉了文盲的帽子。

渐渐地，法拉第能够看懂的书越来越多。他开始阅读《大英百科全书》，并常常读到深夜，尤其对电学和力学方面感兴趣。法拉第没钱买书、买簿子，就用印刷厂的废纸订成笔记本，摘录各种资料，有时还自己配上插图。一个偶然的机会，英国皇家学会会员丹斯来到印刷厂校对他的著作，无意中发现法拉第的"手抄本"。当他知道这是一位装订学徒记的笔记时，大为惊诧，觉得这个人今后绝不同于一般人，于是丹斯送给法拉第皇家学院的听讲券。

法拉第以极为兴奋的心情，来到皇家学院旁听。做报告的正是当时赫赫有名的英国著名化学家戴维。法拉第瞪大眼睛，非常用心地听戴维讲课。回家后，他把听讲笔记整理成册，作为自学用的《化学课本》。

后来，法拉第把自己精心装订的《化学课本》寄给戴维教授，并附了一封信，表示"极愿逃出商界而入于科学界，因为据我的想象，科学能使人高尚而可亲"。

收到信后，戴维深为感动。他非常欣赏法拉第的才干，决定把他招为助手。法拉第非常勤奋，很快掌握了实验技术，成为戴维的得力助手。

半年以后，戴维要到欧洲大陆作一次科学研究旅行，访问欧洲各国的著名科学家，参观各国的化学实验室。戴维决定带法拉第出国。就这样，法拉第跟着戴维在欧洲旅行了一年半，会见了安培等著名科学家，长了不少见识，还学会了法语。

回国以后，法拉第开始独立进行科学研究。不久，他发现了电磁感应现象。1833 年，他发现了电解定律，震动了科学界。这一定律，被命名为"法拉第电解定律"。

法拉第，一个连小学都不曾念过的装订图书学徒工，靠着自己不懈的努力，在逆境中吃尽了苦头，最终跨入了世界第一流科学家的行列。1867 年 8 月 25 日，法拉第在他的书房里看书时逝世，终年 76 岁。为了纪念他的突出贡献，人们用他的姓的缩写——"法拉"作为电容的单位。

我们常说"不经历风雨怎能见彩虹"、"梅花香自苦寒来，宝剑锋从磨砺出"，这些发人深省的格言警句时刻告诉我们，一个人要想成才、成功，就必须要接受困难的淬炼，最终百炼成钢，无往而不利。

其实就一个人能否成才而言，顺境或是逆境都是外在条件，最终要靠内在条件起作用。人们常说"自古英豪出贫贱，纨绔子弟少伟男"，这句话是有它的道理的。人在顺境之中，往往尝不到困苦的滋味，久而久之就会感到飘飘然，慢慢地贪图享受，不求奋进，玩物丧志，导致最终丢失了最初的志向，失去了目标，而没有志向，没有目标的人，又怎么能够成才呢？因此，家长有必要对孩子进行适当的逆境下的锻炼。

逆境锻炼，并不是故意制造逆境让孩子吃苦，而是让孩子从逆境中培养坚韧不拔的意志和必胜的精神。孩子体验到种种困苦，就能知道成功是多么来之不易，就会更加珍惜眼前的机会，为实现自己的目标和理想而更加努力地奋斗。

“天将降大任于斯人也，必先苦其心志，劳其筋骨，饿其体肤，空乏其身，行拂乱其所为，所以动心忍性，曾益其所不能”。想要到达胜利的彼岸，就要经过狂风巨浪的洗礼，想要成就一番大事，就要经受困难的考验。因此，家长不要再一味地宠溺孩子，应当让孩子吃些苦，接受一些苦难的考验。或许孩子开始时会有所畏惧，想要逃避，但是家长要鼓励孩子拿出勇气，勇敢面对，在征服困难之后，你会发现，孩子变得比以前坚强了，也更加成熟了。

人无千日好，花无百日红

——正确看待得意与失意

阅读提示：《蜗居》中有一句很经典的台词：人的一生是一条上下波动的曲线，有时候高，有时候低。低的时候你应该高兴，因为很快就要走向高处，但高的时候其实是很危险的，你看不见即将到来的低谷。

这句话的意思是人不会总是一帆风顺，花不会长久鲜艳。意指没有一成不变的事。比喻好景不长或美好的事难以持久。

人的一生，有高峰，有低谷。没有谁终生顺利，要风得风，要雨得雨，也没有谁终生倒霉。

和珅，乾隆的宠臣，官阶之高，管事之广，兼职之多，权势之大，清朝罕有。可以说是权倾朝野，富甲天下，不可一世，然而到了最后却被嘉庆帝赐死。和府被抄，经查抄，和珅财产总值居然高达11亿两白银，玉器珠宝、西洋奇器无法胜数，民间谚语说："和珅跌倒，嘉庆吃饱。"这是盛极而衰的例子，相反的是，韩信当年名不见经传的时候，遭受他人胯下之辱，最终经过奋发图强，取得了成功，被封为淮阴侯。其实人生的高峰和低谷并不重要，最重要的是要如何看待它们，得意时莫要忘形，失意的时候也不灰心丧气，正如苏东坡所说："也无风雨也无晴。"

不知你可曾留心过燕子的飞行没有，它们的飞行轨迹呈弧线，每次在高飞之前，总要向下滑落一段，而后再猛地向上飞。它们向下滑落，就是在积蓄力量，为了起飞时能够飞得更高、更远。其实我们的人生就和燕子的飞翔差不多，人生的低谷是一种力量的酝酿，是为了达到一个更高的顶点。通常当一个人处于人生的巅峰时，总会志得意满，容易被浮云遮眼，沉浸于此时的辉煌之中而不愿醒来，其实就是在这个时候，可能已经开始走下坡路了，因此，人在高处，要时刻警惕，不可松懈。人在低处也不要悲观失望，苦难也是一种财富，当你正奋力拼搏时，或许抬头就会望见另一片美好的天空。

“塞翁失马”的故事不知道大家是否听过，它讲的就是对得意与失意的态度。战国时期有一位老人，住在边塞，名叫塞翁。他养了许多马，一天马群中忽然有一匹走失了。邻居们听到这事，都来安慰他不必太着急，年龄大了，多注意身体。塞翁见有人劝慰，笑笑说：“丢了一匹马损失不大，没准还会带来福气。”

邻居听了塞翁的话，心里觉得好笑。马丢了，明明是件坏事，他却认为也许是好事，显然是自我安慰而已。可是过了没几天，跑丢的马不仅自动回家，还带回一匹骏马。

邻居听说马自己回来了，非常佩服塞翁的预见，向塞翁道贺说：“还是您老有远见，马不仅没有丢，还带回一匹好马，真是福气呀。”

塞翁听了邻人的祝贺，反而一点高兴的样子都没有，忧虑地说：“白白得了一匹好马，不一定是什么福气，也许会惹出什么麻烦来。”

邻居们以为他故作姿态纯属老年人的狡猾，心里明明高兴，有意不说出来。

塞翁有个独生子，非常喜欢骑马。他发现带回来的那匹马身长蹄大，嘶鸣嘹亮，剽悍神骏，一看就知道是匹好马。他每天都骑马出游，心中扬扬得意。

一天，他高兴得有些过火，打马飞奔，一个趔趄，从马背上跌下来，摔断了腿。邻居听说，纷纷来慰问。

塞翁说：“没什么，腿摔断了却保住性命，或许是福气呢。”邻居们觉得他又在胡言乱语。他们想不出，摔断腿会带来什么福气。

不久，匈奴兵大举入侵，青年人被应征入伍，塞翁的儿子因为摔断了腿，不能去当兵。入伍的青年都战死了，唯有塞翁的儿子保全了性命。

“塞翁失马，焉知非福”，家长教育孩子的时候，也要教给孩子正确对待得失的态度。当孩子因为成绩考得好，当了班干部或是在学校活动中出了风头而沾沾自喜时，家长应当如何教会孩子正确看待这种成功呢？

当孩子一帆风顺时，家长要时刻提醒孩子不要太过大意，小心驶得万年船，告诉孩子不要因为眼前的一些小成绩就沾沾自喜，学习是永无止境的，这就好像划船比赛一般，你稍微一松懈，后面马上就有人赶超过去。

现代的孩子往往习惯了在家人的追捧下生活，然而离开了家庭，就要面对激烈的竞争，孩子免不了遭受各种挫折与打击，当孩子因此而心情失落时，家长又当如何教育呢？

1. 教育孩子正确对待遇到的挫折，尽快走出低谷。小美正在一所学校读初中，由于平时学习成绩不尽如人意，总觉得自己在同学面前抬不起头来，虽然她很努力很用功，但因为基础太差，学习成绩一直没有办法改观，再加上同学们又不太和她说话，久而久之，她就开始自暴自弃。终于，有一天晚上，她把家里的半瓶安眠药全部吞下。幸亏被家人及时发现，经抢救才脑离了危险，但此后她仍然难以面对现实，终于向学校提出了退学。

一个 12 岁的男孩，因为触犯了纪律而被学校开除，回到家中后，男孩即自杀身亡。据统计，近年来，全世界青少年自杀率有逐渐升高的趋势，在青少年死亡中，自杀已成为居交通事故之后的第二个主要因素。

由于孩子的心理承受能力非常弱，所以，当孩子在某方面遭受挫折时，家长万不可掉以轻心，更不要指责孩子，以免让其产生自暴自弃的行为，而是应当开导孩子，让孩子感觉到爱的温暖。同时给孩子以支持和鼓励，点燃孩子心中的希望，让孩子乐观地朝着正确的方向前行。

2. 鼓励孩子发扬自己的长处，乐观面对生活。当孩子成绩退步或者做其他事情失败时，家长要让孩子明白，失败并不是坏事，因为从失败中才能看见自己的不足，才能正确认识自己，才能找到合适的解决办法，为自己下次的成功积聚力量。

3. 鼓励孩子自己找到解决问题的方法。家长看到孩子受了委屈，往往比孩子还要难受，所以孩子一旦遇到了麻烦，家长会千方百计替孩子解决问题，而不是让孩子自己学着去处理问题。根据有关研究显示，应付挫折的能力与解决问题的能力是密切相关的，因为只有亲身行动，才能够解除身上的沮丧念头。布朗大学心理学教授莱普塞特认为，在孩子遭受失败和挫折后，家长用“没关系”来安慰孩子的手段根本起不到什么作用，而是要让孩子正确地面对挫折，找到解决问题的办法，这样不仅能够培养孩子解决问题的能力，还能帮助他树立信心，以便逐渐走出低谷。

“人无千日好，花无百日红”，这句话既是对正处于春风得意的人提出的警告，同时也是对处在低谷的人的鼓励。只要持有了正确看待得意与失意的态度，那么人生就多了一份淡然，一份快乐。

黄金未为贵，安乐值钱多

——不为金钱所累

阅读提示：人生最珍贵的东西，莫过于平安与快乐。平安是生活状态，快乐是生活质量。一个温馨的家，拥有健康身体的亲人，就是平安。几个知心朋友，数句贴心话，就是快乐。有人为金钱放弃家人，割舍亲情，背叛朋友，出卖友情，就算最后得到全世界又如何，不过是孤家寡人一个，没人分享快乐，亦没人分担痛苦，这就是“穷有穷开心，富有富伤心”的道理所在。

这句话的意思是：黄金不是最宝贵的东西，平安快乐是最值得宝贵的，它比黄金还要值钱。主要是表达了一种旷达洒脱，不为金钱名声等身外之物所累的超然的生活态度。

拜金主义是一种唯金钱至上的思想观念，它认为金钱是万能的，有钱就有了一切，而且以金钱作为衡量一切事物的标准。

如今，人们的生活条件得到了改善，生活水平得到了很大提高，家长在孩子身上也更舍得花钱，孩子看到了好玩具，买最贵的；看到了漂亮衣服，要最好的。这会让孩子觉得，钱财来得很容易，会形成大手大脚花钱的习惯，另外还会逐渐形成崇尚金钱的想法，认为有了钱就无所不能，其实这种看法是有失偏颇的。

并不是说只有有了钱生活才是幸福的，生活中最重要的是平安和快乐。很多人即使没有钱，生活也过得有滋有味，孔子曾这样说过：“饭疏食，饮水，曲肱而枕之，乐亦在其中矣。”他的弟子颜回同样地安贫乐道，“一箪食，一瓢饮，在陋巷，人不堪其忧，回也不改其乐，贤哉回也。”

庄子同样是一个活得非常洒脱，不慕名利的人。有一天，庄子在濮水边钓鱼，楚威王派两位大夫前去请他做官，他们对庄子说："大王希望您能出仕为官，这会给你带来很大的名和利。"

庄子手持鱼竿，头也没有回地对他们说："我听说楚国有一只神龟，死的时候已经三千岁了，大王用锦缎将它包好放在竹匣中珍藏在宗庙的殿堂上。这只神龟，它是宁愿死去为了留下骨骸而显示尊贵呢？还是宁愿活着拖着尾巴在泥土中爬行呢？"

两位大夫说："宁愿活着拖着尾巴在泥土中爬行。"

庄子说："走吧！我愿意像神龟在烂泥里摇尾巴那样安安稳稳、自由自在地活着。"

当今的孩子，受到很多不良社会风气的影响，爱慕虚荣，喜好攀比，出手奢侈，所有的孩子都希望穿名牌衣服，吃山珍海味，就这样，在家长营造的环境下，在孩子们天性的驱使下，拜金主义的思想开始蔓延。人人都向往奢侈的生活，但是并不是每个家庭都能够达到奢侈的水平，有的青少年自身家庭条件并不好，但是为了满足虚荣心，走上了偷盗、抢劫的道路，直至锒铛入狱才幡然悔悟，本来健康清廉的风气变得污浊起来，慢慢地，在孩子的头脑中，生活的目的就是赚钱，追求财富、提高社会地位就成了对未来生活的目标。

当孩子们的头脑中出现这种变化的时候，就意味着拜金主义将要泛滥。金钱是财富的抽象存在，金钱能够给人带来种种利好，然而假如头脑中全都是金钱的概念，只知道一味地盲目崇拜金钱，就势必会钻进钱眼里出不来，金钱能够买到很多东西，但是却买不到爱，买不到真情，要知道，亲情，爱情，友情，快乐，健康，平安是比金钱更重要的东西。有了亲情，爱情，友情，我们不会觉得孤单，但是如果你为了钱而弄得众叛亲离，终日不得不和金钱为伴，它能解决你心里的孤独吗？

当孩子头脑中生出"金钱至上"的观念时，孩子就会整日为名利所累，从而丧失自己心中最原始最纯洁的理想。想象一下，当孩子的眼中只容得下金钱时，做事都从利益的得失去考虑时，孩子们的行为会多么让人惊讶，那么这个社会的将来又是多么令人难以想象。

在一些报纸上，我们经常能够看到这样的新闻：兄弟为金钱反目，儿子为财产将父亲告上法庭，夫妻为财产纠纷而家破人亡。很多人往往是等到这些惨剧发生之后，才醒悟过来，什么才是最重要的，什么才是最值得珍惜的，不过那时已经晚了。

因此，家长在教育孩子的过程中，要培养孩子对金钱的正确态度，让孩子懂得，生活中，金钱绝对不是最重要的，有些东西是金钱所不能买到的。一个人，能够获取健康、快乐和幸福，远比拥有大量的金钱更为重要。

钱财如粪土，仁义值千金

——仁义道德最为可贵

阅读提示：在当今社会，家长要让孩子知道，有些东西比金钱宝贵得多。

这句话的意思是说，钱财像粪土一样没有什么价值，仁爱和正义比钱财更可贵。仁义道德是中国自古至今都大力提倡的，是中华民族的传统美德，同时也是一个人正确的处世之道。

《易经》中说："立人之道曰仁与义。"仁就是有仁爱之心，义就是做人要讲究信用，答应他人的事情就算是赴汤蹈火，也要办到。孔子在《论语》中也说："君子喻于义，小人喻于利。"意思是说，君子看重的是仁义，小人看重的是利益。它告诉我们，做人要将眼光放长远，不能只局限在眼前的小利益之内，对他人施以仁义，就会得到更大的偿还，这种偿还是金钱难以衡量的。

齐国有一个人叫作孟尝君，他与春申君、信陵君、平原君并称"战国四公子"。孟尝君好士，门下有食客数千人，其中有一个叫冯驩，冯驩在孟尝君家曾弹剑唱道："长铗归来乎！食无鱼"、"长狭归来乎！出无车"、"长铗归来乎！无以为家"等歌，表达自己对所受待遇的不满，后来孟尝君满足了冯驩食有鱼、出有车的要求，而他的母亲也得到了孟尝君的照顾。

有一天，孟尝君出了个通告，询问府里的宾客："有谁熟悉算账理财，能够替我到薛地去收债？"冯驩在通告上写："我能"。于是孟尝君派冯驩去收债，辞行的时候，冯驩问道："债款全部收齐，用它买些什么东西回来呢？"孟尝君说："看我家里缺少什么东西，就买什么。"冯驩赶着马车到了薛地，派出官吏召集那些应当还债的百姓都来核对借约。借约核对完了，冯驩假传孟尝君的命令，把借款赐给百姓，并将借约统统烧掉，百姓欢呼雀跃，全都跪谢孟尝君的大恩大德。

冯驩又马不停蹄地赶回齐国都城，清早就要求见孟尝君。孟尝君未料到他能回来这么快，便穿戴好衣帽接见他，问道："债款全收齐了吗？怎么回来得这么快呀？"冯驩回答说："收齐了。"孟尝君又问："用它买了些什么回来呢？"冯驩说："您说'家里缺什么东西，就买什么'，我看到府上金银堆积如山，堂下美女如云，马厩里全是宝马良驹，我思虑再三，觉得府上独独缺少一样东西，那就是'义'，故而我替您买了'义'回来。"孟尝君问："买'义'怎么个买法？"冯驩说："如今您只有一块小小的薛地，却不能抚育爱护那里的百姓，反用商贾的手段向百姓收取利息，我私自假传您的命令把借约烧了，百姓齐声欢呼万岁，这就是我给您买的'义'啊。"孟尝君听后大为不悦，含着愠怒说："好吧！"

过了一年，齐湣王对孟尝君说："您做过先王的臣子，我不敢用先王的臣子来做自己的臣子。"孟尝君只好回到封邑薛地去住，走到离薛地还有一百里的地方，百姓扶老携幼，在大路上迎接孟尝君，整整一天。孟尝君回头对冯驩说："先生替我买的义，竟在今天看到了。"

仁义是对将来的投资，它不像钱或者是其他实物那样，它是看不见摸不着的，但是别人能够感受得到，你对别人施以仁义之心，当你在需要的时候往往能够得到数倍的回报。这就是平时所说的'仁义重于利'的道理。

在安踏公司，流传着一个理论，厂内上下皆知，老总丁志忠说那是他做人和做事的原则。

丁志忠说："父亲教会了我怎样做人。我至今印象非常深刻的是，他很早就告诉我，做每一件事情，都要让别人占 51% 的好处，自己永远只要 49%。"

起初丁志忠一直想不通，为什么要把更多的好处分给别人，这不是摆明着自己吃亏吗？要是这样那生意还怎么做？不过随着他阅历和经验的增加，他对这句话有了越来越深的理解：这样做看起来是暂时吃亏了，却可以赢得客户的长期合作，让客户更加认同自己，更加尊重、更加信任自己。而这一原则一直也影响着安踏企业及其员工，也为安踏赢得了良好的口碑和不错的效益。

在家庭教育中，家长同样要培养孩子头脑中的仁义道德观。从小为孩子树立仁义道德观，让孩子懂得担当，懂得帮助他人，懂得施舍自己的爱心，这对孩子今后的成长发展非常有利，它能够让孩子获得更多的朋友，得到更好的人缘，更宽广的人际关系，让孩子的成长之路越走越宽。

当然，有一条十分重要：想要孩子养成好的仁义道德品质，家长首先具备这些优秀品质，规规矩矩做人，勤勤勉勉做事，为孩子做出表率。

第二章

《论语》

《论语》是名列世界十大历史名人之首的中国古代思想家孔子的弟子及其再传弟子记录孔子言行的一部集子，比较忠实地记述了孔子及其弟子的言行，也比较集中地反映了孔子的思想。孔子作为我国古代著名的教育家，一生从事教育工作，教出了许多有才干的学生，在教育实践中取得了丰富经验，《论语》一书对此有较多的概括。《论语》中关于学习的思想在古今中外的教育史上具有重要的地位，值得当代人，尤其是家长们借鉴。

《论语》的语言简洁精练，含义深刻，其中有许多言论至今仍被世人视为至理。《论语》以言简意赅、含蓄隽永的语言，记述了孔子的言论。《论语》中所记孔子循循善诱的教诲之言，或简单应答，点到即止；或启发论辩，侃侃而谈；富于变化，娓娓动人。

益者三友，损者三友

——孔子的交友观

阅读提示：孔子十分重视弟子的交友教育。他用最简练的语言为我们提供了交友的标准和方法。把圣人之言用于家庭教育，将会为孩子树立一个健康的友谊观。

这句话的意思是说，有益的朋友有三种，有害的朋友有三种。要多结交有益的朋友，而少和给自己带来不利的朋友交往。

一个人在世上总少不了有几个朋友，俗话说得好："在家靠父母，出门靠朋友。"父母不可能时刻陪着自己，因此，一个人在外边闯世界就需要有几个知心朋友的支持，朋友在一个人的一生中起着举足轻重的作用，结交一个好的朋友会对自己的人生大有裨益，能够扩大胸怀，陶冶情操，而一个坏的朋友则会给自己带来诸多麻烦，甚至走上邪恶的道路，故而在选择朋友时不可不慎重。

孔子非常重视朋友的作用，他在《论语》中提出了一个交友的原则，孔子认为，有益的朋友有三种，有害的朋友有三种。为了个人的发展，要多结交有益的朋友，远离有害的朋友。

孔子认为，与以下三种人交朋友是有益的。

第一种，友直。就是说要结交一种为人正直的朋友。这种朋友为人刚直不阿，正气凛然，胸怀坦荡，疾恶扬善，为人真实不虚伪。第二种，友谅。谅的意思是诚信，就是说多结交诚实守信的朋友。与这样的朋友交往，孩子的精神能得到一种净化和升华。第三种，友多闻。这种朋友见多识广，学识渊博，世事人情，洞察透彻。可以为师，可以为友。和这种朋友交往，能不断地扩大自己的视野，增长自己的见识，拥有一个见多识广的朋友，能够在自己困惑迷茫的时候给予指点，在自己犹豫不决的时候给予选择。

孔老夫子在说明要多结交这三种益友的同时，又说有三种坏朋友，即“损者三友”，即是要远离的朋友。

第一种是友便辟，这种朋友只会溜须拍马，阿谀奉承，好像墙头草一般，风往哪边吹，他就往哪边倒。第二种叫友善柔。这种朋友过于优柔寡断，做事没有主见，难以成大事。第三种叫友便佞。便佞，指的就是言过其实、夸夸其谈的人。这种朋友天生只会耍嘴皮子，似乎天文地理、世情百态没有他不知，没有他不晓的，嘴里的大道理一套接一套，可是除了这一张嘴外，其他的什么都没有。

孔夫子说这三种人会给个人的发展带来很大的麻烦，因此是要尽量避开的。

人在一生之中能够结交到一个好朋友是一件幸事，古时候的管仲就是因为结交了鲍叔牙这样开明的朋友才得以扬名天下的，而他们之间的故事也流传千古，被人们津津乐道。

春秋时期，齐国有一对非常要好的朋友，一个叫管仲，另外一个叫鲍叔牙。年轻的时候，管仲家境贫寒，家中又有年迈的母亲需要侍奉。鲍叔牙知道了，就找管仲一起做生意。做生意的时候，因为管仲没有钱，所以本钱几乎都是鲍叔牙拿出来投资的。可是，当赚了钱以后，管仲却拿得比鲍叔牙还多，鲍叔牙的仆人看了就说：“这个管仲真奇怪，本钱拿得比我们主人少，分钱的时候却拿得比我们主人还多！”鲍叔牙却对仆人说：“不可以这么说！管仲家里穷又要奉养母亲，多拿一点没有关系的。”有一次，管仲和鲍叔牙一起去打仗，每次进攻的时候，管仲都躲在最后面，大家就骂他说：“管仲是 个贪生怕死的人！”鲍叔牙马上替管仲说话：“你们误会管仲了，他不是怕死，他得留着他的命去照顾老母亲呀！”后来，齐国的国王死掉了，公子诸儿当上了国王，他每天吃喝玩乐不做事，鲍叔牙预感齐国一定会发生内乱，就带着公子小白逃到莒国，管仲则带着公子纠逃到鲁国。不久之后，诸儿被人杀死，齐国真的发生了内乱，管仲想杀掉小白，让纠能顺利当上国王，可惜管仲在暗算小白的时候，把箭射偏了，小白得以逃过一劫。后来，鲍叔牙和小白比管仲和公子纠还早回到齐国，小白就当上了齐国的国王。小白当上国王以后，决定封鲍叔牙为宰相，鲍叔牙却对小白说：“管仲各方面都比我强，应该请他来当宰相才对呀！”小白一听：“管仲要杀我，他是我的仇人，你居然叫我请他来当宰相！”鲍叔牙却说：“这不能怪他，他是为了帮他的主人纠才这么做的呀！”小白听了鲍叔牙的话，请管仲回来当宰相，而管仲也真的帮小白把齐国治理得国富民强！

管仲说：“我当初贫穷时，曾和鲍叔牙一起做生意，分钱财，自己多拿，鲍叔牙不认为我贪财，他知道我贫穷啊！我曾经替鲍叔牙办事，结果使他处境更难了，鲍叔牙不认为我愚蠢，他知道时运有利有不利。我曾经三次做官，三次被国君辞退，鲍叔牙不认为我没有才能，他知道我没有遇到时机。我曾经三次作战，三次逃跑，鲍叔牙不认为我胆怯，他知道我家里有老母亲。公子纠失败了，召忽为之而死，我却被囚受辱，鲍叔牙不认为我不懂得羞耻，他知道我不以小节为羞，而是以功名没有显露于天下为耻。生我的是父母，了解我的是鲍叔牙啊！”

鲍叔牙推荐管仲以后，自己甘愿做他的下属。鲍叔牙的子孙世世代代在齐国吃俸禄，得到了封地的有十多代，常常成为有名的大夫。天下的人多不赞美管仲的才干，而赞美鲍叔牙的胸怀宽大。

孩子从小到大，会结交无数的朋友。孩童时代，有一起摸爬滚打的朋友；上学之后，又会结交一批相互探讨学问的朋友；进入社会之后，又有在事业上彼此照顾的朋友。家长要鼓励孩子多多结交朋友，结交一些对孩子有益的朋友。对于那些带有恶习的朋友，家长则要坚决杜绝孩子与其往来，因为孩童时期是一个人人格发育最重要的时期，这个时期如果结交了一些不良的朋友，会影响孩子的一生。管宁割席的故事或许能够让家长得到一些启示。

管宁和华歆都是东汉末人。一天早晨，两个人一起在园中锄菜，看到地上有片金子，管宁依旧挥锄锄地，就当是没看见，把它看作瓦石一样，华歆却非常高兴地捡了起来，后来他看到管宁鄙夷的脸色，于是就扔掉了。还有一次，两个人共同坐在一张席子上读书，有坐着华贵车辆的官员从门前经过，管宁仍旧一心读书，华歆却丢下书出去观望。于是管宁立刻将席子割开，一分为二，并对华歆说：“从此以后，你再也不是我的朋友了。”

父母想让孩子学会交朋友，就应当让他们知道哪些人值得交，哪些人不值得交，譬如像鲍叔牙那样的朋友是非常难得的，遇到华歆那样的朋友则要让孩子提高警惕，尽量少与其往来。

言必信，行必果

——诚实是做人的根本

阅读提示：诚信是立人之本，也是民族崛起之根。我国自上古至今，无不强调做人要诚信，司马迁在《史记·游侠列传》中写道，现在的游侠，他们的行为虽然不合于礼法禁令，但是说话一定守信，行事一定果断，已经答应的事一定履行，毫不吝惜自己的生命，去拯救他人于危难，早已经历过生与死了，却不自我夸耀才能和功德，大概也有值得赞美的地方吧。教给孩子诚实守信，让他们传承中华民族的美德，是家长的责任。

俗话说得好：“雁过留声，人过留名。”诚信是一个人最为宝贵的财富，一个人的名声和信誉不仅会影响到他的交际圈，而且会对其事业的成败有很大的影响。广而言之，不仅一个人需要有诚信，一个企业也需要有诚信，凡那些老字号的品牌都是依靠诚信积累起来的口碑才屹立百年而不倒。同样，国家、民族更需要诚信，诚信会影响一个国家在国际关系中的地位，会影响一个民族的前途和发展。因此说诚信是做人之根，立事之本。

东汉初年，有一个人叫作朱晖，南阳人。年轻的时候，由于朱晖才学突出，从家乡被选拔到京都洛阳上太学。进入太学以后，朱晖学习非常用功，取得了很大的进步，他不仅学识渊博，而且为人正直，诚实守信，所以甚得众人赏识。在上太学的这段日子里，朱晖又结交了许多新朋友，其中有一位叫作张堪，是朱晖在南阳的同乡，张堪那时已经进修结业，做了朝廷的重臣，很欣赏朱晖的学识与为人，再加上同乡关系，就有意提拔朱晖，可他却婉言拒绝了。这样一来，张堪更觉得朱晖是个可以信赖的人。

太学学业结束，朱晖要归家之时，张堪推心置腹地和朱晖说：“你为人忠厚，能够自持，值得信赖，假如我哪天身体不好，驾鹤西去，希望能照顾我的妻儿老小！”朱晖忙道“岂敢岂敢”，但心里却非常感激，毕竟有人把自己当作生死之交，这也是一件让人欣慰的事。当时他们身体都很好，朱晖也没有把张堪的话太放在心上，并没有做出任何承诺。

从那以后，两个人因为种种原因，联络越来越少。时光飞逝，没过多久，张堪便去世了。张堪为人为官，清正廉洁，两袖清风，死后并没有给家中留下多少积蓄，他的妻儿生活非常拮据困难。正当他们为生活困窘而一筹莫展之时，朱晖闻讯赶来，向张堪的妻儿伸出援助之手。以后就不断地对张堪的家里进行资助，年复一年地去关心他们。

朱晖的儿子对此非常不理解，就问朱晖：“您过去和张堪并无深交，为何对他的家人如此厚待与关心呢？”朱晖感慨道：“我和张堪只是彼此倚重、生死相托的朋友，这就足够了。”儿子更是纳闷：“既然你们是好朋友，怎么不曾来往？”朱晖道：“我与张堪虽来往不密，但是张堪在生前曾有知己相托之言。他之所以托付给我，是因为他信得过我，我又怎能辜负这份信任呢。况且当时我嘴上虽然不置可否，心中却已答应。当时张堪身居高位，自然不需要我的帮助。而如今他不在了，其家人生活困窘，我又怎能袖手旁观？”

朱晖在家乡也多有善举，有着良好的口碑，南阳太守很仰慕朱晖的为人，为了褒扬朱晖便想任命朱晖的儿子去做官。可是朱晖却想把这个当官的位置让给张堪的儿子，于是去找南阳太守说：“多谢太守好意，犬子才疏学浅，尚不足以为官。我倒想向你推荐一人，是我的故人张堪的儿子，他学习用功，深知礼仪之道，是个可造之才，我愿意把故友的儿子推荐给你，让他去当官，为苍生造福。”后来张堪的儿子果然没有辜负朱晖对他的信任，廉洁奉公，勤奋踏实，为百姓做了很多好事。

朱晖后来官至尚书令，却从来不炫耀自己。他在私下里经常告诫儿子说：“你不一定要学我如何做官，但务必要学我如何做人。”

这便是“情同朱张”这一典故的由来。从这个故事中，我们能够看得出，传统的中国人如何守信重义。张堪与朱晖不过是一面之交，一言之托，然而朱晖却始终铭记在心中，并付诸行动。这就是“言必信，行必果”，这是现代许多人所缺乏的，也正是现代人所要学习的。现在世界各个国家都非常注重诚信，一些国家有着非常高的诚信水平。

法国就是一个非常注重信誉的国家。法国是个首饰大国，法国的金银珠宝都有着属于自己的“签名”。一件“卡地亚”牌的首饰上往往有“卡地亚”的“签名”，比如在戒指内环上刻上 Cartier。一枚戒指一旦出现了这几个字，其身份就大大提升。

或许有人会想，这么简单一个签名，随便找一个工匠都可以冒签。的确，从技术角度来讲，不存在什么问题。然而法国人不会这么想和这么做，如果做了且被有关部门查出来的话，那就终生别想从事这一行业了。有关法律规定：一个首饰商家如在自己做的戒指上刻上 Cartier 冒充卡地亚产品的话，一旦被查出来，将要坐 14 年的牢，并要接受巨额罚款，而且从此再也不允许从事该行业。

在法国做生意的商人，除了会计方面要准备好各种账簿之外，还要专门给警察准备好一本“警察专用簿”，上面记录着所有生意往来中进货、出货的详细情况，方便警方在必要时查看。平时不会有人督促这件事，不过法国商人们都会自觉地在这个簿子上记录得一清二楚。因为一旦警察来查而你没有这个簿子，结果只有一个：当场封店。这种严厉惩罚使得法国社会的诚信度一直保持着较高的水平。

同样，德国也有着非常高的诚信水平。

在德国，专门出台了一套为了维护诚信的机制，比如说德国人没有听说过“做假账”这个词。德国的财务人员不敢做假账，他们大学毕业之后，还要经过大约两三年的学习才能够做财务人员，要是做一次假账，就终身不得再做财务工作。

在德国的中国留学生中曾经爆发过一次诚信危机。一些中国学生习惯弄虚作假，将“枪手”、“做假证”什么的传到了德国，甚至在报上登广告，这在德国引发了诚信危机。

德国驻华大使馆为此专门成立了留德学生审核部，中国学生要去德国变得比以前麻烦多了。在德国，凡是中国学生考试，德国人会拿着照片，反复和本人对照，要看和照片像不像。在德国留学的许多中国学生都觉得脸面蒙羞。为什么德国人不用看，日本人不用看，偏偏中国的学生被反复地看呢？

这就是诚信危机。在国内，欺诈、不守诚信的现象也时有发生。比如工程完工后，工头携款逃跑，不发工资；比如大学生毕业后不还学校的贷款；比如各大商场里充斥着各种品牌的山寨手机，山寨电脑等等。这些或许能够带来短时的利益，但是从长远来看，于自身发展是绝对没有任何利好的。一个人一旦没有了诚信，就不再有人相信，处处受到怀疑。因此，家长要教育孩子从小树立牢固的诚信意识，以身作则，为孩子做出诚信榜样，让孩子明白诚信的作用，培养一个"言必信，行必果"的好孩子。

学而时习之，不亦说乎

——教给孩子知识要活学活用

阅读提示：让孩子喜欢上学习，并能将学习到的知识成功地运用到生活中来，体会知识带来的成功和欢乐，这也就达到了学习的最终目的。学习，不是一种负担，不是为名为利，学习是一种只有爱好学习者才知道的乐趣。

对于学习的态度，孔子在《论语》中作了描述："学而时习之，不亦说乎？"以前有很多人误以为这句话的意思是说：将学到的知识经常反复地温习，不是很快乐吗？我想很少人能够从温习知识中得到一些快乐。其实这里所说的"习"不是温习的意思，而是实践的意思。大意是说，学习到了新的东西并且时常用于生活实践中，不是很快乐的事情吗？也就是说，孔子主张学习要活学活用，不要只是背诵书本上那些死板的知识，那样即使背得再滚瓜烂熟也无济于事，只能成为一个书呆子，真正的学习是能够将知识用到现实生活中来，这样才能感受到学习的乐趣。

战国时候有个人名叫赵括，从小就学习兵法，兵家典背得籍烂熟，喜好同别人谈论排兵布阵之法，每次辩论他都能获胜，因此以为天下没人能超过他。他曾与父亲赵奢谈论用兵之事，赵奢也难不倒他，但是也并不夸他好。赵括的母亲问赵奢这是什么原因，赵奢说："带兵打仗，上战场拼杀那是生死攸关的事，可是他却说得那么轻描淡写。如果赵国不用赵括为将也就罢了，假如某日一定让他为将，那么赵军将必败无疑。"孝成王七年（前259），秦军来犯，赵军与其在长平对阵，那时赵奢已死，蔺相如也已病危，赵王派廉颇率兵攻打秦军，秦军几次打败赵军，赵军坚守营垒不出战。秦军屡次在营前叫骂，廉颇充耳不闻，置之不理。后来秦军去赵国散布谣言，说秦军最忌惮的就是赵奢的儿子赵括，结果赵王听信秦军间谍散布的谣言。于是任命赵括为将军，取代了廉颇的地位。蔺相如进谏说："大王万万不可任用赵括。赵括只会读他父亲留下的书，不懂得灵活应变，出战迎敌，必大败而归。"赵王不听，仍旧一意孤行，命赵括为将。

等到赵括将要起程的时候，他母亲上书给赵王说："不可以让赵括做将军。"赵王说："为什么？"回答说："当初我侍奉他父亲，那时他是将军，由他亲自捧着饮食侍候吃喝的人数以十计，被他当作朋友看待的数以百计，大王和王族们赏赐的东西全都分给军吏和僚属，从接受命令的那天起，就不再过问家事。现在赵括一下子做了将军，就面向东接受朝见，军吏没有一个敢抬头看他的，大王赏赐的金帛，都带回家收藏起来，还天天访查便宜合适的田地房产，可买的就买下来。大王认为他哪里像他父亲？父子二人的心地不同，希望大王不要派他领兵。"赵王说："您就把这事放下别管了，我已经决定了。"赵括的母亲接着说："既然您一定要命他为将军，假如他难胜其职，打了败仗，我能不受株连吗？"赵王答应了。

赵括代替廉颇的地位之后，把原有的规章制度全都改变了，把原来的军吏也撤换了。秦将白起听说之后，心中暗喜，于是派遣奇兵，佯装逃跑，又去截断赵军运粮的道路，把赵军分割成两半，赵军士卒离心。过了四十多天，赵军饥饿难耐，已无力作战，赵括只得出动精兵亲自与秦军搏斗，不料被秦军乱箭射死。赵军战败，几十万大军全部投降秦军，白起将这些降军全部坑杀活埋了。赵国前前后后总共损失四十五万人。第二年，秦军将邯郸重重包围，赵国危如累卵，全靠楚国、魏国军队来救援，才得以解除邯郸之围。赵王也由于赵括的母亲有言在先而没有株连她。

赵括对兵书不可说不熟，但是出兵迎敌却惨遭全军覆没，这就是死读书的下场，也是一个惨痛的教训。孩子喜欢学习是一件好事情，但是要讲究方法，能够学进去，还要能走出来，家长要注意帮助孩子理解知识，争取让孩子对知识能够做到灵活运用，否则的话，就会变成下边这个书呆子。

话说有这么一个书呆子，一天到晚只是先待在家里边看书，一头扎进去就再也出不来，身无一技之长，手无缚鸡之力，生活上只能依赖妻子，过着饭来张口衣来伸手的生活。

有一天，妻子从地里忙完回来，天色已晚，只见自家的鸡还没有归窝。她自己要忙着做饭，没工夫去张罗赶鸡，就对丈夫说：“我要做饭，你去帮我把鸡都赶进窝去。”

丈夫答应了。于是放下书本跑到外面，将自家的鸡赶回窝。

书呆子看到自家那几只鸡，就急忙跑过去挥舞着胳膊，使劲猛赶，结果那几只鸡被他吓得上下扑腾，乱飞乱窜。书呆子见这招行不通，只好停下来朝鸡扬起手慢慢示意，于是那些鸡又停在那里东瞧西望，等那几只鸡刚刚安定下来，要向北面走去时，书呆子赶忙上前将鸡拦住，鸡吓得一掉头又朝南边跑去，书呆子急了，又赶到鸡前将鸡拦住，鸡又重新掉头朝北跑去。就这样，他靠近鸡时，鸡吓得到处扑腾，他离鸡稍微远点时，鸡又停住不走。这时候天都黑了下来，还是没能把鸡赶回窝。

妻子做好了饭，还不见丈夫赶鸡回家。她出屋一看，书呆子正站在那里无计可施，一副无可奈何的样子，额头上还布满了汗珠。妻子很是生气，对他说：“应该这样赶鸡：在鸡安闲的时候慢慢靠近它，如果它惊恐不安，你就扔点食物去引诱它，不能像你这样简单粗暴地乱赶一气，要慢慢引诱着赶。你尽量把鸡赶到熟悉的路上，让它慢慢安定下来，它自然而然就会直奔窝里了。这才是最好的赶鸡方法。”

书呆子恍然有所悟，自言自语道：“想不到赶鸡也是一门学问，可是我怎么就没从书本上读到过呢？”

这个书呆子只会读死书，只记得书里的知识，却全没有智慧可言。知识和智慧不是对等的，有知识不等于有智慧，一个人或许学富五车，才高八斗，但他不一定有自己的见解，所思所想还是脱离不了书本的条条框框。因此家长要谨防孩子成为只知道读书的书呆子，而是要鼓励孩子多动手，将书本上的东西应用到现实中来，结合实际情况加以灵活运用，发挥自己的聪明智慧，解决面临的困难，进行独特的开发创造。

吾日三省吾身

——做一个善于自省的孩子

阅读提示：自省是促使人进步的重要手段，自我反省就像是照镜子，平时照镜子，能够正衣冠，而时常内省则能够照见自身思想和行为中出现的差错，之后对症下药，改正自身存在的弱点，不断地完善自己，从而一步步迈向成功。

关于自我反省的重要性，古人就已经意识到了。曾子曾经说过：“我每天都多次自我反省：为别人办事是不是尽心竭力了？和朋友交往是不是做到诚实了？老师传授的学业是不是复习了？”其实每个人都要有自我反省的精神，要敢于正视自己身上存在的缺陷和不足，不断地修正，不断地全面提升自己。善于自我反省的人，能够总结每一次成功的经验与失败的教训，在下次做事的时候能够发挥长处，避免重蹈覆辙；而不善于自我反省的人，则会一次又一次地陷入同一个失败的深渊当中，永远难以取得什么进步。

公元前496年，吴越发生战争，吴王阖闾亲自率兵征讨越国，吴越两国在槜李（今浙江嘉兴西南，槜音zuì）交战。本来吴王阖闾以为能够大胜而归，却不料出师不利，吃了个败仗，而自己又被暗箭射中，负了重伤，再加上年事已老，就这样咽了气。吴王阖闾死后，儿子夫差即位。阖闾临死时对夫差说：“不要忘了替为父报越国之仇。”夫差心下谨记这个嘱咐，而且命人经常提醒他。他从宫门前走过的时候，属下就会大喊：“夫差！你忘了越王杀你父亲的仇吗？”夫差流着眼泪说：“不，一刻也不敢忘。”他命令伍子胥和另一个大臣伯嚭（音pǐ）日夜操练兵马，准备全力攻打越国。两年之后，吴王夫差亲自率领大军去打越国。越国有两个非常有才干的人，一个叫文种，一个叫范蠡（音lí）。范蠡对勾践说：“吴国练兵快三年了，这回决心报仇，来势凶猛。咱们不如守住城，不要跟他们作战。”

勾践没有同意，亲自率领大军去和吴国一较生死，两国军队在大湖一带展开交锋。由于吴军兵强马壮，训练有素，准备充分，打得越军丢盔弃甲，溃不成军。越王勾践带了五千个残兵败将逃到会稽，陷于吴军的重重包围之中。勾践此时如热锅上的蚂蚁，然而又无计可施。他跟范蠡说：“真后悔当初没有听你的谏言，才沦落到了这个地步，现在该怎么办？”

范蠡说：“咱们赶快去求和吧。”于是勾践派出文种去向吴王求和。文种在夫差面前把勾践愿意投降的意思说了一遍。吴王夫差想同意，可是伍子胥坚决反对。文种回去后，打听到吴国的伯嚭是个贪财好色的小人，就把一批美女和珍宝私下送给伯嚭，请伯嚭在夫差面前讲好话。经过伯嚭在夫差面前的一番劝说，吴王夫差不顾伍子胥的反对，答应了越国的求和，但是要勾践亲自到吴国去。

文种回去向勾践报告了。勾践把国家大事托付给文种，自己带着夫人和范蠡到吴国去。勾践到了吴国，夫差让他们夫妇俩住在阖闾的大坟旁边的一间石屋里，让勾践给他喂马，范蠡跟着做奴仆的工作。夫差每次坐车出去，勾践就给他拉马，这样过了两年，夫差认为勾践是真心归顺于他，于是就允许勾践回国了。

勾践回到越国后，铁定了决心要报仇雪耻。他担心眼前的安逸消磨了志气，于是在吃饭的地方挂上一个苦胆，每次吃饭的时候，就先尝一尝苦胆，还反问自己：“你忘了会稽的耻辱吗？”每天夜里勾践都在反思自己的行为，思考富国强民的办法，以求励精图治。后来，在他的带领下，越国重新强大了起来，而夫差对勾践早就掉以轻心了，后来勾践趁夫差不备，带兵一举灭了吴国，实现了自己的复仇大业。

佛教认为，自我反省能够照见自己的心性，发现身上的大智慧，提升自我修行。在生活中，每个人都难免会犯各种各样的错误。犯错误并不可怕，可怕的是犯了错误而意识不到自己的错误，不知道反省自己，下次还会犯下同样愚蠢的错误。只有对犯下的错误认真反省，吸取经验和教训，努力改正，才能避免两次掉进同一个陷阱。因此，人人都需要有自我反省的精神，只有自我反省，认识到自身不足，才能够不断地提高自我，纠正自我，取得持续的进步。

许多成功人士在谈到自己取得成功的心得体会时，总是会说：“不停地犯错误，然后反省，并改正它。”一个人之所以能够攀得更高，走得更远，就是因为他能够不断自我反省，自我提高，越过一个又一个成功的顶峰。

蜚声世界的英国著名小说家狄更斯，其作品为读者所津津乐道。不过他对自己有一个严格的规定，那就是没有认真检查过的内容，绝不会在公众面前阅读。每天，狄更斯会把写好的内容读一遍，去发现问题，然后不断改正，直到六个月后读给公众听。

无独有偶，法国小说家巴尔扎克也会在写完小说后，专门花上一段时间对不满意的地方增删、修改，直到最后定稿。这一过程往往需要花费几个月甚至几年的时间。正是这种不断自我反省、自我修正的态度，让这两位作家取得了非凡的成就。

孩子年幼，活泼好动，犯错误的时候也多，当孩子犯错误时，家长不要不问缘由就一顿臭骂，其实犯错误的人，往往是容易成功的人，因为他敢于尝试，不怕犯错误，才会有不懈的探索精神，才会吸收经验教训，逐步向成功靠近。自我反省是孩子成长的一个秘诀。一个不会自我反省的孩子永远也长不大。孩子通过反省及时修正错误，不断地调整精神信息系统接收信号的灵敏度和准确度，以确保信息系统不出现紊乱。学会自我反省的孩子，就等于掌握了自我完善和健康成长的秘方。

有很多孩子会犯这样的毛病，他们明明犯了错误，不仅不知悔改，反而将责任一概推脱给他人，自己拒不承认。尤其是从小宠着长大的孩子，更容易滋生这种坏毛病，总以为自己是对的。对于这样的孩子，家长需要开导，让孩子学会自我反省，认识到自身的错误和缺点，及时发现，及时改正，那么，家长要怎样做才能让孩子学会自我反省呢?

1. 冷处理法。孩子犯了错误之后，会有一定的自责心理，如果父母发现孩子犯了错误，不要给予纠正，最好要当做什么都没发生过，等找到恰当时机之后，再对其进行教育，引导其进行自省。列宁的妈妈就是这样教育列宁，引导他自我反省的：有一次，列宁跟随妈妈去姑妈家做客，他不小心打碎了姑妈家的一只花瓶。姑妈问："是谁打碎了花瓶?"列宁由于害怕被责骂，于是没有承认。列宁的妈妈对此事心知肚明，但是他没有当面揭穿列宁，而是装出相信他的样子，一直没有提起这件事。每当空闲时，她有意识地给列宁讲诚实守信的美德故事，等待儿子能主动认错，终于有一天，列宁哭着告诉妈妈："我欺骗了姑妈，欺骗了大家，我说不是我打碎了花瓶，其实是我干的。”

听见孩子羞愧的作说，妈妈欣慰地告诉他，只要向姑妈写信承认错误，姑妈就会原谅他。于是，在妈妈的帮助下，列宁向姑妈写信承认了错误。

2. 让孩子学会承担责任。很多家长过于疼爱孩子，一旦孩子犯了什么错误，家长喜欢“护犊子”，凡事都替孩子担责任，而孩子觉得反正有大人承担，自己做错了也无所谓。如果父母一直这么做，孩子会逐渐丧失责任心，也不会意识到自己的错误，从而还会重蹈覆辙，所以，家长要让孩子学会自己承担责任，这样孩子才会认识到问题的严重性，才会自我反省，避免再犯类似的错误。

3. 让孩子学会总结经验教训。孩子犯了错误，家长要诱导孩子学会总结经验和教训，比如，“为什么会犯这样的错误，到底错在哪里了”，假如孩子有了这种想法，他就已经开始学会自我反省了。

人无完人，圣贤千虑，也必有一失，更何况常人呢，如果犯了错误只是一味地抱怨或是后悔，是毫无解决办法的，也是不可能取得成功的，只有敢于面对自己的错误，承认自己的错误，发现自己的错误，并做出更正，扬长补短，才能够取得那看似遥远的成功。

入则孝，出则弟

——培养孩子尊老爱幼的习惯

阅读提示：孔子在《论语》中说："入则孝，出则弟。"孔子要求弟子们首先要致力孝悌、谨信、爱众、亲仁，培养良好的道德观念和道德行为。培养孩子尊老爱幼的习惯是对孩子道德培养最初始的奠基。

尊老爱幼，一直是中华民族大力提倡并传承的文化传统。早在两千多年前的春秋时期，孔子就曾在《论语》中说："弟子，入则孝，出则弟，谨而信，泛爱众，而亲仁。"就是说，做人首先要能够做到在家事亲以孝，出门要尊敬师长，做到长幼有序，多亲近有仁德之人，提高自己的道德观念和道德行为。可见，孔子非常重视向学生灌输尊老爱幼的教育。另一位儒家大人物孟子也曾说过："老吾老以及人之老，幼吾幼以及人之幼。"其意思是说："尊敬自己的长辈，并要以同样的态度对待其他的长辈；爱护自己的孩子，并以同样的态度爱护他人的孩子。"尊老爱幼，包括家庭内和家庭外。在家庭内，指的是要赡养双亲，要照料父母的生活，关注他们的想法，在起居住行上照顾老人，尽人子之责。在家庭外，指尊敬年长之人，爱护年幼之人。

我国古代孝敬父母的例子举不胜举，孝子黄香的故事就被代代传颂。古时候，有个孩子叫作黄香，九岁丧母，母亲去世以后，他对父亲非常孝敬。每至夏夜临睡前，小黄香就坐在父亲的床上把蚊子驱走，挂上蚊帐，再用扇子把席子扇凉；而每当冬夜，他就先睡进父亲的被窝，先用自己的体温为父亲暖好被窝，再请父亲睡下。

如今，我国的人口结构发生了很大的变化，老龄化速度迅速加快，老龄人口也飞速增多，家中的老年人在生活上越来越困难。很多家庭都是只注重孩子，万

事以孩子为核心，却忽略了对父母的关照，让他们落了个凄凉晚年，有很多孩子也并不懂得孝顺自己的爷爷奶奶，姥姥姥爷，有时候还会嫌他们麻烦，啰唆，这都是亟须改正的。父母培养孩子尊老爱幼的良好习惯，可以从以下几个方面入手。

1. 父母要以身作则，起到模范表率作用。俗话说“上梁不正下梁歪”，父母要培养孩子尊老爱幼的良好习惯，就要先从自身做起，做一个敬老爱幼的领头人。孩子心理尚不健全，认识判断能力较弱，他们往往以父母的言行作为标杆，觉得父母做的就是对的，父母怎样做，他便怎样学。

阳阳和妈妈一起上街，恰巧碰到了妈妈的同事李叔叔，阳阳不仅不和李叔叔打招呼，甚至看都不看他一眼，对于李叔叔的热情也是冷漠相待，非常没有礼貌。回家之后，妈妈把阳阳叫到身边，严厉地训斥道：“阳阳，妈妈发现你对李叔叔特别没有礼貌。妈妈告诉过你多少次了，对人要有礼貌，你就是当耳边风！”

阳阳不仅没有听，反而顶嘴道：“这事不能怪我，虽然你总叫我要学会尊老爱幼，可是，你从来就没有尊重过我奶奶！我都记得！”听到阳阳的一番话，妈妈的脸一下子就红到了脖子根。“己不正，何以正人”，因此，要想让孩子尊老爱幼，家长就要先从自身做起，为孩子树立一个好榜样，让他在不知不觉中养成良好的习惯。

2. 及时纠正孩子的不良行为。如今大部分的孩子是家庭生活的中心，他们爱冲动，情绪波动大，爱支使人，倘若不顺心，便会大发脾气，常常会做出对老人无理的举动，冲撞老人，如对老人发脾气、摔东西、不理睬等。家长如若发现孩子身上存在类似问题，一定要进行严格管教，让孩子认识到自己的错误，对孩子一味容忍或是一笑了之只能让孩子的恶习日益膨胀，最终养成不良习惯。

张杨是家里的独生子，衣来伸手饭来张口，每次吃饭之前，还不等饭菜上齐就狼吞虎咽地吃起来，吃上一会儿，杯盘狼藉，吃完饭后，碗筷一扔，就去看电视了。爷爷奶奶久居乡下，这次进城来看孙子，看到这种情况，觉得这样惯下去不是办法，就说了张杨两句，谁知道张杨反唇相讥，“这是我家，你们管不着，土老帽儿！”爷爷奶奶大为惊愕，没想到孩子会这样对待他们，孩子的父母听到之后，赶紧向老人赔了不是，说自己平时疏于管教，并严厉地教训了孩子，让孩子向老人承认了错误。从那以后，张杨的爸妈再也没有放松对张杨道德方面的教育，现在，他已经是一个懂事的好孩子了，深得爷爷奶奶的喜欢和疼爱。

3. 让彼此的尊重和关怀深入到生活细节中，成为一种生活习惯。家长要让孩子在生活中时时刻刻体现出关爱来，让关爱的气氛在家庭中日渐浓郁。比如，爸爸下班回来了，妈妈可以告诉孩子："爸爸累了一天了，宝贝是不是该给爸爸倒杯茶？"或是奶奶年纪大走路不方便，家长可以提醒孩子去搀扶下奶奶，并对其行为做出鼓励。久而久之，孩子就能够逐渐地养成尊老爱幼的品质，这对孩子今后的生活是非常有益的。因为每个人都生活在社会这个大团体中，谁也不能脱离他人而存在，不管在何时何地，都要学会关爱他人，尊老爱幼，这是一个人素质的体现，也会在无形中构成在他人头脑中的印象，这对孩子今后的事业和人生都会产生很大的影响。

不论社会发展到什么程度，尊老爱幼的传统是必须发扬下去的。尊老爱幼是整个人类社会进步的体现，是构建和谐社会的必要条件，同时也是一个人成长发展的必要条件。在日渐功利化、浮躁化的当代社会，更是如此。

里仁为美。择不处仁，焉得知

——给孩子创造一个良好的教育环境

阅读提示：中国的儒家哲学非常懂得生存环境的重要性。譬如流传十分广泛的“孟母三迁”的故事，说的就是生存环境的问题。我们讲伦理，讲人的美德，这一切都是需要良好的环境加以影响的。人身上美善的东西，只有在适合其发展的环境中，才会显示出来。没有一个良好的环境，美善的东西是培养不出来的。

这句话的意思是说，与仁者为邻，是一件美好的事情。如果不在风俗淳厚的地方居住，又怎能算是明智呢？孔子认为，一个人成长环境的优劣对他的发展起着难以代替的作用。瑞典教育家爱伦·凯也指出，环境对一个人的成长起着非常重要的作用，良好的环境是孩子形成正确思想和优秀人格的基础。鲁迅先生也曾经说，未有天才之前，先要有培育天才的土壤。那么，成长环境对一个人真的有那么重要吗？

春秋时期晏子曾经说过：“橘生淮南则为橘，生于淮北则为枳。”这就是环境的影响。又如人们常说，北人粗犷豪放，南人缜密精明，这也是一个地方的环境和风气使然，比如江南一带人才辈出，文人骚客无数，这就是由于江南地区长年富庶，有鱼米之盛，生活安定的原因。而北方人行事大方，喜欢大口吃肉，大碗喝酒，性格豪爽不羁，喜好打抱不平，这也和其生活环境不无关系。

在中国的教育史上，流传着许多关于环境影响人的故事。比如在中国文化史上另一位名传千古的圣人孟子的母亲就是“里仁为美”这句话的履行者。

孟子，名轲，邹人，世代务农，家境贫寒。他家原先住在一个村落的边上，附近是一片很荒凉的坟地。小时候的孟轲出于好奇，常去墓地玩耍，看到哪家埋葬死人，他就和一些小伙伴模仿那些送葬的大人抬棺材、挖坑下葬、号啕大哭。

孟母看到了这种情景，心里认为这种地方对孩子成长非常不利，于是就选择了搬离此处，另找新居。

后来孟家搬到城里的一条街上，街肆繁华，商贾云集，一天到晚吆喝声不断。孟轲住在那里后，又和小朋友学起商人做买卖的样子来。孟母感到这个地方对孩子的成长也不利，于是决定再次搬家。

孟母第三次把家搬到了一个学校的旁边。到这里来的除一些学生外，还有一些著名的学者。他们出出进进很有礼貌，早晚还会听到琅琅的读书声。孟母高兴地说："这个地方很好，有利于孩子的教育。"便定居在此。

孟子在这里住下以后，经常在学校外边看学生游戏，听老师上课，学生朗读，学习来往行人的礼貌动作，孟母看了十分高兴。直到孟轲上学，孟母仍不放松对他进行教育。后来，孟轲终于成了一代圣贤，在儒家的地位仅次于孔子，被后人称为"亚圣"。这就是著名的"孟母三迁"的故事，这段故事一直流传不息，它生动而深刻地阐释了一个道理：要想让一个人成才，先要有成才的环境。

其实早在孟子之前，人们已经非常重视环境对人的重要性了。周文王的母亲就是一位。周文王的母亲叫作大任，在她怀孕的时候，眼睛不看邪恶的东西，耳朵不听驳杂的音乐，嘴里不说脏话恶语，从各个方面与恶性的事物绝缘，给周文王创造了一个健康、洁净的早期环境，她可以说是中国实施胎教的第一人，周文王就在这种良好环境的影响下，来到了这个世界，他从小就显得非常聪明，而且最终成为周朝开国君王。

家庭是孩子的第一所学校，家庭环境的优劣直接影响儿童的心理和智力健康。当孩子呱呱坠地，睁开眼睛看到这个世界之时，周围的环境已经对他产生影响了，教育也就开始了。对于婴儿而言，良好的环境如同是让一朵小花成长的空气、土壤、水，因此，创造良好的成长环境，是保持孩子身心健康，形成良好习惯的前提条件。一般来说，良好的生活环境对孩子的成长能够起到以下几点作用。

1. 有利于孩子智力的全面发展。父母是孩子的第一位老师，从孩子呱呱坠地到牙牙学语再到蹒跚学步，都要由父母一手教给孩子。同样，父母对孩子早期智力的开发也有很大的作用，比如教给孩子儿歌，数数等。早期教育的好坏会对孩子的智力发展产生很大的影响。

2. 有利于完善孩子的世界观。在恶劣的环境中成长起来的孩子，头脑中接触的往往是负面的信息，对世界的认识也会产生扭曲。没有良好的教育，就难以形成良好的习惯和高尚的素质，从而会产生一些不良的行为。现在青少年犯罪的根本原因几乎都能从他们的成长环境中找到根据。也许是家庭残缺不全，也许是父母疏于管教，也许是不慎交了不好的朋友，这都显示出了环境对孩子所产生的重大影响。

3. 帮助孩子养成良好的终生习惯。俗语说得好："三岁看到老。"意思是说，从孩子小时候的表现就能看得出他今后大致的人生轨迹，能够有多大成就，多大建树。虽然这句话说得有点玄乎，但是也不是全无根据，它强调了个人习惯对人一生产生的影响。好习惯让人终身受益，孩子年龄小的时候基本上没有什么自制力，好习惯的养成完全依靠身边环境的熏陶和影响，总而言之，习惯的形成和成长环境是密不可分的。

"蓬生麻中，不扶而直，白沙在涅，与之俱黑"。这句箴言生动而深刻地告诉我们环境对人会产生多么广泛的影响，所以，家长重视成长环境对孩子的影响，向古代的开明母亲孟母学习，为孩子创造一个优良的家庭环境，让孩子能够在健康的环境下茁壮成长，成为有益于社会、有益于人民的人。

知之者不如好之者，好之者不如乐之者

——兴趣在孩子学习中的重要性

阅读提示：“知之者不如好之者，好之者不如乐之者”。孔子这句话为我们揭示了一个怎样才能取得好的学习效果的秘密，这就是对学习的兴趣。不同的人在同样的学习环境中学习效果不一样，自身的素质固然是一个方面，更加重要的还在于学习者对学习内容的态度或感觉。正所谓“兴趣是最好的老师”，当孩子对一门科目产生了兴趣之后，自然就会学得比别人好。这就正是“知之者不如好之者，好之者不如乐之者”的奥妙所在。

关于兴趣在学习中的重要性，孔子在《论语》中这样说道：“知之者不如好之者，好之者不如乐之者。”意思就是：懂得它的人，不如爱好它的人；爱好它的人，又不如以它为乐的人。在孔子看来，兴趣就是最好的老师，他认为，学习有三个层次，依次是知学、好学、乐学。而乐学是学习的最高层次。乐学就是学习的时候乐在其中，就是对学习产生兴趣，有了兴趣就会产生学习的动力，就会激发大脑细胞，使之高度活跃，往往能够达到事半功倍的效果。如果孩子能够达到以之为乐的程度，学习就不再是一种负担，而是一件乐事了。

中国的古人非常重视兴趣在学习中的重要性。

祖冲之（429-500）是南北朝宋、齐科学家。他推算出的圆周率和密率值均领先世界约千年。他编制的《大明历》首先考虑到岁差问题的计算，对于日月运行周期的数据比以前的历法更为准确。然而，就是这样一位成就如此卓越的科学家，小的时候却经常挨骂，并且被视为“笨蛋”、“蠢牛”！

祖冲之的父亲名叫祖朔之，是一位芝麻绿豆大的小官。他望子成龙之心非常迫切，希望自己的儿子能够成为神童，今后光宗耀祖，光耀门楣。祖冲之还不到九岁的时候，他就强逼着祖冲之读《论语》，读一段，让祖冲之背一段。两个月过去了，祖冲之却不能理解书中的意思，只背得下来十几行，气得祖朔之把书摔在地上不教了，并且骂道："你真是个不开窍的笨蛋啊！"

过了几天，他把儿子又找来，教训他说："假如你现在用心读经书，将来就能做上大官，吃的是山珍海味，穿的是绫罗绸缎，住的是琼楼玉阁啊。假如你现在不用功，将来就会没出息。现在，我再来教你，一定要用心去学，不要辜负我一片苦心！"

可是，祖冲之还是很让他父亲失望，祖朔之越教越生气，祖冲之也是越读越厌烦。他皱着眉头，愤愤地说："这经书我不读了。"气得祖朔之额头冒汗，无名火起，忍不住一巴掌打在了祖冲之的脸上，打得祖冲之捂着脸号啕大哭起来。

正在这时，祖朔之的父亲祖昌来了，他问明情况，对祖朔之说："如果咱们家真出了个笨蛋，你狠狠打一顿，他就会变聪明吗？孩子是打不聪明的，只会越打越笨。"

祖昌还严厉地对祖朔之说："经常打孩子，不仅不能起到很好的教育作用，而且还会使孩子变得粗野！"

祖朔之说："我也是为他好啊！他不读经书，这样下去能有什么出息！"

"经书读得多就有出息，读得少就没有出息？我看不一定吧。有人满肚子经书，却什么事也不会做！"祖昌批评道。

祖朔之为难地说："他不读经书怎么办？"

祖昌说："不能硬赶鸭子上架。他读经书笨，说不定干别的事灵巧呢！做大人的，要细心观察孩子的兴趣，加以诱导。"

祖朔之想了一下，觉得父亲的话有几分道理，于是同意不把孩子关在书房里念书，而是跟祖昌到他负责的建筑工地开开眼界，长长知识。

祖冲之到工地上和当地的孩子玩了几天，接触了真实的生活，也丰富了自己的知识。他问祖昌："爷爷，为什么每月十五的月亮一定会圆呢？"祖昌解释说："月亮运行有它自己的规律，所以有缺有圆！"

祖冲之越听越有趣。从此，经常缠住爷爷问个不停。祖昌对他说："孩子，看来你对经书不感兴趣，对天文却是很有兴趣的嘛！好啊，我们家里天文历书很多，我找几本你看看，不懂的就问我。"

祖朔之这时也改变了对儿子的看法，每天教他看天文书，有时祖孙三代一起研究天文知识。这样，祖冲之对天文历法的兴趣越来越大了。

一天，祖昌带孙子去拜访一个对天文很有研究的官员何承天。何承天问祖冲之："天文这东西研究起来很辛苦，既不能靠它升官，又不能靠它发财，你为什么要钻研它？"

祖冲之说："我不求升官发财，只想将这宇宙间的秘密弄清楚。"

何承天笑道："嗯，有出息。"

自那以后，十多岁的祖冲之经常找何承天研究天文历法。到了后来，他终于成了一位闻名世界的杰出科学家。为了纪念祖冲之的功绩，1967 年，国际天文学家联合会把月球上的一座环形山命名为"祖冲之环形山"。

无论是谁，不管身处什么文化背景之下，兴趣永远都是学习的最好动力，姚明就向我们证明了这一点。

在姚明小的时候，他的父母没有特意培养他在篮球方面的兴趣，他们只是让姚明做自己感兴趣的事情。他们从不逼迫姚明做这个做那个，他们希望小姚明和普通的孩子一样读书、上大学、找工作，然后找到自己的生活方式。

姚明、姚明的父母和他当年的老师、教练以及小伙伴都说，刚开始姚明对篮球并没有多少兴趣，对当年的他来说，篮球只不过是一种游戏。姚明的父亲姚志源说，小时候，姚明和其他男孩子一样，喜欢枪，后来爱看书，尤其爱看地理方面的书。有一段时间还对考古产生了兴趣，再往后，喜欢做航模，他第一次在体工队拿了工资，就去买了航模回来自己做。再后来就喜欢打游戏机了。

在学习上，姚明的父母从来不强迫姚明，而是以启发施教为主，重视培养他的兴趣，这种方式让姚明享受到了学习的乐趣。长大之后，每当有人问起他的童年，他都会说："我是玩过来的，没人逼迫我学习。"其实，他所谓的玩就是读自己喜欢的书，研究所有自己好奇的东西。由于乐在其中，就好像在玩一样。

中国很多父母为了让孩子能够全面发展，往往命令孩子学这学那——音乐、绘画、跳舞。孩子们没有选择，只得听父母的。而姚明的母亲从不强迫姚明做此类的事，她让姚明尝试做自己喜欢的任何事。她只要求姚明不要做坏事，或者用错误的方式做事。

直到姚明九岁的时候，他才开始对篮球产生了一点兴趣。到 12 岁时，他已经非常喜欢篮球这项运动了。父母把他送到上海体育学院，他在那每天都要打几个小时的篮球。由于姚明住校，离家的路途比较远，这使得他有更多的时间打篮球，他对篮球越发专注了。

到后来，依靠着强烈的兴趣和不懈的努力，姚明一步步走向了人生的高峰，最终成了 NBA（美国男子职业篮球联赛）中的佼佼者。

东西方对兴趣在学习中重要性的认识也是一致的。大科学家爱因斯坦在回答他为什么可以进行创造时说："我没有什么特别的才能，不过喜欢刨根问底地追究问题罢了。"在他看来，有时候提出问题比解决问题更为重要。诺贝尔物理学奖得主、美国加州理工学院物理系教授查德·费曼天生好奇，自称为"科学顽童"。他十一二岁就在家里设立了自己的"实验室"。他在自己的"实验室"里做马达、光电管这些小玩意，还用显微镜观察各种有趣的动植物。当查德·费曼到普林斯顿大学念研究生的时候，他仍然保持着这样的好奇心。在其著作《别闹了，费曼先生》一书中，查德·费曼讲述了自己在念研究生时发生的一件事：为了弄清蚂蚁是怎样找到食物的，他着手做了一系列的实验，比如放些糖在某个地方，看蚂蚁需要多少时间才能找到，找到之后又如何让同伴知晓；用彩色笔画出蚂蚁爬行的路线，看究竟是直的还是弯的。正是这一系列实验让他明白，蚂蚁是靠着嗅觉来分辨路线的。由此可见，费曼先生在物理领域能够取得如此巨大的成就，能够孜孜不倦，和他强烈的好奇心是有很大关系的。

如果父母想要孩子有一个良好的学习成绩，就要先培养孩子的兴趣，而想要使孩子对学习产生兴趣，就要保护孩子的好奇心，鼓励孩子开动脑筋，多想多问，让孩子在满足自己好奇心的过程中获得知识。当孩子的兴趣一旦被激发出来，其能量是相当惊人的，甚至会让你的孩子如同变了一个人一般。孔子说的"知之者不如好之者，好之者不如乐之者"一语就道出了兴趣在学习中所起到的重要性。对一件事物产生了兴趣，孩子就会自发地往这个领域探索、钻研，并乐此不疲。因此，家长要善于发现孩子的潜力，激发孩子的兴趣，引导他们走上成功之路。

三人行，必有我师焉

——培养孩子谦虚的学习态度

阅读提示：谦虚的美德历来被称作“一切美德之冠”，越是有知识的人，越会感到自己的不足，“学，然后知不足”，讲的就是这个道理。一个看不起别人，目中无人的人，会在他与外界之间形成一道无形的“城墙”。对于这样的孩子来说，他们大多数时间是生活在自己的世界里的，这对一个孩子来讲是十分不利的。

“三人行，必有我师焉”这句话在我国可以说是妇孺皆知。它出自《论语·述而》，意思是说：三个人同行，其中必定会有我的老师。这句话体现出了孔子虚心好学的精神，他认为，每一个人都有自己的长处，也有值得他人学习的地方，这说明他善于向他人学习，同时也说出了谦虚在学习中的重要作用。孔子就是一个敏而好学，不耻下问的人。他的一生都在不停学习，这是他最终成为圣贤的重要因素之一。

孔子学无常师。他随时随地向人学习，据史料记载，他曾向师襄学琴，向苌弘学乐，向老子问礼。《论语》中有这样一段记载，一次卫国公孙朝问子贡，孔子如此博大的学问是从何处得来的？子贡回答说，古时圣人所传的道，其实就在平常的普通人之中，贤人能够认识到它的大处，而庸人则只能认识它的小处；他们身上都能体现出古人之道。就这样，孔子时刻保持着谦虚的态度，虚心学习，随时充实丰富自己。《论语》中有很多记载都体现了孔子的这种精神，如孔子有一次去太庙祭祖，一进太庙，则每事必问，甚至孔子对跟他学习的那些弟子也非常谦虚，有一次子贡对孔子说，自己只能闻一而知二，颜回却可以闻一而知十。孔子说：“弗如也。吾与汝弗如也。”也就是说：“不行啊，你和我都不如他。”孔子这种虚心向学的精神，是很值得现在的孩子认真学习的。

学海茫茫，无涯无岸，越是成功之人越能意识到学识的浩瀚无边，意识到自身的狭隘鄙陋，意识到自身存在的不足，所以一生都能鞭策自己时刻学习，保持谦虚，永不停步。爱因斯坦是20世纪世界上最伟大的科学家之一，他提出的相对论以及他在物理界做出的其他方面的贡献，对整个人类的发展和进步都是一笔难以估量的财富。但是，虽然爱因斯坦取得了如此辉煌的成就，他仍然坚持学习，直到老死。

有人曾经这样问爱因斯坦，说："您在物理界的地位和对物理界做出的贡献可以说是前无古人后无来者，为何还要不知疲倦地学习呢？何不舒舒服服地休息呢？"面对这样的问题，爱因斯坦没有立刻进行回答，而是拿来一支笔、一张纸，在纸上画上一个大圆和一个小圆，对那位年轻人说："眼下，在物理学方面，我知道的可能比你多一些，正如你所知的是这个小圆，我所知的是这个大圆，然而整个物理学知识是无边无际的。对于小圆来说，由于它的周长小，即与未知领域的接触面小，它感受到自己未知的少；而大圆的周长大，与外界的接触面更大，因此更能感到自己未知的东西多，会更加努力地去探索。"

1929年3月14日，爱因斯坦过50岁生日。全世界报纸都刊登了关于爱因斯坦的文章。在柏林的爱因斯坦住所中，装满了好几篮子从全世界寄来的祝寿的信件。

然而，此时的爱因斯坦却不在自己的住所里，他在几天前就到郊外的一个花匠的农舍里躲了起来。

爱因斯坦九岁的儿子问他："爸爸，您为什么那样有名呢？"爱因斯坦听了大笑道："你看，瞎的甲虫在球面上爬行的时候，它并不知道它走的路是弯曲的。我呢，正相反，有幸觉察到了这一点。"爱因斯坦就是如此谦虚的一个人，名声越是大，他就越是谦虚。

事实也是如此，在宇宙面前，每一个人都是极其渺小的，庄子曾经说过"吾生也有涯，而知也无涯"，知识就像海洋那样浩瀚，一个人是永远也无法完全学到的。只有不断地充实丰富自己，才能逐渐登上人生的顶峰。

对于孩子而言，拥有谦虚的学习精神对他们来说更为重要。在现实生活中，平时学习成绩好，经常受到家长和老师表扬的孩子，心理上容易出现一种满足感和优越感，从而滋生骄傲情绪，失去进取心，裹足不前，最终成为井底之蛙。在

《庄子》中就有这么一个小故事，说是秋天到了，众多大川的水流汇入河中，河面波涛起伏，汹涌澎湃，河伯看到自己的河流浪涛滚滚，觉得天下再没有比自己声势更为浩大，更为广阔的了，于是便欣然东去，等到了大海边，看到茫茫大海，一眼看不到彼岸，这才羞红了脸，说："以前我总以为天下之美都在我这里，今天才知道我是如此粗疏鄙陋，'闻道百，以为莫己若者'这句话讽刺的就是我啊！要不是今天见到了大海，开了眼界，日后我必定遭到有见识人的耻笑啊！"

骄傲自满是一种负面的心理状态，孩子有了自满的情绪，就如上面的河伯一样，必定有一天要遭受他人的耻笑，于自己的学业也无益。因此，家长要时刻告诫孩子：任何成绩都是阶段性的、局部的，不能沉溺于此，而是要将眼光投向更为广大的地方，时刻发现自己的不足，充实自己，这才能取得进步。

那么，家长要怎样培养孩子谦虚好学的品质呢?

1. 不要过分过频地夸奖孩子。家长不要过于频繁地夸奖孩子，夸奖的时候也不要太过分，而是应当对孩子的成绩给出中肯的评价和激励，鼓励孩子再接再厉，力争上游，永不满足，勇攀高峰，注意为孩子指出自身存在的不足，让孩子知道学无止境的道理。

2. 父母要身体力行。要教育孩子学会谦虚，首先自己不能自满，为孩子树立一个好榜样，比如孩子问问题的时候，不要装成什么都知道的样子，不知道的问题要告诉孩子，可以和孩子一起查资料解决，这样孩子就能知道任何人都有自己的局限，就不会产生骄傲自满的心理。

3. 多让孩子接触书籍和广大世界。经常给孩子介绍一些优秀的书籍，开阔孩子的眼界，丰富孩子的思维，另外，还可以带领孩子出去接触广大世界，让孩子知道天外有天，山外有山的道理，切莫让孩子成为目光短浅的井底之蛙。

"水满则溢，月圆则亏"，拥有谦虚的品质，对于孩子而言，能够促进孩子的进步和提高，谦虚的人，别人都爱跟他相处。而骄傲自大则会对孩子的发展起到消极的作用，骄傲自大的孩子往往会一叶障目不见泰山，目中无人，心胸狭窄，也难以和他人进行沟通交往，哪里还谈得上取得人生的成功?

学而不思则罔，思而不学则殆

——给孩子一个正确的学习方法

阅读提示：学习方法关系到孩子的学习效果。孔子在学习方法上有一套主张，“学而时习之”，“温故而知新”，“学而不思则罔，思而不学则殆”……这些经过无数次锤炼的教育方法，对于今天的家长来说也有着十分重要的启迪意义。

这句话是说：学习了而不深入思考，就会迷惑；但只是去想而不去学习，那就危险了。孔子在这里首次提出了一个全新的学习方法，那就是学思结合，二者并重，不可偏废。每个人都有自己的学习方法，但是不一定每个人都有科学的学习方法，这里孔子就为我们提出了一个科学的学习方法，那就是：在学习中思考，在思考中学习。假如学习的时候只是死背书本上的知识，如同囫囵吞枣，学到的知识难以消化，最终不能变成为自身所用的知识，那学到的就是死知识，而不是活知识，对于个人是丝毫没有帮助的。我们学习的任务，就是要把书本上的死知识灵活运用，解决现实问题，不加以思考，全盘照搬，怎能解决问题呢？恩格斯说：“思维是地球上最美丽的花朵。”科学的学习方法就是在学习中细心思考，敢于质疑，提出问题，有所创新，这样就不会有所迷惘。

孔子学习知识的时候，能够虚心请教他人，并善于自己思考。有一次，他与弟子去拜访景仰已久的高人——老子。他们跋涉了很远的路才来到老子的住处，口干舌燥，饥渴难耐。但不巧，老子正在闭目养神。孔子没有打扰，就安静地站立在旁边等候。过了很久，老子睁开眼睛，孔子就施礼拜见，然后就向老子请教做人处世的道理。老子听了，又闭上眼睛，过了一会儿，他张开嘴巴，说：“你看，我的牙齿怎么样？”孔子不知其意，就老实地看了看，老子的牙稀稀拉拉的，大部分都掉了。于是他摇摇头，说：“您的牙齿差不多都掉光了。”老子没有说话，又伸出自己的舌头，说：“再看看我的舌头。”孔子虽然疑惑，还是认真看了看老子的舌头，说：“舌头的颜色红润，很健康啊。”听了这话，老子点点头，又闭上了双眼，不再说话。孔子和弟子们就向老子道谢离开了。回去的路上，孔子的弟子们感到很疑惑，有的说：“我们费了那么大力气，走了那么远的路，就是为了看他掉光的牙和舌头吗？我们这次岂不是一点收获都没有？”有的说：“本是诚心来求学，谁知他老人家这么小气，不肯教我们。”有的说：“就是，二话不说，就让我们看他的嘴巴，太不懂礼仪了。”孔子听了这些，捋着胡子哈哈大笑起来，学生们更疑惑了。这时候，孔子说：“老子他老人家教给了我们大智慧呀！他张开嘴让我们看他牙齿，是想告诉我们，牙齿虽然坚硬，但是他们之间却经常磨碰，以硬碰硬，久了，自然受到的磨损大，有的就脱落了，即使没有脱落，剩下来的也是有残缺的；他又让我们看他舌头，是想告诉我们，舌头虽软，但和牙齿这样坚硬的东西相处起来，却能以柔克刚，所以至今完整，没有丝毫损坏。”弟子们听了以后，恍然大悟，钦佩老子之深奥，钦佩孔子之聪明。其实，真正的学习，并不是别人说什么自己就记下来什么，而是要自己动脑筋去思考，这样获得的才是属于自己的知识。

孔子曾说：“吾尝终日不食，终夜不寝，以思，无益，不如学也。”就是说，我曾经整天不吃饭，整夜不睡觉，就是为了想清楚迷惑我的问题，但是到最后无济于事，还是要去学习。这就是思而不学则殆。思考是一种能力，但是它要有知识的积累和铺垫，假如没有丰富的知识，而只是一味地冥思苦想，是难有任何收获的。

哲学家、教育家王阳明，就曾经因“思而不学”而吃了大亏。王阳明是明朝时期哲学家和教育家，他早年受儒家“格物致知”的思想影响，认为万事万物皆存道理，只要整日对着这些东西参悟，便能够领悟到其中的至理。于是，他想实践一下“格物致知”，看看能够领悟到些什么道理。一连七天静坐在他办的书院里观察竹子，想悟出竹子的道理。他废寝忘食、目不转睛地看着、想着，一直坐得支撑不住，也没有参悟出什么道理来，还得了一场大病。最终他还是通过进行各方面的学习，最终丰富了自己的思想，自创一派，成了哲学大家。

每个家长都希望自己的孩子在学校里成绩能够名列前茅，考上名牌高中，名牌大学，自己脸上也有光，但是有的孩子无论怎么勤奋，怎么用功，学习成绩就是上不去，自己的孩子又不比别人的笨，这是什么原因呢？导致出现这种现象的很重要的一点就是因为学习方法不当，假如孩子能够掌握科学的正确的学习方法，往往能够事半功倍，不需要费多大力气，就能让孩子将知识掌握得滚瓜烂熟；而有的孩子没有正确的方法，往往天天苦读，晚上熬夜，第二天变成“熊猫眼”上学，也不见得有什么好成绩。学习好，不仅要刻苦勤奋，更重要的是要有一个好的学习方法，才不会让自己的辛勤刻苦付诸东流。

陶行知先生曾经推荐过《十诀学习法》，就是一种非常科学的学习方法，值得我们的家长逐条介绍给孩子：一序，由浅入深，循序渐进；二勤，业精于勤，荒于嬉；三恒，持之以恒，锲而不舍；四博，从精出发，博览全书；五问，不耻下问，学会提问；六记，多动笔墨，多作笔记；七习，温故而知新，学了就复习；八专，专心致志，认真学习；九思，熟读精思，深思熟虑；十创，触类旁通，敢创新路。

另外，家长还要根据孩子各自的特点，细致深入地为孩子制定具体的适合的学习方法，激发孩子学习的热心和兴趣，这样，才能让孩子学有所得，学有所用，成为一个真正的知识型人才。

人之生也直，罔之生也幸而免

——塑造孩子的正直性格

阅读提示：中国的古人历来十分重视对孩子的品格教育，尤其是正直教育。在我国的古代典籍中有许多关于正直教育的记录。作为国学的集大成者，《论语》中记录了孔子许多关于正直教育的言行。这对于我们今天的家长具有很强的启示意义。

《论语》中这句话的意思是说：一个人因为正直，故而在人世上能够生存，不正直的人有时也能在人世上生存，那只是因为他侥幸地躲避了灾难罢了。孔子认为，做人一定要正直，即要在世上行得正，走得端。正直是人的一种品格，正直教育就是一种品格教育，我国古人非常重视人品格的修养。《礼记·大学》中写道："古之欲明明德于天下者，先治其国；欲治其国者，先齐其家；欲齐其家者，先修其身。"因为天下之本在国，国之本在家，家之本在身。这充分表达出了个人、家庭与国家之间的关系，即"修身、齐家、治国、平天下"。修身就是提高自身修养，提高自身修养就是要做到"正心诚意"，因为只有个人品格正直，别人才能够信服你，才能做到说话做事掷地有声，进一步形成良好的家风，再进而形成正直的民风，整个国家和民族才会有力量。由此可见正直品格的重要性。

东汉初年，有一个人名叫董宣。他是出了名的为官清正，不畏权贵，后来被光武帝刘秀所赏识，赐为"强项令"，这个名字的由来还有一段小故事。

董宣，字少平，陈留郡国（今河南开封东南）人。他见多识广，学问功底深厚，为人正直，深受大司徒侯霸的器重，后来侯霸把他推荐给光武帝。董宣应荐出来做官以后，政绩显著，逐渐升迁为北海（郡国名，今山东昌乐东南）相，董宣就任北海相以后，凡事秉公执法，从不假公济私，深得百姓喜爱。

当时，全国最难于治理的城市便是京都洛阳。洛阳城内遍居皇亲国戚，他们常常作威作福，鱼肉百姓。朝廷接连换了几任洛阳令，仍旧于事无补。最后，光武帝刘秀百般无奈，决定任命年已 69 岁的董宣做洛阳令。董宣到任后，恰巧碰上了湖阳公主的家奴行凶杀人的案件。

湖阳公主是光武帝刘秀的姐姐。这位公主仗着自己和皇帝的姐弟关系，豢养着一帮凶狠的家奴，在京城里胡作非为。董宣早就看不下去了，这一天，公主的家奴在街上杀了人，董宣立即下令逮捕他。可是，这个恶奴躲进湖阳公主的府第里不出来，地方官又不得擅入，董宣寝食难安，又无计可施，只好派人日夜监视湖阳公主的住宅，下令只要那个杀人犯一出来，就设法抓住他。

过了几天，湖阳公主以为新来的洛阳令不过是新官上任三把火，虚张声势而已。于是，就公然带这个杀人恶奴出行，在大街上被董宣派出去的人发现。董宣听说之后，立马前来拦截车辆。湖阳公主坐在车上，看到这个拦路的白胡子老头如此无礼，便傲慢地问道："你是什么人？敢带人拦住我的车驾？"董宣上前施礼，说："我是洛阳令董宣，请公主交出杀人犯！"湖阳公主一听董宣向她要人，满不在乎地说："你有几个脑袋，敢拦住我的车马抓人？你的胆子也太大了吧？"可是，令她万万没有想到的是，这个官职卑微的洛阳令居然怒发冲冠，猛地拔出腰间利剑，厉声责问她身为皇亲，为什么不守国法？湖阳公主一下子被这凛然正气镇住了，一时间竟不知所措。这时，董宣义正词严地说："王子犯法，与庶民同罪，何况是你的一个家奴呢？我身为洛阳令，就要为洛阳的众百姓做主，决不允许任何罪犯逍遥法外！"董宣一声令下，洛阳府的吏卒一拥而上，把那个杀人凶犯从公主车上拖了下来，就地斩首了。

湖阳公主感到自己受了奇耻大辱，气得脸色发紫，浑身打战，直奔皇宫，向光武帝讨说法去了。

光武帝听了湖阳公主添油加醋的一番哭诉后，不禁怒从心头起。他想，董宣居然敢如此污蔑公主，分明是不将他这个皇上放在眼里！想到这里，便喝道："将董宣捉来，我要当着公主的面把他乱棍打死！"

董宣被捉来带上殿后，对光武帝叩头说："处死我之前，请允许我说句话。"光武帝恼怒异常，便说："你死到临头了，还有什么话说！"

董宣十分严肃地说："托陛下之福，汉室才得以中兴。却不想陛下今天任由皇亲的家奴草菅人命，残杀百姓！有人想让汉室江山永固，故而严正纲纪，执法不阿，却不料要落得个被乱棍打死的下场。微臣死不足惜，可微臣不明白，陛下口口声声说要用文教和法律来治理国家，现在陛下的亲族在京城纵奴杀人，陛下不加管教，反而将按律执法的臣下置于死地，这国家的法律还有何用？陛下的江山还用什么办法治理？”光武帝听到董宣这番豪气干云的忠言，大为惊愕，接着说道：“朕念你一片忠心，就不再治罪于你。不过，你要向公主磕个头，赔个不是！”董宣理直气壮地说：“微臣自认无过，因此无礼可赔！这个头不能磕！”

光武帝只好向两个小太监使了个眼色，示意他们把董宣带到公主面前磕头谢罪。

两个小太监照办。这时，年近七十的董宣用两只胳膊支撑着地，硬着脖子，怎么也不肯磕头认罪。两个小太监使劲往下按他的脖子，却怎么也按不动。

湖阳公主自知理亏，却仍旧碍于面子，不出这口气难平心头恨，便又冷笑着问光武帝说：“哼！文叔（光武帝的字）未做皇帝时，常常在家里窝藏逃亡的罪犯，根本不把官府放在眼里。现在做了皇帝，却连一个小小的洛阳令都管不了，我真替你脸红！”光武帝答道：“正因为朕现在是一国之君，才应该依法行事，不能再像过去那样胡作非为。你说对不对呀？”

光武帝转过脸又对董宣说：“你这个强项令，脖子可真够硬的，还不快点退下去！”光武帝从心里欣赏董宣，喜欢他身上那种刚直正毅、宁折不弯的浩然正气。为了对董宣表示嘉奖和鼓励，光武帝特意派人给董宣送去了 30 万赏钱，董宣把这一笔赏金全部分给了他手下的官吏和衙役。从此，全国上下莫不知“强项令”的威名。经过董宣严格的治理，洛阳的社会秩序很快得到了好转。

董宣做了五年洛阳令，74 岁时，于任所去世。光武帝听到后，悲痛异常，专门派人前去吊唁治丧，只见董宣的遗体上仅仅盖着一块破布被头，妻子儿女相对恸哭，家中除了一辆破车和几石大麦，别的什么都没有。使者回来向光武帝禀告，光武帝甚为叹息地说：“董宣如此廉洁奉公，直到他死后我才知道，惭愧啊，惭愧！”特赐给银印禄级，按照大夫礼安葬。

强项令董宣的故事让我们体会到了正直与正义的力量。为了维护公理，董宣不怕权贵，纵然是皇上也奈何他不得。他的事迹早已被中华民族代代相传。其实这种浩然正气就是个人的尊严，是民族的生命。

正直的人有自己的原则和信念，他做任何事都不会逾越自己的底线；正直的人不会是一个溜须拍马、阿谀奉迎的人，他不会嘴里一套，心里一套，而是内心有自己的规则，所以不会说谎，也不会表里不一，而且内心很少产生矛盾，因为他是一个忠于自己做人标准的人；正直能够让人信赖，可以带来友谊和尊重。

孩子品质的形成很大程度上依靠父母的塑造，因此，父母在开展家庭教育的时候，一定要培养孩子的正直品质，对孩子进行正直方面的教育，让孩子感受社会的美好，人性的光明，有利于他们心理健康的形成，也是孩子一生中最宝贵的财富。

第三章

《道德经》

在卷帙浩繁的中国书海当中，有一卷薄而又薄可是在国外拥有最多译者和读者的书，这本书名叫《老子》或《道德经》。“道”并不是宇宙之道、自然之道，而是个体修行，也即修道的方法；“德”不是我们通常以为的道德或德行，而是修道者所应必备的特殊的世界观、方法论以及为人处世之方法。老子的本意，是要教给人一整套个体修道的方法，德是基础，道是德的升华。一个人如果没有德作为基础，为人处世，小者治家，大者安邦治国，很可能都失败，那他也就不可能再有能力去修道。在西方，《道德经》远比孔子或任何儒家的作品流行。事实上，该书至少出版过四十种不同的英文译本。《道德经》在教育上主张师法自然，尊重天性，这也为我们今天的教育提供了可以借鉴的有益经验。

人法地，地法天，天法道，道法自然

——杜绝拔苗助长式的家庭教育

阅读提示：道家思想十分注重自然："人法地，地法天，天法道，道法自然。"老子在《道德经》里为我们指明了教育的根本方法。看看我们现在对孩子的教育方式，无不在追求一种成人的思维模式，我们为三岁的孩子能识上千字而高兴不已；我们为幼稚的小孩能说出成人才应说出的话语而赞叹不已。我们却从不在意孩子天性的丢失。殊不知，我们是在和自然作对，在这种教育方式下走出来的孩子会是什么样的呢？

老子崇尚自然，他认为万事万物皆有自己依循的规律，都应当依照自己的规律发展，人们要做的就是遵循事物发展的规律，而不要主观介入或是妄图违背规律，否则的话就是自食苦果，《道德经》中有云："人法地，地法天，天法道，道法自然。"老子在这里阐述了对宇宙的基本认识，他觉得万物都有自然法则，最终都要归于自然，我们也可以将老子的这一看法运用到家庭教育中，就是强调人的成长要依据个人的成长规律。对于孩子来说，他们的成长是有规律的，对孩子的教育要循序渐进，万不可期望孩子一朝成才。拔苗助长的故事想必家长们都听过，每个孩子都是正处于成长中的幼苗，他们的成长需要时间，需要家长的耐心浇灌和培育，如果家长盼望子女成才心切，而采取拔苗助长的方式，那就会害了孩子，那样就和寓言里那个愚蠢的农夫无异了。可是又会有很多家长说："别人家的孩子放假就要进培训班，又是学钢琴又是学跳舞，从跆拳道到书法班人家都给孩子报上了，我们的孩子也不能落于人后啊，这以后形成的差距怎么缩小呀！"可是请诸位家长看一下，那些整日在培训班之间辗转的孩子，有几个是快快乐乐地去补习的，哪个孩子不是被家长逼着进去的，有谁不希望自己的童年是在自由自在、欢声笑语中度过的呢？

关于拔苗助长的危害，我们看几个触目惊心的事例：

新加坡《联合早报》曾经报道过，韩国在前几年盛行周岁婴孩补习英语之风，最近又兴起婴儿学瑜伽、学哲学，甚至学走路的风潮。这股早期教育热潮终于出了偏差，产生了不少婴儿精神病患者。

韩国首尔感性认知研究所精神科医生孙升恩表示："韩国婴幼儿的精神病患者，已占总体精神病患的30%~40%。这些婴儿患病的主要原因是，受到家长的强迫性早期教育的压力。这些婴幼儿的症状有情绪不安、注意力障碍、认知发达不均衡等。"

流行于韩国的这种现象现在在我国也愈演愈烈，不少父母都希望自己的孩子能够成为人中之龙，让孩子出人头地，有些父母则是唯恐孩子在竞争中落在了他人后面，在孩子很小的时候就强迫孩子参加各种特长班。家长为了子女，请家教，买教辅，逼着孩子学这学那；学校急于拔尖，补课、培优、集训、练兵……忙得不亦乐乎。短短的一个寒假还没有开始就炒作起补习班来，很多学生不是在放松地享受他们的假期，反而过得比上学时还累。正是由于彼此互相攀比的心理，让家长、老师心理失衡，导致学生心理失衡，升学率竞争和学科竞赛在拔苗助长中起着推波助澜的作用。在这样的情况下，孩子那瘦弱的肩膀早已经不堪重负，很多孩子因此产生了厌学、逃学，甚至厌家的心理，这是广大家长不得不注意的问题。

张世明是马来西亚家喻户晓的华裔神童，他居住在马来西亚芙蓉武吉亚沙花园，他的智商高达148，这种智商在全世界人口中仅占2%。张世明11岁时小学毕业，12岁从初中一跃跳到了大学一年级，到马来西亚英迪学院攻读美国大学课程。1989年，13岁的张世明进入美国麻省理工学院求学，创下了吉尼斯世界纪录，成了美国麻省理工学院最年轻的外国留学生。

1992年，不满16岁的张世明又考进美国纽约康奈尔大学，攻读博士学位。1997年，张世明博士毕业，留在美国继续从事研究工作。然而，张世明1997年博士毕业后却销声匿迹。原来，由于压力过大，张世明变得沉默寡言，并且患上了精神方面的疾病，后来郁郁而终，年仅31岁。对他的不幸去世，其父归因于"由于外界异样的目光和对他的过高期待，导致他幼小的心灵未能领悟和承受这种压力"。入木三分的分析，显示了作为过来人难得的清醒，也是对沉迷于"神童”教育不可自拔的人们的一种警示。

家长期盼孩子能够早日成才，这种心理是可以理解的，但是不能为了实现自己的寄托而不管孩子的感受，强行给他们施加压力，孩子不是罗马斗兽场里的奴隶，家长应当把孩子当成是一个真正的“人”来看待。中国的家长们没日没夜地盼着孩子能够考上好大学，找到好工作，以便让自己有炫耀的资本。然而，父母们却往往忽略了孩子精神方面的自由和追求，超重的压力会让孩子的心理达到承受的极限，导致很多孩子往往都是“小时了了，大未必佳”，成了一个又一个的方仲永。

那么家长到底要采取何种方式教育孩子呢，陈丹青先生曾经将当今的青年和他们那一代青年作过比较，说如今的青年大都太“乖”了，受到太多的束缚，往往不敢表达自己，缺少一种个性。而他们那个时代不同，敢说敢想，有着一种原始的野性的活力，像地里的野草一样，蓬蓬勃勃地生长，这就是小时候没人管的“野孩子”和有人管的“乖孩子”之间的区别。

有一个著名的案例，中国某位幼教专家到美国幼儿园去教学，教他们认识字母，通过不断的练习，很小的孩子都能认识“O”了，或许中国的父母会对这一教学成果感到非常满意，但是美国父母却认为，这是扼杀了孩子们的想象力。在他们看来，假如幼儿将一切圆形都看作是“O”的话，孩子的想象力基本上为零了。而要想不扼杀孩子的想象力与创造力，就要让孩子学会玩，玩是孩子的天性，家长不要以为玩是不务正业，其实孩子会玩是极为重要的，会玩的孩子往往都比较聪明，头脑灵活。但是孩子往往玩起来就忘记了时间，因此家长也不能对孩子完全不管不顾，而是要适当地对孩子玩的时间和玩的内容有所管理，比如可以陪孩子玩一些益智游戏，不仅让孩子在游戏中放松，得到了快乐，还能从中受益，激发孩子的思维。

凡违反规律者，必遭规律的惩罚，这是不变的规律，希望家长们能够认识并接受这个规律，根据孩子成长的规律，让自己的孩子轻轻松松地拥有他们本该拥有的时光，这样成长起来的孩子才是健康的孩子，才是国家和民族的希望。

含德之厚，比于赤子

——注重对孩子的品德教育

阅读提示：人格教育思想是老子教育思想的重要组成部分。研究老子的人格教育思想，对今天加强个人的品德修养，具有积极的借鉴意义。老子认为，人格教育的目的就在于使人充分认识“道”的本质，并能依照“道”的本质去行事，即培养“为道”之人。

老子在《道德经》中阐述了自己对个人道德品质的看法，他希望人们都能够做到像婴儿那样心地澄明无瑕，老子说：“含德之厚，比于赤子。”老子认为，婴儿的天性是最淳朴的，最善良的，不染尘埃，没有杂念，没有奸诈虚伪，假如人们能够保留婴儿般未被污染的天性，就接近最上层的“道”了。这也给我们另一种启示，那就是对一个人的品德教育，要从幼儿抓起。

人民教育家陶行知先生说过：“幼年的生活是最主要的生活。幼年的教育是最主要的教育。”他又说：“人生最重要的习惯、倾向、态度多半在六岁以前养成。”早期良好的品德教育能够帮助孩子形成良好的道德品质、行为习惯以及健全的人格，这对孩子的一生都是极为有益的。俗话说“三岁看老”，孩子小时候形成的性格、品质和道德，往往会对今后的人生产生重大的影响，所以家长不能忽视对孩子早期的道德教育。居里夫人在儿童的早期道德教育上就非常重视，她用自己高尚的人格和品德影响了自己的孩子，让孩子也形成了健全高尚的德行。

居里夫人之所以是一位伟大的女性，不仅仅在于她在科研上取得的成就，更在于她高尚的道德品质。在自己漫长的科学研究生涯以及个人道路中，居里夫人悟出了一个道理：人的智力成就，很大程度上依赖于品格的高尚。

因此，她以自己身上这种不懈追求事业成功和高尚品德的精神，深深地影响着自己的子女以及周围的人，她懂得通过生活的各个方面来培养孩子的良好道德品质。居里夫人不愿让孩子成为坐享其成的人。

有好几次机会，居里夫人的两个女儿可以得到一大笔财产，然而她不肯那样做，她认为女儿们将来必须靠自己生活。她不让女儿们过不劳而获的奢侈生活。

居里夫人还特别重视对孩子意志和品质的培养。“热爱事业，不求享乐，有独立能力”。这是居里夫人对孩子的要求和期望，也是她教育孩子的原则。

在丈夫比埃尔去世以后，居里夫人开始一个人担负起抚养孩子的重担。当时她的经状况不容乐观，还得补贴一部分钱用于科研。有人建议她卖掉与比埃尔在实验室里分离出的镭，这在当时价值 100 万法郎。居里夫人不同意，她认为：不管今后的生活如何困难，决不能卖掉科研成果。

为了让女儿从小树立勤俭朴素、不贪图荣华富贵的思想，居里夫人毅然将镭献给了实验室，把它用于研究工作。后来她带着两个女儿赴美国接受总统赠送给她的 1 克镭时，也同样告诫女儿：“镭必须属于科学，不属于个人。”

在事业上，居里夫人有崇高的献身精神，她有着同样的要求。在和女儿谈到爱情这个问题时，她引用法国作家的话说：“爱情并不是一种高尚的情感。”她还说：“如果一个人把生活兴趣全部建立在像爱情那样暴风雨般的感情冲动上，是会令人失望的。”

在孩子呱呱坠地之后，身为家长，除了要给孩子充足的营养，一个健康的身体，丰富的知识，培养孩子的智力之外，还要注意给孩子一个健康的灵魂，也就是培养孩子高尚的道德品质。有些家长认为，孩子在社会上立足，只要有足够的知识和一门可以安身立命的技艺就可以了，只要培养孩子丰富的知识和优秀的技能，其他问题就大可不必操心。实际上，他们仅仅抓住了一个方面，而忽视了另一个重要因素——道德品质的培养。儿童心理学研究表明，一岁以前的儿童还不可能有任何判断，也不能有意地表现出什么道德行为来，因此也就无法对他们进行道德品质教育。但是，一岁后的儿童便开始体现出道德的萌芽。例如：小伙伴中出现了两种关系，一种是良好的相互关系，表现在共同使用某些玩具，配合其他儿童的动作等等；另一种是不良的相互关系，表现为有攻击性的动作——夺取玩具，也有防御性的动作——哭泣。有位优秀的儿童教育家说过：“优秀的品格，只有从孩子还在摇篮之中时开始陶冶，才有希望在孩子心灵中播下道德的种子。”

所以说，家长一定要注意对幼儿进行早期的道德教育。同时要注意，幼儿的品德教育依靠家长榜样的力量以及自身的言传身教。合理地对孩子进行表扬和鼓励，对孩子正确的行为进行肯定和强化，逐渐让孩子形成自己的道德品质。具体来说，对儿童早期的品德教育可以从以下几个方面入手。

1. 培养孩子对亲人的爱。对幼儿来说，要培养他们的爱，先要从爱身边的家人开始。苏联教育家苏霍姆林斯基说：“如果一个孩子连他妈妈都不爱，他还会爱别人、爱家乡、爱祖国吗？”爱自己的妈妈，爱自己身边的亲人，容易懂，容易做，循序渐进地再让孩子把爱的范围扩大，逐渐爱他人，爱社会，爱民族，爱国家。所以，家长要从生活中的细节培养孩子对家人的关爱和体贴，让孩子有一颗关爱的心，感恩的心。

2. 培养孩子讲文明、懂礼貌的习惯。文明礼貌是品德的一部分，要形成良好的文明礼貌习惯，要对孩子从小就进行培养。所以，家长要教育孩子从小就要懂得尊老爱幼，乐于助人，礼貌待人，用语文明，不打人，不骂人等等。

3. 让孩子勇于承认错误。孩子犯了错误之后，家长不要打骂，更不要纵容，而是要鼓励孩子敢于承认自己的错误，并且勇于改正。例如，发现孩子说谎，应当分析孩子为什么说谎，根据具体情况，针对性地进行解决。

4. 培养孩子热情好客的好品质。有些独生子习惯独居独食，不懂得和他人分享。家长要培养孩子大方的性格，要懂得与人分享，正所谓“独乐乐不如众乐乐”。家长平时不要老让孩子一人在家里玩游戏或是看电视，应当鼓励孩子走出去多和小朋友玩，共同分享食品和玩具，与其他孩子友好相处。

5. 培养孩子积极开朗，坚强自信的品质。积极开朗的性格非常具有感染力，能够给人以动力和希望，让人对生活充满信心和激情，所以培养孩子积极开朗的性格，会让孩子对每一天都充满兴趣和期待，并且为他人带来欢乐，这种品质对孩子是非常重要的。另外还要培养孩子坚强自信的品质。坚强是指面对困难和挫折不低头，不服输的姿态，是一种勇于抗争的姿态。要培养孩子这种品质，家长应当支持、鼓励孩子参加各种有益的活动，注意传授孩子相关的知识和技能，让孩子有足够的自信心。孩子退缩的行为大都是缺乏自信，心中胆怯造成的，而缺乏自信又是因为知识储备不足，所以家长要多给孩子讲解知识，教给孩子一些处理问题的方法，这样孩子在面临问题的时候才有自信，才敢于勇往直前。

6. 不能只讲道理，要通过行为训练。幼儿的道德行为的坚持性非常差，所以父母一味地讲道理是行不通的，应当对孩子进行行为训练。比如，有些父母为了让孩子有分享精神，就一直给他讲孔融让梨的精神。但到吃的时候，孩子真的把大梨给妈妈送来，妈妈却假装尝尝说："真乖，妈妈不吃，你吃吧。"结果呢？孩子对他人的关心只是一种抽象的意识，行为上还是吃独食，如果真的吃掉的话他会哇哇大哭起来。所以，在对幼儿进行道德品质教育时，不能只是给孩子讲道理，而是要抓紧道德行为的培养，要切实地让孩子把好吃的东西分给别人，强化他"有东西大家吃"的观念。

百年大计，教育为本。而一个人的个人品质和综合素养的形成，又是从孩童时期开始和奠定的，所以家长应当时刻提醒自己，不能放松对孩子的早期品德教育。

是以圣人处无为之事，行不言之教

——言传身教的重要性

阅读提示：老子在《道德经》中说，“是以圣人处无为之事，行不言之教”。他强调了“身教”的重要性。父母的言传身教对孩子来说是一种无形的教育力量，是孩子自觉接受教育的重要条件。父母在孩子心中的形象越好，他们的教育作用也就越大，也就越受孩子的欢迎。由此可见，父母的言传身教是对子女进行教育的基础。

父母是孩子的第一任老师，从孩子出生开始，接触最多的便是父母，受到父母的影响也最大，父母的一言一行，一举一动都会在孩子幼小的头脑中留下印记，因此，要想将孩子培养成一个出色的人，父母就要以身作则，为孩子树立良好的榜样，重视自己在家庭教育中的作用。关于言传身教，以身作则的意义，老子在《道德经》中已经指出“是以圣人处无为之事，行不言之教”。意思就是，要以身作则，用实际行动来教育人，这比苦口婆心地向孩子灌输大道理要好得多。老子这句话是非常有道理的，家长如果能以身作则，率先垂范，孩子在无形中也会受到家长良好习惯的影响，这就达到了“行不言之教”的目的。

欧阳修是北宋时期的文学家和史学家。欧阳修的父亲欧阳观是一个小吏，在欧阳修四岁的时候，父亲就离开了人世。于是，家中生活的重担就完全落在了欧阳修的母亲郑氏身上。郑氏知书达理，非常重视对欧阳修的教育。欧阳修稍大一些后，郑氏就想方设法教他认字写字，先是教他读唐代诗人周朴、郑谷的作品，以及当时的九僧诗。尽管欧阳修对这些诗一知半解，却对读书产生了浓厚的兴趣。欧阳修到了上学的年龄后，郑氏一心想让儿子读书，可由于家里穷，买不起纸笔，正一筹莫展，无计可施之时，她看到屋前的池塘边长着荻草，忽然萌生出一个妙法，用这些荻草秆在地上写字不是也很好吗？于是她就用荻草秆当笔，铺沙当纸，开始教欧阳修练字。欧阳修跟着母亲学习，在地上一笔一画地练习写字，反反复复地练，错了再写，“至日中而不息”，一直到写对写工整为止。这就是被后人传为佳话的“画荻教子”。幼小的欧阳修在母亲的教育下，很快爱上了诗书。每天写读，积累越来越多，很小时就已能过目成诵。欧阳修长大以后，到东京参加进士考试，连考三场，都得到第一名的优异成绩。当欧阳修 20 岁的时候，已经是当时文学界大名鼎鼎的人物了。从一个默默无闻的寒士，到后来成为统领文坛的人物和举足轻重的官员，欧阳修的母亲在欧阳修的一生中具有不可替代的作用。这就是父母的言传身教对孩子的发展起到的重要作用。

孩子世事未明，还没有形成明确的世界观和是非观，因此在孩子的眼里，父母的举动都是正确的，他们会有意无意地去模仿，有时候家长一个不经意的动作，都可能让孩子将其带到自己的生活中去，成为一个习惯。父母对于孩子的影响是绝对不容忽视的，假如父母为孩子做了错误的榜样，那么就很可能把他们领到错误的道路上。据有关调查显示，现在很多青少年犯罪的根源很大程度上是家庭教育的影响。古人云，“养不教，父之过”，这是一句至理名言，每一位父母都应当谨记在心。

《伊索寓言》中有这么一个故事，说是一个小偷被抓住了，被判处死刑，三天后执行。他向法官提出一个请求，想在行刑前与他的母亲话别，见她最后一面，最后得到了允许。三天后，他妈妈来到他的面前，他说：“我告诉你一件事。”他轻轻说了一遍，但是她听不到；等她走近些，小偷又轻声说了一遍。母亲将耳朵贴近时，儿子突然咬住母亲的耳朵，差点撕下来，周围的人都惊呆了。“这是对她的惩罚，”小偷说，“我小时候小偷小摸，把偷的东西带回家时，她不但不惩罚我，反而笑着说‘别让人看见’。就是因为她我才落得了今天这样的下场。”

现实生活中也有很多这样的例子，有许多家长对孩子的过错不闻不问，任由其发展，比如自己的孩子和别人的孩子发生了小矛盾、小摩擦，家长不仅不制止，反而煽风点火，“孩子，别怕他，爸爸（妈妈）在这儿呢，打他！”这无疑会助长孩子身上非常邪恶的气焰，等到哪天发展到不可收拾的地步，最终吃苦果的还是家长和孩子。还有的家长声色俱厉地对孩子提各种严格要求，自己却说一套做一套，“身不正则令不行”，试问，这样的家长怎么能够在孩子面前树立威信，孩子又怎么会由衷地信服呢？

曾经听过一位朋友和他儿子的对话，让人哭笑不得。朋友对他的儿子说：“儿子，你天天玩游戏机，这叫玩物丧志知道吗，你就不能控制下自己，把时间都放到学习上去吗？”儿子撇撇嘴，“您还甭说我，爷爷经常告诉您不要成天在外边搓麻将，您怎么还总是成宿成宿地玩呢？”一句话把朋友噎了回去，一时间让他无言以对。由此可见，孩子们往往会将父母的行为作为自己行为的参照，甚至父母行为中的某些失当之处也往往会成为一些孩子为自己开脱的“证据”。在和孩子相处的过程中，家长一定要对自己的言行举止严加注意，努力提高自身的综合修养，多学习，争取给孩子树立一个良好的形象，给孩子带去积极、健康的影响。比如，平时夫妻相处和睦，孝敬老人，在工作上积极上进，在待人处世上热情大方，言出必行，不吹牛，不夸张，实事求是。这些好习惯都会非常有利于孩子健康性格和心理的形成，对孩子的成长非常有益。

托尔斯泰曾经说过：“全部教育，或者说千分之九百九十九的教育都归结到榜样上，归结到父母自己的端正和完善上。”这句话一语道出了父母作为孩子榜样的重要性。育人先正己，这是每位家长都应当牢记的一点，做好孩子的榜样，培养一个人格健全的孩子，是每位父母应尽的责任。

为之于未有，治之于未乱

——以预防为主的家庭教育观

阅读提示：事物在还未露头的时候，在初始的萌芽阶段就要妥当处理，早作准备。任何事情都不是突然间发生的，在它们降临之前，早已有所征兆。“有远见的人，能够看见坏事的苗头而将它化解为无形”。

《道德经》中有这么一段话：“其安易持，其未兆易谋；其脆易泮，其微易散。为之于未有，治之于未乱。”这段话的意思是说，事物稳定时，容易保持不变；事物还没有显出变化的迹象时，容易图谋；事物还脆弱时，容易化解；事物还微小时，容易消散。要在事情还没有出现问题前就处理妥当，要在祸乱还没有产生前就做好工作，预先防治。也就是后来说的“未雨绸缪”，“防患于未然”。万事万物何尝不是如此，“星星之火，可以燎原”，一个不起眼的小毛病，如果不能够及时发现并及时制止，就很有可能演变成不小的祸患。

以前，有一户人家盖了一栋新房子，不过厨房里的土灶烟囱砌得太直，而且旁边还堆着一大堆柴草。有客人来他家做客，看到这个状况之后，对主人说：“你家烟囱砌得太直，柴草放得离火太近。容易发生火灾。”主人听了之后，笑了笑，不置可否，后来就把这件事抛到脑后了。果不其然，那位客人一语成谶，没过多久，这家人家果然失了火，左邻右舍全都赶来帮忙，一起扑灭了大火。主人杀牛备酒来酬谢大家的全力救助，席间，主人热情地请因奋勇救火而被烧伤的人坐在上席，其余的人也按功劳大小依次入座，却独独没有请那个建议改修烟囱、搬走柴草的人。有人提醒主人：“若是当初您听了那位客人的劝告，改建烟囱，搬走柴草，就不会造成今天的损失，也用不着杀牛买酒来酬谢大家了。现在，您论功请客，怎么可以忘了那位事先提醒、劝告您的客人呢？”主人听罢，才恍然大悟，后悔自己被蒙蔽了心窍，于是赶忙将那位客人请到家来，让他坐了上席。

事后，主人重新修建厨房时，就按那位客人的建议，把烟囱砌成弯的，柴草也放到安全的地方去了。

在发现不良倾向的时候第一时间将其扼制住，为之于未有，治之于未乱，慎始慎终，防微杜渐，能起到事半功倍的效果。在教育孩子的时候同样如此，孩子年纪小，尚且缺乏辨别是非的能力，容易受到环境和他人的影响，如果受到不良影响，就有可能走上歪路。家长要做的就是要密切关注孩子的思想动向，如果发现有不良思想在孩子头脑中萌芽，家长要第一时间发现并立即为孩子纠正，让孩子远离不健康的环境，去除不健康的思想，为孩子的成长和发展提供一个良好的环境。

据调查分析，影响孩子心理健康的家庭因素主要有以下几个方面：

1. 家庭教育偏向极端。在当前社会竞争激烈的情况下，一些家长为了让自己的孩子能够出人头地，光耀门楣，便不计投入，不顾孩子的感情，为孩子的学习作一些不必要的付出，也让当今普遍的家庭教育陷入了误区：在生活上，孩子衣来伸手饭来张口，提出的要求一概得到满足，在很大程度上纵容了孩子；然而在心理上，希望孩子能够完全服从自己，能够按照自己的意愿去发展，只关注孩子学习上的进步和智力的提高，而忽视了孩子性格、道德情操的培养。

2. 家庭环境的不良影响。由于目前社会发展步伐加快，传统的道德观念以及家庭生活受到了巨大的挑战，外出打工人口增多，离婚现象普遍，单亲家庭数日上升，对于生活在这种家庭环境之下的儿童来说，他们得不到完整的来自家庭的关爱，在很大程度上会影响孩子的健康成长。

3. 社会风气的影响。有些家长受到拜金主义以及攀比心理的影响，喜欢将自己的孩子和别人的孩子进行比较，比如在物质生活上，有些家长一味地满足孩子，要什么给什么，使孩子个人欲望大大膨胀；有些家长宁愿自己吃苦受累，节衣缩食，也要满足孩子的虚荣心。这种种做法都容易让孩子形成懒惰、贪图享受、大手大脚的生活习惯，给他们今后的人生道路埋下了隐患。在文化生活方面，有的家长平时只顾打麻将或终日流连往返于酒宴之间，对于孩子的生活不管不问，这就是很多孩子只喜欢日夜在网吧中度日，夜不归宿的原因之一。甚至有的家长亲自带领孩子参加一些不健康的娱乐活动，这些不良的影响都会给孩子造成很大的伤害。

一个结构完整，感情丰富的家庭，才能给孩子全面的爱。母亲带给孩子的温柔体贴和细腻的感情，是父亲给不了的；父亲对孩子坚强性格的影响也是母亲无法代替的。只有父母同心、刚柔并济，该刚则刚，该柔则柔，互相补充，孩子才能得到健康的完整的爱，孩子的成长才会向健康的方向发展。

所以，正常且适当的家庭教育对孩子的健康成长起保障作用，能在很大程度上避免孩子的违法犯罪。家庭教育的内涵十分宽广，家庭教育的方法十分繁多，我们必须谨慎为之，择优使用。

孩子在其成长的过程中，有其自己生活的空间，难免受到一些不良的影响，避免不了出现这样那样的问题，有时是难以预测的，那么家长要怎样做才能防患于未然，让孩子得到更好的发展呢？

第一，给孩子安全感。人在儿童期最需要一种保护感，安全感。温馨的家庭环境，熟悉的伙伴，良好的邻里关系都容易让孩子养成积极健康的心理，父母应当关照孩子的心理，并为孩子心理的健康发展提供良好的土壤。家长应当明白，孩子需要的不仅仅是物质需求，心理需求对于孩子的成长而言是更为重要的一部分。

第二，重视人性教育。一个人有什么样的性格，就可能有什么样的命运。有位美国记者采访晚年的投资银行一代宗师 J.P. 摩根，问："决定你成功的条件是什么？"老摩根毫不犹豫地答道："性格。"记者又问："资本和资金何者更为重要？"老摩根一语中的地答道："资本比资金重要，但最重要的还是性格。"

的的确确，在摩根的整个奋斗史中，不论是他大胆地在欧洲发行美国公债，还是力排众议，甚至冒着生命危险推行全国铁路联合，都源于他倔强和敢于创新的性格，如果没有这种性格，恐怕资本再雄厚也难以开创投资银行这一伟大开创性的事业。

1998 年 5 月，华盛顿大学 350 名学生有幸请来世界巨富巴菲特和盖茨演讲，学生们抛出了这样一个问题："你们怎么变得比上帝还富有？"听到这一有趣的问题时，巴菲特说："这个问题非常简单，原因不在智商。为什么聪明人会做一些阻碍自己发挥全部工效的事情呢？原因在于习惯、性格和脾气。"盖茨表示赞同。其实不论是在生活中还是工作中，都是性格决定命运，性格好比是水泥柱子中的钢筋铁骨，而知识和学问则是浇筑的混凝土。孩子健全性格的培养是父母最为重要的责任，因此，父母要善于帮助孩子找到不同于别人的优点，为孩子树立自信和自尊，让孩子健康发展。

第三，要懂得尊重孩子。很多家长虽然在物质上满足了孩子，但是往往并不知道对孩子的尊重，他们头脑中仍有强烈的上下等级之分，认为孩子对自己的话要言听计从，稍有违反，便拳脚相加，恶骂相向，这对孩子的心理伤害是非常大的，因为每个孩子都需要别人的尊重，需要得到理解和平等的沟通。

教育孩子不是一个简单的事情，在日常生活中，家长要注意照顾孩子的方方面面，尤其是孩子的感情，如果父母能够做到上述几点，相信您就达到了“为之于未有，治之于未乱”的要求，孩子在他的成长之路上也就少了羁绊，多了平坦。

俭，故能广

——勤俭教育的重要性

阅读提示：勤俭节约是中华民族的优良传统，是中国人的传统美德。古人云："历览前贤国与家，成由勤俭败由奢。"小到一个人、一个家庭，大到一个国家、整个人类，要想获得长远的生存和发展，就要发扬勤俭节约的精神。

"俭"是老子的三宝之一，是《道德经》中反复强调的人生原则之一。老子讲："我有三宝，持而保之：一曰慈，二曰俭，三曰不敢为天下先。"意思是"我有三件法宝，我掌握并保存着它们。第一件是慈爱，第二件是节俭，第三件是不敢居于天下人的前面"。又说道："治人事天，莫若啬。"所谓"啬"，意思也就是"俭"，意即节俭、俭约。他又说"俭，故能广"。通过老子对"俭"的反复阐述，我们能够看出老子非常重视节俭的力量。

节俭是我国世代相传的优良传统，诸葛亮把"静以修身，俭以养德"作为"修身"之道；朱子将"一粥一饭，当思来之不易；半丝半缕，恒念物力维艰"当作"齐家"的训言；毛泽东以"厉行节约，勤俭建国"为"治国"的经验，我国古诗中又有"谁知盘中餐，粒粒皆辛苦"的名句，劝导人们不要浪费，要珍惜粮食的来之不易，发扬勤俭节约的作风。

毛主席一生力行节约，反对浪费。在毛主席生前用过的一百多件日常生活用品中，有一件睡衣他穿过 20 多年，已经补了 73 次。身边的工作人员多次提出给他换一件新的，他都执意不肯，直到逝世前夕，他老人家还是穿着这件补丁摞补丁的睡衣。在国民经济困难时期，毛主席首先提倡不吃肉、不吃水果，常常是几个烤芋头就是一餐饭，与全国人民同甘共苦。周总理同样有这种难得的精神。1962 年夏，周总理到辽宁省视察工作，刚一住下，他就从口袋里掏出一张纸，交给负责接待的同志，说："上面写的东西都不能做。"原来，这张单子开着 20 多种禁吃的菜名，鸡鸭鱼肉之类都包括在内。正是这一桩桩、一件件小事，铸就了他们伟大的人格魅力，使之成为中华民族的传统美德！

不独是我国历来重视勤俭节约，外国人重视勤俭节约的例子也举不胜举。

美国的山姆·摩尔·霍尔顿是个拥有 85 亿美元的富翁，但是他宁愿居住在小镇上一座再普通不过的房子里，平时开一辆旧福特车，穿着工作服，和一名普通工人并无二致，但是其生活也同样乐趣无穷。他的后代常以此为荣，并继承着这一良好的家风。

全美著名的亚特兰大快餐经销店，在美国各地拥有 100 多个营业餐厅。它的老板菲尔德已经儿孙成群。每到寒暑假，他的子女都会去他各地的餐厅，不是去大吃大喝，而是为餐厅打工出力。

勤俭不是吝啬，它和吝啬是不同的，勤俭是懂得珍惜，该花的则花，不该花的坚决不花，就是通常说的"好钢要用在刀刃上"。有些人，对自己简直是吝啬到了极点，但是在外人需要帮助时，却毫不犹豫，救人于危难中，这不是吝啬。卡耐基说："一般人往往把节俭和吝啬看作是一对孪生儿，这真是一个天大的错误。其实，'节俭'的意思是：当用则用，当省则省；换句话说，就是省用得当。而'吝啬'的意义却是当用不用，不该省也省。"家长要教育孩子成为一个节俭的人，但是分不清节俭与吝啬的区别，孩子就可能成为一个不讨人喜欢的吝啬鬼。

晏子是春秋时期齐国人。他虽贵为齐国的相国，不过日常生活却极为简朴。吃的是粗茶淡饭，穿的是粗布麻衣，住的是土房民居，出行很少坐车，从来不讲排场，一切用度皆省之又省。在常人的眼里，晏子的行为近乎有些吝啬——堂堂齐国大夫，在生活上甚至不如一些老百姓，这着实让人难以理解。

有一次，晏子受齐景公之命，出使晋国。临行前晏子刻意打扮了一番，穿上了他认为最好的一件衣服。然而到了晋国后，与王公大臣们一比，晏子发现自己仍然土得掉渣。他的身上除了一把佩剑外，没有一样值钱的饰品；而晋国的官员们，不是绫罗绸缎，就是美玉加身，显得十分华贵。见到晏子这副寒酸的模样，晋国的贵族们皆露出鄙夷的神色，就连一向敬重晏子的叔向，也流露出几分不屑。心想：晏子也过于吝啬了，这种隆重的场合居然不舍得花点儿钱置身漂亮的衣服。然而，对于这一切，晏子却毫不在乎，他依旧神态自若地与大家谈笑着。

正午时分，晋国办了一桌丰盛的酒宴为晏子接风洗尘。席间，叔向不怀好意地对晏子说：“听说先生学富五车，博闻强识，有伯夷、管仲之才，我想请问先生，节俭与吝啬有什么区别呢？”

晋国的一干官员听完叔向的发问，再瞧瞧晏子的装束，都忍不住一阵窃笑，等着看晏子出丑。晏子当然明白叔向这是在挖苦他，不过他没有生气，也没有觉得无地自容。他微微一笑，然后从容地回答道：“在下虽无什么才学，但节俭与吝啬还勉强分得清。节俭是君子的美德，吝啬是小人的恶德。衡量一个人财物的多寡，不是看这个人的穿戴是否华丽，也不是看这个人的出手是否阔绰，而是看这个人是否有计划地使用自己的钱物。富贵时不过分地加以囤积，贫困时不轻易向他人借贷，不放纵私欲，不奢侈浪费，不与人攀比，时刻念及百姓之疾苦，国家之兴盛，这便是节俭。而家中金银堆积如山，却独自享用，丝毫不想赈济受灾受难的百姓，这样的人，即使一掷千金，穿金戴银，天天山珍海味，那也是吝啬。”

晏子的一番话，像是揭开了他们的伤疤，说得叔向等人无地自容。自此，晋国的官员再也不敢嘲笑晏子的“吝啬”了。

当今的生活条件越来越好，很多家庭的孩子不知道财富的来之不易，不知道父母的艰辛，从小就形成了花钱大手大脚的习惯，俗话说“成由勤俭败由奢”，孩子的消费习惯如果不能在小时候得到及时的改正，等到长大之后就可能成为一个挥金如土的败家子，再大的家业也会挥霍一空，最后弄得个倾家荡产。因此，父母加强孩子的勤俭教育是非常有必要的。

涤除玄览，能无疵乎

——时时处处洗涤孩子的心灵

阅读提示：老子曰："涤除玄鉴览，能无疵乎？""涤除"，也就是洗净人内心的杂念种种，能够做到心如白玉，毫无瑕疵。孩子初始的思想是单纯无邪的，然而在各种世风的熏陶下，难免有了瑕疵，要想保持孩子纯洁的心灵，就要为其时时拂拭，争取做到心灵澄净，不为外物所污。

老子一生清修无为，不慕名利，他注重保持自己内心的圣洁，拒绝世俗中不良思想的影响，他说："涤除玄览，能无疵乎？"这里的"览"读为"鉴"镜子，就是说，我们自己的心，就像是一面镜子，应当时时察看，看它是否沾染了污点，沾染了瑕疵，一旦沾染，就失去了照物的功能，就看不清自己，容易迷失。因此，修炼自身还要从"涤除玄览"出发，才能不断地提高自己的思想认识，保持内心的清净圣洁。就像神秀曾经作过的一首偈语："身是菩提树，心如明镜台，时时勤拂拭，勿使惹尘埃。"就是说要做心理的"清道夫"，扫除那些不干净的东西。

纯净的心灵，能够涤荡一个人心中的肮脏，重新看清本我，平复心绪，心胸坦然，为人平和，同时能够让思维变得清晰。现在很多人都提倡修心，就是在芜杂忙碌的世事中找出空闲来，和自己的心灵对话，或是进行参悟，来进行思想上的净化和提升。孩子的心灵本该是无瑕的，是童真的，然而现在却有许多孩子受到浓重而污浊的世俗风气的影响，心灵早就成人化，早就不纯净了。有些家长认为孩子还小，这些小瑕疵对他今后构不成什么影响，故而对其不够重视，然而，正是这种粗心大意，才导致孩子今后走错道路，甚至查上犯罪之路。

孩子的青少年时期是从幼稚迈向成熟的过渡期，是朝气蓬勃、活力四射的时期，也是情绪起伏波动最大的一个时期。据有关专家估计，我国目前初中生心理不健康的约为15%，高中生约为19%。在心理咨询中，青少年期常见的心理问题大致表现为如下几个方面：

1. 学习压力过大。对于很多青少年而言，他们在校的唯一任务就是读书学习。家长的期望过高，学习负担过重，对自己学习成绩的不满等因素会给孩子带来相当大的心理压力。有些青少年承受不了这些心理压力，有时会表现出异乎寻常的反抗情绪，轻者出现厌学情绪或是退学行为，重者可能会形成家庭暴力，有极个别者甚至消极自杀。希望普天下的家长们为了孩子的心理健康，再也不要对他们施加太大的压力了。

2. 拙于处理人际关系。伴随着孩子年龄的增长以及对外界的好奇与探索，孩子与社会交往会越来越广泛。他们希望能够和外界进行很好的交流，希望自己能够获得肯定，但是不少青年人因为初出茅庐，自尊心过强，性格内向，往往会因为人面对际关系而出现心理压力，比如过分注意他人的评价、容易受到伤害、虚荣心强、怕丢面子等。家长或是老师应当帮助青少年改变一些错误的认识和观念，让孩子明白人无完人的道理，勇敢面对自己的缺点，让他们在行动和实践中增强信心，培养技巧。

3. 关于青少年自身的性问题。青春发育期生理上的变化必然引起青少年心理的变化，我国传统观念一般对此类问题讳莫如深，孩子不好意思向家长问，家长更不好意思回答，孩子找不到人倾诉，于是只好盲人摸象，慢慢地就会产生性烦恼。改变对性的态度应是人生心理修养的一个重要内容。作为家长，应当改变传统观念，尽早对孩子进行合理的性教育，这对于青少年的性心理健康发展非常重要，不要耽误孩子。

4. 沾染不良习惯和不良嗜好。青少年时期虽然身心发展较快，但是他们的思想还远未成熟，对社会的认识能力、辨别是非能力不强，自我控制能力差；同时青少年有着非常强的好奇心与模仿性。这点决定了他们会很容易受同伴或不良社会风气的影响，从而养成不良习惯以及不良嗜好，比如抽烟、喝酒等。现在很多青少年因为沉溺于电脑游戏而不能自拔，很大程度上损害了青少年的身心健康，部分青少年甚至因为交友不慎而走上吸毒、偷窃等违法犯罪之路。如何正确引导青少年，让他们度过这个蓬勃而又危险的时期，是家庭所要担负的一个重大责任。

家庭是社会的基本组成单位，在对孩子的教育中起着重大的作用，如何让孩子保持健康的心理对家长而言是一种重大的责任，这不仅关系到孩子的健康成长，也关系到家庭的融洽，社会的和谐。具体来说，家长可以从以下几个方面入手：

1. 多和孩子沟通，做孩子的知心朋友。很多家长不能和孩子平等相处，只喜欢居高临下地训斥，这不仅收不到良好的效果，反而会让孩子产生逆反心理。尤其是处在青春期的孩子，其所产生的困惑都比以往要多，这个时候孩子也逐渐形成了自己的世界观和价值观，因此，当孩子出现问题时，家长应当深入观察，给予适当的引导和指点，站在平等的角度，倾听孩子的心声，平等地对待孩子，这样才能让孩子敞开心扉，向家长诉出心中的烦闷，彼此成为无话不谈的好朋友。

2. 做孩子成长路上的领路人。我国古代先贤在教育子女的时候，非常重视家庭教育的方式和方法。他们会为孩子树立良好的榜样，对孩子进行言传身教，帮助孩子树立正确的人生观和价值观。当今的家长也应具备这种态度，以自身言行去教育自己的孩子。家庭在教育中有很大的作用和比重，它是塑造孩子品质的基本环境。在浓郁的爱的氛围下成长的孩子，能够具备健康向上的品质，并能茁壮成长。

3. 多夸奖鼓励孩子，为其树立信心。家长要用发展的眼光看待孩子，时常鼓励孩子，为孩子树立信心，要常对孩子说："我相信你，你能行！"并且要善于发现孩子的兴趣，发掘孩子身上的潜力和特长，然后进行引导和培养，孩子有了兴趣就会产生动力，在孩子投入的过程中他就有可能取得意想不到的进步，从而带动孩子的积极性。

家庭教育是对人的一生影响最大的教育，孩子的个性、品德、爱好、心理健康完善与否等很大程度上取决于父母和家庭环境的影响。"没有教不好的孩子，只有不会教的父母"，假如您发现孩子有叛逆的倾向，处处与自己作对，请家长不要怒不可遏地责怪孩子，而要对孩子进行细心入微的观察和分析，找出症结所在，这样才是科学的教育方式，才有利于孩子的健康成长。

慈，故能勇

——让孩子知道爱的力量

阅读提示：人生的价值不在于争夺到些什么，而是贡献了些什么！多少顶尖的风云人物在历史中淹没，然而让我们歌颂的，却是常常奉献自我、成就他人，不计较得失的耕耘者。

慈爱，是天地之间最为伟大的爱，有着慈爱心肠的人或是世间万物，能够激发出自身无穷的力量，他们可以为了自己的所爱，甘心将自己置之度外；有着慈爱心肠的人，敢于为了心中的爱创造出常人所不能创造出的奇迹，可以挑战一切苦难。

关于慈爱，老子在《道德经》中说道："夫慈，故能勇。"这里的"慈"并不仅仅是对人而言的，而是对世间万物都充满爱，尊重每个生命个体。国家对国家、社会的各个阶层之间、人对大自然、人对动物世界、人对各种资源、人对各种能源等等都要有慈爱之心。如果人类能够以慈爱之心对待世间万物，那么濒危物种的数量还会减少得那么快吗？在古代的少数民族，不论是蒙古人还是鄂伦春人，甚至撒哈拉沙漠里的土著人，他们在捕猎的时候不会猎杀幼小和怀孕的猎物，这就是可持续发展，这就是一种人类对大自然的广义范围上的慈爱之心。这样的"慈"看起来好像是一种消极规退让，其实如果真正能做到"慈"，产生的力量是巨大的。

慈爱是勇敢的依据，只有发自内心深处的慈爱，才能促使一个人爆发出无穷的力量，才能表现出无畏的行动。而一个天不怕地不怕、看似勇猛的人却不一定有一颗仁爱之心。譬如《水浒传》中的黑旋风李逵，勇猛无比，可是他在打仗的时候，不论是兵是贼还是平民，"只拣人多处杀去"，这不是勇猛，这是近乎心理扭曲的残杀，是无爱的匹夫之勇。只有有了仁慈的心肠，你才有必须勇敢的理由，因为慈爱是正义的，是合乎天道的，是合乎人性的，为了正义，为了人性，为了心中所爱，就不会有所恐惧，不会怯懦后退。抗日战争时期，多少仁人志士、爱国勇士为了捍卫自己的国土，奔赴前线，无所畏惧，誓死以往，在如此恐怖的战场上，他们为什么不畏惧？因为他们心中有爱，他们的心中装着自己的家人，自己的民族，自己的国家，这些在他们心中是圣洁的，是不允许他人染指的，更不允许受到些许的侮辱！这些发自内心的大爱，促使那些可爱的战士们，为了祖国的未来，为了人民的幸福，前赴后继，喋血疆场，这就是爱的力量。故而，老子将“慈”列为自己持而守之的“三宝”之首。

在西藏，流传着一个跪拜藏羚羊的故事：有一个盗猎分子，在山上发现了一群藏羚羊，他欣喜不已，然而正当他瞄准羊群准备射击之时，羊群发现了他，立时四处逃散。于是盗猎者在后面举枪追击，体格健壮的藏羚羊跑在前面，而年幼的羚羊因为速度不够快，就落在了后面。当盗猎者追赶羊群到一个峡谷时，其余的藏羚羊都纷纷纵身跳了过去，只丢下一对母子。盗猎者很快追上了落在后面的母子俩。由于藏羚羊天生弹跳惊人，冲刺起来能跳数丈之远，这种峡谷对于母藏羚羊来说轻而易举，然而年幼的藏羚羊却跳不了那么远。很显然，在这种危险的情况下，它要么就跌落于深谷中，摔个粉身碎骨，要么就落入盗猎者的手里，成为他利益交换的商品。眼看着跑到了峡谷的尽头，这个时候，让人意想不到的一幕发生了，只见藏母羚羊和小藏羚羊同时起跳，但是，在弹跳的一刹那，母藏羚羊放慢了速度，几乎只用了和藏小羚羊同样的力量。母亲在半空中先于藏小羚羊坠落，而小羚羊则稳稳地踩在母亲的背上，以此作为支点第二次起跳，顺利地逃到对面，而它的母亲却一直急速坠落，落入谷底，当场摔死。

这一幕让盗猎者目瞪口呆，他感觉到冥冥之中有种爱的力量让他对自己的行为感到羞愧，他跪倒在地，含着泪将罪恶的枪扔进了山谷里。

爱的力量到底有多么大，恐怕是难以言说的。曾经有人做过这么一个试验：桌上放两杯水，每天对其中的一杯水说‘我爱你’，对另一杯水则说‘我讨厌你’。时隔数日，用显微镜看其分子结构，发现前者水分子的结构有序、规律，后者的水分子结构非常紊乱。

纪伯伦说：“爱，是人类最美好的情感，是一种理解了的和谐，是无比美好的精神体验，有爱的时候，便如饮玉液琼浆般，美丽而飘逸。爱着，爱或者被爱，都将有尊严而且高贵。”在生活中我们要从各方面去发现孩子的闪光点，学会用欣赏的眼光去看待孩子的优点和不足。

俗话说“不养儿，不知父母恩”。的确，人只有在成家立业有了孩子之后，才能感觉到自己在孩子身上付出的爱才是多么无私，能真正体会到自己的父母对自己的爱是多么伟大，这时候才能真正体会到“慈爱”的含义，也正是由于这种血脉相连的爱才会使人们在危难来临之时，为了子女、为了父母、为了家庭、为了民族、为了国家，真正拥有那不怕困难、不惧牺牲的大勇气。

爱是一门学问，每个孩子都是按照自己的方式在发展，既有他的优点，也有不足或发展中的一些羁绊。正是所有这些让人赞扬的优点和使人气恼的缺点，构成了一个特殊而完整的个体。

那么，如何让你的爱渗透到孩子的生命中去呢?

首先，让孩子在爱的沐浴中成长。因为爱是一个很有含义的概念，它本身就意味着宽容、信任和尊重。如果你对你内向的孩子说：“孩子，我相信你，你一定有他人想不到的好想法。”渐渐地，孩子就能感受到自己的重要性并能树立起信心，体验到自身存在的价值。孩子就会在这样的鼓励中建立起坚定的信念：“我是唯一的，我就是我自己，我是不同于别人的独立的人。”

其次，在爱中让孩子懂得自尊，学会自重，建立自信。哪怕孩子只取得了一点点进步，也要满面笑容地去对待他，去鼓励他，去表扬他。哪怕是他知道自己吃饭穿衣了，或者他今天能主动地和别人谈起高兴的事情等等。这样的事虽然很小，但在孩子看来是多么大的进步。如果幸好也被你发现了，你再适时地夸奖他几句，他会感觉身边萦绕的全是爱。他会通过自己的努力，使今天与昨天发生变化，这就是成长。兴奋时跟他来一个漂亮的击掌，告诉他，他是多么棒！孩子的每一个细微的量变，都会积累成伟大的质的飞跃。而家长的欣赏和赞许，则是孩子加速前进的动力。

想要拉进与孩子之间距离的您，让我们一起在付出爱的过程中实现，相信在爱的阳光下，孩子会有更美满、更灿烂的人生，更积极、更向上的态度，更博大、更无私的爱心！

知人者智，自知者明

——让孩子学会客观看待自我能力

阅读提示：了解别人的人，是有智慧的人；了解自己的人，是真的明道之人。战胜别人的人，是有力量的人；战胜自己的人，才是真正的强者。我们可以把人分为三种：不够自信的人、过于自信的人和有自知之明的人。

“知人者智，自知者明”。这是两千多年前的老子在《道德经》中的智慧箴言。这里的智，是知人之智。明，是自我之明。老子这段话是说，能够认识别人，这是机智；能够认清自己，才是高明。这就是所谓的人要有“自知之明”。自知之明，顾名思义，指的是一个人有了解自我，认识自我的能力。就是要知道自身的优缺点，长处和短处，明白自己的能力范围，不一味地逞强，也不遇事就逃避，而是当做则做，当舍则舍。这是一种处世的大智慧，孩子如果能掌握这一点，那么在他今后的道路上肯定能如鱼得水，进退自如。

知人者智，是运用个人的聪明才智，去清晰透彻地了解他人，了解周围的世界。每个人的思维方式不同，而且都会因为周围环境、个人阅历以及性情、智力的高低等因素的差异而导致分析和处理问题的方式方法也不同。古来智者都能知人，何以知人，就是了解对方的性情，唯有知人，才能够用人和团结别人，才不至于自己被孤立起来。

自知者明，则是对自我内心世界的一种深入剖析。一个人，或许能够对他人的优缺点以及脾气性格了如指掌，但是往往对自己难以有一个清晰透明的认识，因为面对自己，和自己对话是一个需要勇气的事情，当你审视自己的时候，自身的优缺点就全都暴露在自己眼前，你必须要能够接受自身全部的优缺点，特别是缺点，对自己能够有一个完整的认识。一个真正有大智慧的人，不仅了解他人，更能将自己认识得一清二楚。只有如此，才能够扬长避短，趋利避害，使自身立于不败之地，才能够不把自己的短处去和他人的长处比较，才能够保持胜不骄，败不馁，宠辱不惊，心如止水的平衡心态，而不会无端地自傲或自卑。

相对于“知人者智”而言，“自知者明”显然更为重要，也更为艰难，古人常说“人，贵有自知之明”，实是修身养性的至理格言。在我国古代君王创业史上，很多人在成功之后都把当初辅佐自己的功臣杀个干净，这就是“飞鸟尽，良弓藏；狡兔死，走狗烹。”这个时候，就需要有自知之明，才能够明哲保身。

春秋时期的军事家孙武，在帮助吴王阖闾打败楚国以后，论功行赏，以孙武功劳为第一。孙武不愿居官，固请还山。孙武私下和伍子胥说：“子知天道乎，暑往寒来，春还则秋至，王恃其强盛，四境无虑，骄乐必生。夫功成不退，必有后患。”而伍子胥不听孙武的劝告，固执地要留下来。孙武离他而去。后来伍子胥被吴王赐死，死得非常冤枉，这也证明了孙武的预言。

陶朱公范蠡，被后人尊称为“商圣”，是我国儒商之鼻祖，家财万贯，富可敌国，被后人誉为“忠以为国；智以保身；商以致富，成名天下。”就是因为他兼有“知人之智”与“自知之明”。

范蠡，字少伯，春秋末期楚国宛（今河南省南阳市）人，年轻时候就已经满腹经纶，可纵论天下大事，而且为人聪敏，洞察世事，胸藏韬略，有圣人之资，然而不为世人所识，他就装疯卖傻，佯狂癫痴，浪迹江湖，以遣时日。

越国大夫文种曾到宛访求名士，听到了范蠡的情况后心中诧异，便派了一名小吏前去，小吏回来报告说：“范蠡是狂人，生来就有此病。”文种笑着说：“我听说，一个贤俊饱学的能人，肯定会被俗人讥笑为狂人。因为他对世事有独到的见解，智慧超群，非寻常人所能及，所以才被毁谤，这是你们一般人所不懂的。”

于是，文种亲自乘车前去拜访。范蠡不知文种有否诚意，故一再回避，后来，范蠡看到文种不见到他绝不罢休，为这种求贤若渴的诚心所动，便对他的兄嫂说：“近日有客人来，请借我一套衣服、帽子，我准备见客。”

不久，文种又叩门拜访，两人一见如故，促膝而谈，商讨富国强兵之道，十分投机。文种认为范蠡是个不世出的奇才，便大力向越王勾践举荐。勾践很器重范蠡，封为大夫。后来吴王伐越，勾践不听范蠡劝解，终为吴国所破，沦为阶下之囚，侍奉吴王夫差几年之后才得以放归回国。越王勾践为了报仇，卧薪尝胆，痛定思痛，在范蠡和文种的辅佐下，励精图治，越国很快又发展壮大起来，后来找准时机，一举灭了吴国，报了此前被辱之仇。

灭吴之后，越国君臣设宴庆功。群臣皆乐，勾践却面无喜色。范蠡观察到这一细节，立刻引起深深思索：勾践为了灭吴兴越，不惜忍辱负重，卧薪尝胆。如今如愿以偿，功成名就，他便不想归功于臣下，猜疑嫉妒之心已见端倪。情势之下，难以久居。如不及早急流勇退，日后恐无葬身之地。

范蠡细心思考之后，决定不辞而别，带领家眷仆人，驾扁舟，泛东海，浪迹天涯，隐于江湖。后来，他辗转来到齐国。在离开之前，他特意告诉文种：还是尽早离开勾践吧，他迟早会诛戮你的，文种不以为然。范蠡又写信告诉他："凡物盛极而衰，只有明智者了解进退存亡之道，而不超过应有的限度。俗语说，飞鸟尽，良弓藏；狡兔死，走狗烹。越王为人，长颈鸟嘴，鹰眼狼步，可与共患难，不可以共安乐。你若不走，终有一天会加害于你。"范蠡的这一套说辞，文种还是不信。后来果不出范蠡所料，勾践找了个借口诬说文种图谋作乱，赐剑一把，令其引颈自杀。

范蠡北上来到齐国，隐姓埋名，更名为鸱夷子皮。他利用自己的才能开始经商，由于他才智过人，再加上经营有方，没多长时间，他便挣得家产数十万。齐国人听说了他过人的才能，便以名利诱他出任宰相。他叹息道："居家则致千金，居官则致卿相，这恐怕是普通人所能奢望的极点了吧，然而久受这样的尊名，不是什么好事。"于是，他婉言拒绝，后又将资产分给亲友邻里，自己只带了几件珠宝，离开齐都到了陶（今山东定陶，一说山东肥城西北陶山），再次更名为陶朱公。范蠡之所以会迁居至陶这个地方，是因为他看中陶位于天下的中心，交通便利，四通八达，商人往来频繁，便于交易。他在这个地方以经商为业，贱买贵卖，不久便又聚积财富上万，成为天下首富。

古诗有云："不识庐山真面目，只缘身在此山中。"又有云"当局者迷，旁观者清"。一个人对自身的了解，远远不如别人看得清楚。有些毛病可能是自己下意识中流露出来的，自己体会不到，别人却能够看得一清二楚，比如生活懒散成性、不拘小节，平时信口开河、滔滔不绝，好大喜功，虚情假意，文过饰非，自我美化，缺乏主见，优柔寡断，斤斤计较，妒忌猜疑，自作聪明，自鸣得意，取得进步就骄傲自得，稍遇挫折则一蹶不振，凡此种种，都是人性中的大敌，都是要谨慎戒备的。

每个人都喜欢别人奉承自己，喜欢听讨好自己的话，孩子尤其如此。当今的孩子自小就是在夸奖和赞扬声中长大的，往往听不进反面意见，不能够正视自身的缺点，总以为自己处处强于别人，而一旦在现实中遭遇了挫折又容易心灰意懒，自轻自贱，这就是由于没能够清醒地认识到自己。因此家长应当让孩子明白，他人的评价对自己不重要，不要被周围那些甜言蜜语蒙蔽了眼睛，重要的是自己能够找到一面镜子照见自己，客观地评价自己，找准自己的目标，为自己作好定位，为人生的下一步发展作好规划，这样孩子才会在今后的人生道路上走得更稳健。

勤而行之

——培养孩子的好学精神

阅读提示：凡是取得辉煌成就的科学家，都是持之以恒坚持不懈的人，他们绝不会人云亦云随波逐流。拥有上等智慧的人，学习后会努力去实践，在实践中不断完善自己的知识和经验。

如今的社会，竞争激烈，想要生存并能够获得更好的发展，就必须掌握足够的知识和技能，学会适应环境。未来对孩子的要求越来越高，只有让孩子不断去学习才能够跟得上时代发展的步伐。但是，现在的孩子大多觉得学习是一件枯燥无聊的事情，提起学习就苦不堪言，尤其是像物理、化学这样充满着公式和各种符号的课程，对一些学生来说更是像天书一般难读。为什么现在的孩子对学习会产生如此强烈的抵触情绪呢？那是因为，学习是为了获得好的成绩，好的名次，得到家长的夸奖，师生的赞扬，而不是出于自身的兴趣，那些学习差的孩子感觉不到自己在学习上取得的成就，就会产生挫败感，渐渐地就产生了逃学的想法。

很多家长会说自己的孩子不是学习的料，这种想法是不对的，家长们要明白，孩子不喜欢学习的根本原因，不是他丝毫没有兴趣，而是学习带给他太大的压力，害怕学习给自己带来的挫折感。老子说"上士闻道，勤而行之"，对于孩子来说同样如此，唯有让孩子对"道"也就是学习产生兴趣，而不觉得学习是一种负担，才能够"勤而行之"，真正地爱上学习。

古今中外有许多促进孩子奋发向上，激发孩子学习欲望的"勤而行之"的学习故事。

卡尔·威特谈到父亲对他早期进行的教育时，曾这样说过："我认为，仅仅为了一个目标而努力学习的做法是对快乐人生的否定，这样的努力是毫不值得的。"

司马迁是我国著名的史学家，他一生历尽艰辛，在遭受李陵之祸后，司马迁忍着常人难以想象的悲痛，完成了被鲁迅先生称为“史家之绝唱，无韵之离骚”的《史记》。司马迁从小就非常喜爱读书学习，他的幼年是在韩城龙门度过的。龙门在黄河边上，山峦起伏，河流奔腾，风景十分壮丽。这条中华民族的母亲之河滋养了幼年的司马迁。他常常帮助家里耕种庄稼，放牧牛羊，从小就积累了一定的农牧知识，养成了勤劳艰苦的习惯。在父亲的严格要求下，司马迁十岁就阅读古代的史书。他一边读一边进行摘记，不懂的地方就请教父亲。由于他格外的勤奋和绝顶的聪颖，有影响的史书都读过了，中国三千年的古代历史在头脑中有了大致轮廓。后来，他又拜大学者孔安国和董仲舒等人为师。他学习十分认真，遇到疑难问题，总要反复思考，直到弄明白为止。在父亲的熏陶下，他从小立志做一名历史学家。

一天，正是做晚饭的时候，父亲把司马迁叫到跟前，指着一本书说：“孩子，近几个月，你一直在外面放牧，没工夫学习。我也公务缠身，抽不出空来教你。现在趁饭还不熟，我教你读书吧。”司马迁看了看那本书，又感激地望了望父亲：“父亲，这本书我读过了，请你检查一下，看我读得对不对。”说完把书从头至尾背诵了一遍。

听完司马迁的背诵，父亲感到非常奇怪。他不相信世界上真有神童，不相信无师自通，也不相信传说中的神人点化。可是，司马迁是怎么会背诵的呢，他百思不得其解！

第二天，司马迁赶着羊群在前面走，父亲在后边偷偷地跟着。羊群翻过村东的小山，过了山下的溪水，来到一片洼地。洼地上水草丰美，绿油油的惹人喜爱。司马迁把羊群赶到草地中央，等羊开始吃草后，他就从怀中掏出一本书来读，那琅琅的读书声不时地在草地上萦绕回荡。看着这一切，父亲全明白了。他高兴地点点头，说：“孺子可教！孺子可教！”

司马迁自 20 岁起开始遍地游历，考察当地的历史和风土人情，为他日后编写史书提供了充足的史料。做太史令后，他常有机会随从皇帝在全国巡游，又搜集了大量的历史资料，还了解到统治集团的许多内幕。他还如饥似渴地阅读宫廷收藏的大量书籍，收集了各种重要的史料。就在他写《史记》的时候，为李陵说情触犯了汉武帝，被关入监狱，判处了重刑。司马迁出狱后继续写作，经过前后十年艰苦的努力，终于写成了皇皇巨著《史记》。这部巨著，对后世史学与文学都有深远的影响。

对于孩子而言，不管学习什么课程，家长都要让孩子养成主动学习的习惯，不要给孩子添加学习上的负担，这样才能培养孩子好学的精神，那么，对于家长来说，具体要怎么做呢？

1. 发现孩子的兴趣爱好。美国芝加哥大学曾经对一些天才的艺术家和运动员进行过一次调查，调查发现，这些成功者身上有一个共同的因素，就是他们的父母很早就注意观察他们的特殊爱好，当孩子对某件事物感兴趣并产生爱好时，家长会尽自己之力为孩子提供学习的机会。

2. 找准让孩子学习的时机。如果孩子正在津津有味地看电视或是卡通片，这个时候让孩子去学习，他们肯定不情愿，就算学也学不进去。爸爸妈妈不要强逼着孩子这个时候去学习，可以稍微缓一缓，过一会儿再提醒孩子去做功课。

3. 给孩子一个读书学习的环境。通过研究发现，假如孩子能够随时接触到书籍，他就会产生非常浓厚的学习兴趣。家长要尽量让孩子多接触书籍，可以为孩子单独置办一个书橱，买一些让孩子感兴趣的童话书、自然科学书籍、文学艺术类书籍等等，活跃孩子的思维，开拓孩子的眼界。

4. 鼓励孩子问问题。孩子对世界充满了各种好奇，他们看到难以理解的事情的时候，就会产生各种各样的想法，有时候问题非常刁钻古怪，往往问得家长无言以对。这是件好事，说明孩子有探索心，家长要想办法帮助孩子解决问题，这是让孩子喜欢学习的最好时机。家长可以带着孩了一起查资料，上网搜索，在得到答案的过程中，孩子始终是充满着兴奋的情绪的，而在得到答案之后，不仅让孩子增长了见识，也让孩子意识到了知识的用处。

5. 适当夸奖孩子，为孩子树立前进的目标。假如孩子取得了某方面的进步，家长就应表扬孩子取得的成绩，肯定孩子的能力。在孩子充满兴趣和动力之时，家长也可以“趁热打铁”为孩子树立一个新的小目标，从而激发孩子的求知欲，提高孩子学习的兴趣。

善人者不善人之师，不善人者善人之资

——让孩子学会相互借鉴

阅读提示：善人是不善人的学习榜样，不善人是善人的反面教材。善人和不善人是对立统一的，一方的存在以另一方的存在为条件，相互借鉴，相互影响，相互转化，好人可以变坏，坏人可以变好；双方又是对立的，有善人必有不善人，有圣人就有强盗，无善人也就无所谓不善人。

“善人者不善人之师，不善人者善人之资”，出自老子《道德经》，原文是：“善行，无辙迹；善言，无瑕谪；善数，不用筹策；善闭，无关楗而不可开；善结，无绳约而不可解。是以圣人常善救人，故无弃人；常善救物，故无弃物。是谓‘袭明’。故善人者不善人之师，不善人者善人之资。不贵其师，不爱其资，虽智大迷，是谓‘要妙’。”这段话的意思是说：善于驾车的人，不留痕迹；能言善谈的人，寡言少语，言而无过，让人抓不住把柄；善于谋划的人，不露心机，却能运筹帷幄，使对手摸不清底细；善于关门的人，不用门闩，而使人不能打开；善于捆缚的人，无须绳索，而使人不能解开。因此，圣人经常善于挽救人，做到人尽其才，所以人间没有被遗弃的人；经常善于物尽其用，所以世上没有被废弃的物品。这就叫作藏而不露的聪明智慧。善人可以作为恶人的老师，不善的人也可以作为善人的借鉴。不尊重自己的老师，不爱惜他所应该作为借鉴的人和事的人，虽然自以为聪明，其实是世上最糊涂的人。这种道理是非常精深微妙的。

在这里，老子列举出了一系列“善人”的举动，其目的就是让“善人”成为“不善人”的老师，让他们去学习，同时老子也提出，“善人”应当以“不善人”为鉴，避免犯下一些不必要的过错，这句话和后来孔子所宣传的“见贤思齐焉，见不贤而内自省也”有异曲同工之妙，说的是同一个道理，那就是：一个人要想

取得发展和进步，就要善于借鉴和学习，从比自己优秀的人身上学习优点，从那些不如自己的人身上发现自身和他们类似的缺点，加以改正，不断提高自己。这是一个人提升自我修养的重要途径。

由于一个人的认识和眼界是有限的，但是通过互相学习，互相借鉴，能够大大地拓宽一个人的眼界，增长一个人的见识。聪明的人会充分利用这些机会，他们懂得从各类人身上学习和借鉴他们的长处与短处，提升自身的素质，丰富自己的人生。凡有所成就之人，无不善于学习和借鉴别人。先贤孔子说道："三人行，必有我师焉。"荀子也曾说过："君子生非异也，善假于物也。"全球零售巨头沃尔玛的创始人山姆·沃尔顿常说"向竞争对手学习"，他后来总结出了让他受益终生的一条宝贵经验，那就是要学习每个人的长处。而领导着市值超过200亿美元的阿里巴巴公司董事长马云这样谈论学习和借鉴的重要性，他说："创业者往往是开拓者，你在MBA学了很多知识，未必可以让你去创业。创业者最大的快乐就在于在创业过程中去学习、去提升。很多时候是创业者因为自己搞不清楚而去创业，当你搞清楚以后就不去创业了，所以创业者书读得不多没关系，就怕不在社会上读书。"

对于当今的孩子来说，培养他们学习和借鉴的能力是非常必要的。家长要让孩子学会观察周围的人，向那些优秀的人学习，比如在学校里可以向成绩好的同学请教学习方法，向品德好的同学学习德行，向文艺好的同学学习一些特长，培养自己的兴趣。同时，要和那些走上错误道路的人保持距离，不要被他们领上歪门邪道。比如有的学校会定期地举办一些法制讲座，为同学们讲述一些发生在身边的犯罪事例，这在一定程度上会对孩子起到很好的教育作用。

为什么现在网络上频频出现校园暴力事件？为什么这些心灵本该纯洁无瑕的孩子为了一件小事对自己的同学大打出手？这种事情的发生，多是由于青少年缺乏判别意识，容易受一些恶性思想的影响所致。很多青少年平时喜欢玩暴力游戏，看暴力电影等，他们本就处在一个美好而危险的年龄段，容易激动，容易迷茫，容易焦躁，再加上他们又喜欢模仿电影电视里的场景，所以我们就能看到如下现象：在学校里，有些人为了显示自己的威风，从社会上找一些闲散青年与自己为伍，平日里称兄道弟，把酒言欢，在学校肆意横行，欺凌弱小，其行为之狂妄，令许多同学甚至老师都敢怒不敢言，而一旦这些学生因为过激的行为触犯法律时，他们才后悔不已，家长也会万分自责，然而，为时已晚，平时不注意教育，待到事发后再后悔，又有什么用处呢？

因此，让孩子有“自省”的能力是很重要的，这也就是不善者善人之资的意义所在。

家长如果能将“善人者不善人之师，不善人者善人之资”这一思想彻底悟透并能成功地灌输到孩子的头脑之中，在今后人生的航行中，他便有能力做自己的掌舵人，遇到顺流的时候能够一帆风顺，遇到激流险滩则会绕而行之，而不至于在人生这茫茫的大海上迷失前进的方向。

第四章

《庄子》

庄子是我国战国时期伟大的哲学家。原系楚国公族，楚庄王后裔，后因乱迁至宋国蒙(今河南商丘市东北)，是道家学说的主要创始人。与道家始祖老子并称为“老庄”，他们的哲学思想体系，被思想学术界尊为“老庄哲学”，然文采更胜老子。庄子在中国哲学史上既是一位有着鲜明特色的伟大哲学家，又富有诗人的气质。在他的著作中，用生动形象而又幽默诡异的寓言故事来阐述自己的思想，这种寓言的方式使庄子的思想和想象具有水一般的整体性。

人生天地之间，若白驹之过郤

——告诉孩子珍惜时间的道理

阅读提示：“人生天地之间，若白驹之过郤，忽然而已”，这句话的意思是说，人生就像一匹小白马在一个小缝前一闪而过一样，只是瞬间，极为短暂。的确，人的一生相对于茫茫宇宙来说是渺小而短暂的，因此，时间对于人来说就显得特别宝贵。往往世事变迁只在弹指一挥间，而同样，只是一分一秒之差就有可能扭转乾坤，改变事情的结局。

在这个世界上，光阴是最宝贵的东西，也是最无情的东西，它对任何人都毫无偏私，无论是谁，无论用什么方法，也难以阻止时间前进的脚步。故而孔子叹息曰：“逝者如斯夫，不舍昼夜。”庄子也说：“人生天地之间，若白驹之过郤，忽然而已。”更有许多劝人惜时的经典名句，“少壮不努力，老大徒伤悲！”“一寸光阴一寸金，寸金难买寸光阴”。对于人而言，珍惜时间比哀叹时间要更好，今日事今日毕，不浪费每一分每一秒，这样才能过好每一天，才不会在行将老死之时“因碌碌无为而羞耻，因虚度年华而悔恨”。

法国思想家伏尔泰曾出过一个意味深长的谜语：“世界上哪样东西最长又是最短的，最快又是最慢的，最能分割又是最广大的，最不受重视又是最值得惋惜的？没有它，什么事情都做不成，它使一切东西归于消灭，使一切伟大的东西生命不绝。”这是什么呢？这就是时间。伏尔泰是这样解释的：“最长的莫过于时间，因为它永无穷尽；最短的也莫过于时间，因为我们所有的计划都来不及完成。在等待的人，时间对他来说是最慢的；在作乐的人，时间对他来说是最快的。它可以扩展到无穷大，也可以分割到无穷小；当时谁都不重视，过后谁都表示惋惜；没有它，什么事都做不成；不值得后世纪念的，它都令人忘却；伟大的，它都使其永垂不朽。”

每个人每天的时间都是 24 个小时，谁也不会多一分，谁也不会少一分，然而有的人就能在这 24 小时里做些有意义的事情，而有些人则眼睁睁地浪费许多时间而毫不察觉，这就是成功者与失败者在时间观念上的差别。

鲁迅先生作为五四时期的先锋和大将，一边要忙于宣传新文化运动，一边要写小说和杂文，和黑暗势力做斗争，他几乎每天都是在挤时间，他说过：“时间，好像海绵里的水，只要你挤，总会有的。”鲁迅读书的兴趣十分广泛，又喜欢写作，他对于民间艺术，特别是传说、绘画，也很爱好；正因为他广泛涉猎，多方面学习，所以时间对他来说，非常重要。他一生多病，工作条件和生活环境都不好，但他每天都要工作到深夜才肯罢休。在鲁迅的眼中，时间就如同生命。“美国人说，时间就是金钱。但我想，时间就是性命。倘若无端地空耗别人的时间，其实是无异于谋财害命的”。因此，鲁迅最讨厌那些“成天东家跑跑，西家坐坐，说长道短”的人，在他忙于工作的时候，如果有人来找他聊天或闲扯，即使是很要好的朋友，他也会毫不客气地对人家说：“唉，你又来了，就没有别的事好做吗？”后来记者在采访鲁迅先生时，他说道：“哪里有天才，我是把别人喝咖啡的工夫都用在工作上。”可见他对于时间是多么重视。

“明日复明日，明日何其多，我生待明日，万事成蹉跎”。就是告诫人们要珍惜时间，懂得充分利用时间。孩子的自制力和时间观念往往很差，他们很多时候不能根据事情的主次和轻重缓急来合理地安排时间，只是凭自己一时的兴趣，想起来什么做什么，这样不仅浪费了时间，同时还影响了正常的学习效率，一个人最重要的时期便是儿童期和青少年时期，也是人头脑最灵活，最容易接受新知识的时期，因此，让孩子养成珍惜时间、有效利用时间的好习惯，是家庭教育的一项重要内容。那么，怎样才能让孩子养成珍惜时间的习惯，并能有效地利用时间呢？

1. 劳逸结合，有效利用时间。让孩子珍惜时间，有效利用时间，并不是说让孩子一天到晚不停地去学习，去提高，那不是珍惜时间，那是一种变相的浪费时间。虽然孩子没有休息，但是不会休息的人根本不会工作，在疲惫的情况下是根本没有什么学习效率可言的，这不也是浪费时间吗？学习不是一朝一夕的事情，是靠长期积累的，只有劳逸结合，才能大大提高学习效率。让孩子该学习的时候学习，该休息的时候休息，该娱乐的时候娱乐，这才是合理地利用了时间，才是珍惜了时间。

2. 让孩子分清事情的轻重缓急，合理分配时间。孩子对于自己要做的事情，往往分不清轻重缓急，不知道哪个该先做，这是造成孩子不能合理利用时间的原因之一，家长可以帮助孩子分析一下哪些事情是迫切要做的，哪些事情是不着急做的：

第一类是重要而紧迫的事情，如考试、测验；

第二类是紧迫但不重要的事情，如完成家庭作业；

第三类是重要但不紧迫的事情，如提高阅读能力，计算能力等；

第四类是既不重要也不紧迫的事情，如果时间不允许可以不做。

假如孩子能够根据以上顺序合理安排自己的时间的话，就能把每天的时间管理得井井有条，而不会出现临时慌乱的情况。

3. 让孩子充分利用黄金时间。每个人都有自身的生物规律，在某个时间段内，孩子可能由于情绪高昂，激情饱满而激发了对学习的热情，提高了学习效率。而另外一个时间段，则可能没有学习的兴趣，因此，家长要帮助孩子观察他的特点，掌握最佳学习时间，充分利用自己的黄金时间。

4. 让孩子为自己的一天制订计划。为了培养孩子有效利用时间的意识，家长可以让孩子对自己一天的生活进行一个简单的规划，等今天过去再对自己的计划进行总结，看看哪里浪费了时间，然后教孩子学会如何节省时间，如何在有限的时间内做更多的事情。

家长要让孩子明白时间与生命的关系和意义。告诉孩子，时间是自己的，是私人的，应当为自己的时间负责。当孩子理解了这些，他就会增强头脑中的时间观念，懂得了时间的珍贵，家长再适当地加以引导和督促，逐渐地就会帮助孩子养成珍惜时间的好习惯。

吾生也有涯，而知也无涯

——培养孩子的学习紧迫感

阅读提示：生命是有限的，知识是无限的。要把有限的生命，投入到对无限知识的追求中去。

庄子说：“吾生也有涯，而知也无涯。”将这句话应用到家庭教育上，我们可以这样理解，人这一辈子是有限的，而知识是无限的，应当抓紧时间多学习一些有用的知识，增强自身的竞争力。

如今的社会，竞争越来越激烈，如果孩子没有学习的紧迫感，很容易在今后的竞争中一败涂地，因此，作为一名学生，就应当具备这种紧迫感，很多家庭都会有这种现象：为了上学不迟到并能保证孩子的睡眠，在孩子起床之后，匆匆忙忙地穿衣、叠被、刷牙、洗脸，然后就匆忙地跑向学校，或许在家长看来，这对孩子有些残酷，但是这段时光正是对孩了身心发展最好的时候，也是最容易培养他紧迫感的时候。

可能很多家长都听过这样一个故事，在此重提是为了提醒广大家长，要让自己的孩子时时刻刻都保持着紧迫感，不要觉得这对孩子很残酷，现在对孩子不残酷，今后社会对他会更残酷。

在广袤无垠的非洲草原上，夕阳西下，一头狮子在低头沉思，“明天早上，当太阳升起的时候，我要以最快的速度去捕食一头羚羊。”而这个时候，一头羚羊也在想，“明天太阳升起的时候，我要以最快的速度奔跑，以逃脱狮子的追捕。”第二天早上，东方刚刚露出曙光，一只狮子从睡梦中猛然惊醒，“赶快跑。”它这样想，“如果慢一步，就肯定抓不到食物，就会饿死在这里！”于是，他起身就跑，四处寻找着羚羊。

就在狮子醒来的同时，一只羚羊也醒了。“赶快跑”。羚羊也想，“如果慢了，就必定成为狮子口中的美食！”于是，它也起身就跑。

所有的羚羊都想跑得比狮子快，而所有的狮子都想跑得比羚羊快，谁能快一步，谁就能胜出。如果羚羊更快，狮子就会被饿死；如果狮子更快，羚羊就会被吃掉。

或许这太残酷，但这就是生存法则。

杰克·韦尔奇在其自传中曾提到他母亲对他说的一句话，“如果你不学习，你将一事无成，绝对一事无成。学习没有任何捷径可言。不要欺骗你自己！”而在我国古代，和时间赛跑的故事更多，比如凿壁偷光，悬梁刺股，映雪夜读，囊萤苦读等等，这些故事都说明了一个道理，人生苦短，要争分夺秒地去学习，只有抓紧每一分每一秒，踏踏实实地学习、进取，才能够取得成功。

王磊今年升上了高三，自从进入高三以后，他明显地感觉到气氛紧张多了，时间不够用了，看着这么多堆积如山的书以及作业，他有些头昏脑涨，但是，必须要利用好每分每秒，在有限的时间里完成这些任务。

于是王磊想出了一个有效的解决办法，他买了一个口袋笔记本，随身携带，在公交车上或是排队时，都会把笔记本拿出来，抽出几分钟时间，考虑一下今天都学了哪些东西，有哪些要点。有时候他就随身带一本课本，随时翻阅一下今天学习的内容，巩固头脑中的记忆。虽然这些学习的时间很零碎，但是却能将这些知识都慢慢地积累起来。

学期刚刚开始，王磊就专门抽出时间制订了一项计划。他详细地分配好了每星期学习各个科目的时间，而后安排好余下的时间，包括休息、娱乐等。由于他的数学是弱项，而想要提高数学就要有一个安静的环境，所以他常常在晚上多抽出一些时间加强学习数学，一段时间之后，他的数学就有了很大进步。

计划制订完毕，接下来就要有纪律的约束。自己控制自己是需要有很强的纪律性和自制力的，如果没有纪律的强制约束，制订再多的计划也没有什么作用。王磊就为自己制定了一系列纪律，并请父母监督，由于他自制力较强，慢慢地这些纪律所规定的后来都成了他的习惯。

王磊将这种方法在自己身上试过之后，见到了明显的效果，于是他更加坚定不移地执行这些计划，皇天不负苦心人，最终，王磊在高考中大获全胜，考取了一所名牌大学。他知道，正是由于自己对学习的紧迫感，对时间的合理利用，才会有今天的结果。

现在许多的孩子生活上松松垮垮，学习上也拖拖拉拉，怎样才能让孩子具有紧迫感呢？一是给孩子读一些古今中外的关于学习的励志故事，适当地给孩子提一提当今社会竞争中的压力，但不可夸大其词，以免让孩子产生心理上的恐惧。二是可以帮孩子树立目标，比如在学习上要以谁为目标，培养孩子的竞争意识，假如孩子达成目标之后，家长应当给予适当的夸奖和鼓励。三是让孩子进行每日小结，孟子说“吾日三省吾身”，对于孩子而言，总结自己的一天是很有意义的，比如可以让孩子想一下，今天都做了些什么？哪些事情是有意义的？时间浪费在了哪里？明天要怎么做？等等，通过总结能够发现，自己在哪些方面有所欠缺，怎样才能更好地弥补。

作为家长，必须要培养孩子的紧迫感，这样才能让孩子在学习的时候集中精力，争分夺秒，进入社会之后才有足够的能力应对各种挑战。一个懂得学习的人，一定会珍惜和合理利用他的时间，他会自己催促自己在有限的时间内做更多有益的事情，时时刻刻提高自己，完善自己，始终为自己的目标而不懈努力。

朝菌不知晦朔，蟪蛄不知春秋

——教会孩子将目光放长远

阅读提示：一个人为人处世，不能只贪图眼前的利益，鼠目寸光，唯利是图，斤斤计较，而是要将眼光放长远，要着眼于未来，这才有利于一个人长期的发展。

“朝菌不知晦朔，蟪蛄不知春秋”出自《庄子·逍遥游》。晦朔的意思是一天（或一月，形容时间极短），晦指的是农历每个月的末一天，朔指的是农历每月初一。原文的意思就是，早晨发起来的菌子不知道什么叫一天（朝发夕死，生命只有一天）；蟪蛄（蝉的一种）不知道什么叫一年（春生秋死）。这里说的就是这些生物寿命太短，不知道的东西有很多，庄子一开始就说道：“小智慧不了解大智慧，寿命短的不了解寿命长的。凭什么知道它是这样的呢？朝菌不知道什么叫做一天，蟪蛄不知道什么叫作一年。这是寿命短的。楚国的南部有冥灵这种大龟，以五百年当作春，以五百年当作秋；远古时有一种大椿树，以八千年当作春，以八千年当作秋；这是寿命长的。彭祖如今独以长寿著名，一般人与他相比，岂不可悲吗？”因此，家长教育孩子时，要告诉孩子，不能做见识短浅之人，像那个井底的青蛙一样，抬头看见一片天，就以为这就是整个天下了，那样会遭到大家的耻笑和鄙弃，而是应当将眼光放长远，开阔视野和胸怀，这样才能够获得大的发展。

有这样一个故事：某一天，有一个孩子在街上发现一枚闪亮的硬币正躺在路边，他迅速将硬币拾起来，紧紧握在手里，心里充满自豪和兴奋：“这枚硬币是我的了！而我什么代价也不用付出！”从那以后，这个孩子不论走到哪里，都时时留意，看看哪里有硬币，希望发现更多的珍宝。时间在他每次的驻足中过去，一生中他捡到了 302 枚 1 分硬币、24 枚 5 分硬币、41 枚 1 角硬币、8 枚 2 角硬币、3 枚 5 角硬币和一张破损的 1 元纸币——总计 12 元 4 角 2 分。

在捡到硬币的那一刻，孩子的心里肯定是欢欣的，但是，他今后一直将自己的注意力放在了这上面，却失去了更多其他机会！他利用这些时间和这份心思去学习的话，将来能够赚到的财富肯定不仅仅是 12 元 4 角 2 分，可是这个孩子却被这一枚硬币蒙住了自己的眼睛和心灵，岂不悲哉！

见识短浅的人，往往会因为眼前的一些微不足道的利益而影响到自己今后的长远利益。比如我们平常生活中见到的一些爱占小便宜的人，或许会因为暂时得到了某些好处而沾沾自喜，但是时间长了，人们就会知道他的为人处世，就会对他产生戒心，慢慢地这个人就会名誉扫地，这无异于自绝后路。因此，家长要教给孩子，做人一定不能鼠目寸光，要目光远大，就像下棋一样，不能只想着眼前走哪一步，要想着这以后的三四步怎么走，有时候“弃卒保帅”是很明智的做法。而做人，也是同样的道理。

培养孩子长远的眼光，利于孩子今后的生存和发展。然而，让孩子具备长远的眼光并非一朝一夕之事，需要长久的教育和坚持，父母可以从以下几点出发：

1. 让孩子多读书。读书可以明智，古人云：“以史为鉴，可以知兴替。”通过读史书，能让孩子发现兴衰成败的规律，让孩子懂得很多做人的道理，能够学到前人的经验。读自然科学类的书籍能够让孩子开阔眼界，对这个世界有更多的了解，热爱自然，热爱生活。读哲学类书籍能够丰富孩子的思维，提高孩子对世界的认识，开阔孩子的心胸。多读书，能够让孩子发现很多世事中的真相，从而更能将自己的眼光放得长远。

2. 给孩子讲述一些具有长远眼光的名人故事。每个孩子都喜欢听故事，他们往往也容易受到故事中人物的影响，尤其是那些正义、胸襟豁达之人。家长可以多给孩子讲一些这方面的故事，孩子长期受到熏陶，自然会开阔自己的胸襟，拓展自己的眼界。

3. 家长以身作则。这一条是最为重要的，就算父母平时对孩子讲再多的大道理，如果孩子有一次发现父母有占小便宜的行为，那么就会前功尽弃的，父母在孩子心目中的形象也会大打折扣。孩子要学习良好的品质，或许需要几个月甚至数年的时间去培养，然而想要学坏却只是瞬间的事情，父母想要教孩子将眼光放长远，自己首先就不能鼠目寸光。在孩子面前，父母是第一任老师，父母怎么做的，孩子会记在心里，将来父母的这些行为就会在孩子身上重现，因此父母一定要注意自身言行，以自己的良好品质去影响孩子，塑造孩子宽大的胸襟和长远的眼光。

举世而誉之而不加劝，举世而非之而不加沮

——培养一个有主见的孩子

阅读提示：即使全世界都赞美你，恭维你，你也并不需要为此改变什么，本来是怎样的人，就是怎样的人。全世界都毁谤你，也不必沮丧。毁誉不惊，是最好的状态。

何谓主见？就是一个人对事物确定的意见或见解。人应当忠实于自己，有自己特立独行的想法。生命最美好之处就在于按照自己的想法生活，如果缺乏主见，优柔寡断，事事唯他人马首是瞻，就很难有自己发展的方向和目标，或许一辈子都一事无成。

庄子为我们举了一个例子，有个人叫宋荣子，境界非常高，能够做到“举世而誉之而不加劝，举世而非之而不加沮”，意思就是世上的人们都称赞宋荣子，他却并不因此而更加奋勉，全社会的人都责难他，他也并不因此而更为沮丧。一个人需要这种精神，如果你为自己确定了目标，并决心要实现这个目标，就不能太在意他人的想法，只需要坚持自己的主见，遵从自己的内心，不做伤天害理之事，外人的风言风语完全可以不加考虑。西方的诗人但丁也有一句类似的话：“走自己的路，让别人说去吧！”

有一群青蛙在一处高塔下正玩得兴高采烈，这个时候，有一只聪明的青蛙提出了一个建议，“在下边玩没什么意思，我们一起爬到塔尖上去玩玩吧。”众青蛙都很赞同，于是它们便聚集在一起相伴着往塔上爬。爬着爬着，那只聪明的青蛙突然又觉得不对，“我们为什么要这样，爬上去又渴又累，我们费劲爬它干吗？”大家都觉得它说得有道理，于是青蛙们都停下来了，只有一只小青蛙还在缓慢地坚持着。它不管其余的青蛙怎样在下面聒噪，怎样嘲笑它傻，就是坚持不停地爬，

过了很长时间，它终于爬到了塔尖。这时，众青蛙不再嘲笑它了，而是在内心里都很佩服它。等到它下来以后，大家都敬佩得不得了，就上去问它说，到底是一种什么样的力量支撑着你自己爬上去的？

答案令所有人都出乎意料：原来这只小青蛙是个聋子。它当时只看到了所有人都开始行动，但当大家议论的时候它没听见，所以它以为大家都在爬，它就一个人在那儿不停地爬，最后就成了一个奇迹，它爬上去了。

小青蛙没有听到其余青蛙的嘲笑，也就是说，它没有被他人的意见所左右，这才最终爬上了塔的顶端，最终获得了其余青蛙的钦佩。孩子年龄小，往往缺乏主见，而一些家长又习惯为孩子大包大揽，事事为孩子做出决定，而很少倾听孩子的想法，一旦孩子有异议，就不耐烦地斥责一顿。其实每个孩子都有自己的想法，作为家长，要能够让孩子表达自己的意愿，培养孩子的主见，鼓励孩子实施自己的想法。本杰明・富兰克林的父母就非常重视培养儿子的主观意愿和想法。

小时候的富兰克林有一双碧蓝的大眼睛，挺拔端正的鼻梁，一头金色的鬈发，显得英俊、神气，很招人喜爱。妈妈很喜欢富兰克林这头漂亮的鬈发，并喜欢用各种服装来打扮年幼的富兰克林。但是，妈妈为他选择的衣服，富兰克林却并不喜欢。

有一次，妈妈想给富兰克林穿带花边的套装，富兰克林大胆地说出了自己的不满。还有一次，妈妈想说服富兰克林穿苏格兰短衫，富兰克林又拒绝了妈妈的好意。最后，富兰克林和妈妈一致同意穿水手服。关于这段故事，萨拉在她的《我的儿子富兰克林》一书中这样写道：“父母们对于衣饰的品位虽然高雅，可是父母们执拗的儿女却并不喜爱。”可敬的是，富兰克林的妈妈并没有强迫孩子听从自己的意愿和想法，而是非常尊重孩子的意愿和想法。萨拉是这样解释的：“我们从来不曾试图对他施加影响，来反对他的喜好，或者按我们的模式规定他的人生道路。”事实上，富兰克林在这方面确实有很大的自主权。在富兰克林五岁的时候，他忧郁地对妈妈说：“妈妈，我不快乐，因为我并不自由。”萨拉想是不是对孩子太严格了，导致孩子逆反对他的管制。于是，萨拉决定多给孩子一些自由。第二天，萨拉就开始这样做了，她对儿子的日常生活不作规定，让富兰克林自由地做他喜欢做的事情。富兰克林似乎很高兴，并开始了他的自由生活。结果，富兰克林发现，受人忽视的自由其实一点都不好，后来，他又开始让妈妈安排日常的生活。事后，萨拉是这样描述当时的情况的："他对我们置之不理，以此证明他对自由的渴望。那天晚上，他成了一个疲惫不堪的脏小孩，累得拖着脚回了家。我们也不问他去了哪里或是干了什么。第二天，他自愿地按平时的日程作息，并且觉得心满意足。"正是因为萨拉始终尊重富兰克林的想法，培养了儿子的主见和独立意识，才使得后来的富兰克林有着强烈的争取个人权利的意识，后来他在政治、科学、文学方面皆有所建树，就是坚持自己主见的结果，而这一切无疑都要归功于萨拉的成功教育。

如今有很多孩子都是在父母的庇护下长大的，所有的事情都是父母一手包办，孩子在父母眼中变得非常乖巧、顺从。然而，在呵护下长大的孩子是难以经受风雨吹打的，孩子在长大成人后，不论在哪个领域工作，不论从事什么职位，都有一些事情需要自己打定主意并做出决断。因此，培养孩子的主见是家庭教育的重要内容，对于家长而言，怎样才能培养一个有主见的孩子呢？

1. 让孩子学会作决定。家长要多给孩子决定的权力。比如，平时带孩子去超市购物，可以问他自己想买什么；孩子过生日，让他决定邀请哪些朋友；带孩子出门，可以问他想乘坐什么交通工具等等。当孩子说出自己的决定之后，要尽量采纳孩子的建议。即使不合理，家长也不能斥责孩子，当孩子得到家长的肯定和赞许之后，就会增加自信心，慢慢地头脑中就会形成主见意识了。

2. 让孩子学会质疑。要想让孩子有自己的主见，就必须打破孩子对权威的迷信。让孩子敢于质疑权威，相信自己的想法。亚里士多德曾经说过："吾爱吾师，吾更爱真理。"家长要让孩子知道，没有谁一直都是正确的，任何人都可能犯错，不能轻易地相信他人的想法，要有自己的思考，自己的想法，这样孩子就不会盲目崇信他人了。

3. 让孩子坚持自己的想法。我们在电视上能够看到很多这样的节目，嘉宾在做出选择之后，主持人为了迷惑嘉宾，故意追问几个"是不是"，很多嘉宾被问得没了主意，往往会胡乱选择，这就是缺乏主见的表现。平时家长也可以和孩子进行类似的游戏，锻炼孩子坚持己见的行为。

不为轩冕肆志，不为穷约趋俗

——做个心态平和的人

阅读提示： 人的一生，如大海中的波涛，起伏不定。只有保持一颗平常心，才能在富贵得意时不忘形，潦倒失意时不气馁。现在很多孩子心浮气躁，小有成绩则自满自大、目中无人；稍遇挫折就一蹶不振、心灰意懒，家长要做的，就是要培养他们具有平和的心态，让孩子坦然面对人生，乐观生活。

庄子出生于一个没落贵族之家，为了生存，他曾钓过鱼挖过野菜，编过草鞋贩过草席，仅在蒙地做过小官，不久就隐退“终身不仕”。在青黄不接的时候，还要借贷过日子。庄子生性洒脱，不慕名利，重视人性的解放和思想的自由，反对繁文缛节对人天性的束缚，他提倡的逍遥精神在中国思想史上产生了巨大的影响。庄子一生穷困，但他不以贫穷为苦，相反却能安贫乐道，乐在其中。他说：“不可因为自身富贵荣华而恣意放纵，也不可因为穷困贫乏而趋附流俗。”庄子不羡慕那些有钱有势的人，也不会因为自己的穷困就去讨好权贵，巴结富人，他的这种平和的心态是现代很多人所缺乏的。

在庄子之后，还有一个和他心意相通的人，那就是“不为五斗米折腰”的陶渊明。

陶渊明，是东晋诗人，田园诗派的著名代表年轻时的陶渊明本有“大济于苍生”之志，可是，在国家濒临崩溃的动乱年月里，陶渊明的一腔抱负根本无法实现。加之他性格耿直，清明廉正，不愿卑躬屈膝攀附权贵，因而和污浊黑暗的现实社会发生了尖锐的矛盾。

为了生存，陶渊明最初做过州里的小官，可由于看不惯官场上的那一套恶劣作风，不久便辞职回家了。后来，为了生活他还陆续做过一些地位不高的官职，过着时隐时仕的生活。

陶渊明最后一次做官，是义熙元年（405年）。那一年，陶渊明禁不住朋友的苦苦相劝，再次出任彭泽县令。有一次，县里派督邮来了解情况。有人告诉陶渊明说："那是上面派下来的人，应当穿戴整齐、恭恭敬敬地去迎接。"陶渊明听后长长叹了一口气："我不愿为了小小县令的五斗薪俸，就低声下气去向这些家伙献殷勤。"说完，就辞掉官职，回家去了。陶渊明当彭泽县令，不过80多天。他这次弃职而去，便永远脱离了官场。

他在《归田园居》中表达了自己对脱离官场羁绊，回归乡土生活的欣喜，"羁鸟恋旧林，池鱼思故渊"。后来陶渊明自己开垦了一片土地，自给自足，过着"采菊东篱下，悠然见南山"的日子，不与世俗争名夺利，但求自心平安快乐而已。

有些孩子难以保持一种平和的心态。当看到成绩比他好的同学时，他会嫉妒不已；看到成绩不如他的同学时，就笑别人脑子笨。看到家境比他好的同学时，就羡慕别人的爸妈能挣钱，嫌弃自己的爸妈没能耐。别人的相貌好也嫉妒，吃得好穿得好也嫉妒，有的孩子，甚至为了讨好那些家境富裕的孩子，故意低三下四献殷勤，比如帮他做作业，考试递答案等，所有这些行为都会对孩子的心理造成非常不良的影响，如何让孩子保持平和的心态是家长必须要考虑的问题。

家长要告诉孩子，鱼与熊掌不可兼得，一个人不可能占尽所有的好事，没必要去羡慕别人，嫉妒别人，只要做好自己，快乐充实地过好每一天就可以了。有钱的不一定快乐，快乐的不一定健康，健康的不一定幸福，幸福的不一定长寿。所以，不必羡人有笑人无。只有这样，才能够从容淡定，荣辱不惊；才不会对身外之物太过计较；才能够始终感觉到满足和快乐，保持一种良好的精神状态。

有这么一个故事，说是有一对老夫妻，日子过得清贫困苦，然而老两口相依为命，彼此照料，也没有什么妄想，生活得平淡而幸福。他们的邻居是一家有钱人，然而这家有钱人却整日为如何保护这些钱财发愁。一天，有钱人的妻子对他说："真羡慕那对老夫妻，虽然日子过得苦点，但脸上天天绽放笑容，像我们这样，虽然钱花不完，却整天愁眉苦脸，有什么意思！"有钱人说："现在你看着他们幸福，只要我扔过去一锭黄金，保管他们不幸福。"说完，他就隔墙扔过去一锭金子，老两口看到之后，欣喜万分，平生也没有见过这么大锭的金子，怕被别人发现，又怕被人偷走，整天在被窝里抱着这块金子，哪里也不去，什么也不做，没几天，就再也听不到他们的欢声笑语了。

这个故事中，两家人全都是因为钱财这种身外之物而劳心费神，像这种身外之物，生不带来死不带去，若整天为它们而惴惴不安，让生活失去了快乐，又是何苦呢？

有人说："头脑是一块自己的领地，能建造地狱的天堂，也能建造天堂的地狱。"全看自己内心怎样对待，我们所熟知的海伦·凯勒、张海迪，她们都是有残疾的人，都承受了他人难以承受的痛苦，然而她们却没有怨天尤人，没有抱怨自己处处不如别人，而是通过自己的努力开创了一片天地，创造了他人所没有的成绩。珍惜现在所拥有的，保持良好的心态，积极向上，努力奋进，脚踏实地，不追名逐利，这才是一个人成长和发展的正常轨道。

子非我，安知我之不知鱼之乐

——锻炼孩子的发散性思维

阅读提示：对于同一个问题，从多个角度去看待和感受，或许能够得到不同的结果，甚至获得意外的发现。锻炼孩子的发散性思维，对于孩子的多方面发展是非常有利的。

在《庄子》一书中，有一段有趣而又充满机智的辩驳。

一天，庄子和惠子在濠梁桥上赏玩，庄子看到在水中正来去自如地游动着的鱼，不禁发出赞叹："白鲦鱼在水中悠闲自得，是多么快乐啊。"惠子答道："你又不是鱼，怎知这鱼是快乐的？"庄子于是反驳道："你又不是我，怎么知道我不知道那鱼的快乐？"惠子反问："我不是你，自然不知道你。但你也并非鱼，所以你不能知道鱼是快乐的。"庄子答道："你刚才问我，如何得知鱼是快乐的，就是已经知道了我知道鱼儿的快乐而问我。而我是在这濠水桥上得知鱼儿的快乐的。"

在这段对话中，充分地显示出了庄子的机智和善辩，同时也让我们感受到了庄子头脑中活跃的发散性思维。

发散性思维，也叫作扩散思维、辐射思维，指的是在解决和思考问题的过程中，从已知的对象出发，进行天马行空的想象，不受什么规则约束，尽可能从多角度思考的思维方式，它比传统的单一性思维更能激发孩子思维的多样性和创造性。

心理学家曾作过这样的试验：在黑板上画一个圆圈，问在座学生这是什么？其中大学生回答很一致："这是一个圆。"而幼儿园的小朋友则给出了各种各样的答案："太阳"、"皮球"、"西瓜"、"镜子"，"爸爸的头"，等等，总之他们把身边所有与圆有关的意象全都表达了出来。从这里就能看出，和幼儿园的小朋友相比，大学生们的思维已经明显受到了很大的束缚。

对于很多成人而言，由于见过的世面多，对很多事情早就习以为常，见怪不怪了，这就容易形成思维定式，限制思维的多向发展。如果谁能够打破这种思维定式，具有创造性的独特的想法，谁就能够有所突破，有所创新。富兰克林正是冒着生命的危险获得了雷电的奥秘，伽利略也正是顶着亚里士多德传统理论的巨大压力证实了他的“两个铁球同时落地”的物理定论。同样，家长在教育孩子的时候，不要给孩子灌输标准统一的答案，而是要教给孩子从多个方面看待事物的方法，激发孩子的发散性思维。

某日，老师在课堂上想要考验下学生们的智商，就问一个男孩：“树上有十只鸟，开枪打死一只，还剩几只？”这是一道传统的脑筋急转弯题目，老实的孩子或许会回答“还剩九只”，聪明点的会回答“一只不剩”，但是有个孩子却是这样回答的。

男孩答道：“是无声手枪吗？”

“不是。”

“枪声有多大？”

“80 ~ 100 分贝。”

“那就是说会震得耳朵疼？”

“是。”

“在这个城市里打鸟犯不犯法？”

“不犯。”

“您确定那只鸟真的被打死啦？”

“确定。”老师已经不耐烦了，“拜托，你告诉我还剩几只就行了，OK？”

“OK，鸟里有没有聋子？”

“没有。”

“有没有被关在笼子里的？”

“没有。”

“边上还有没有其他树，树上还有没有其他鸟？”

“没有。”

"方圆十里呢？"

"就这么一棵树！"

"有没有残疾或饿得飞不动的鸟？"

"没有，都身体倍儿棒。"

"打鸟的人眼睛有没有花？保证是十只？"

"没有花，就十只。"

老师脑门上的汗已经流下来了，下课铃响起，但男孩仍继续问："有没有傻的、不怕死的？"

"都怕死。"

"会不会一枪打死两只？"

"不会。"

"一枪打死三只呢？"

"不会。"

"四只呢？"

"更不会！"

"五只呢？"

"绝对不会！！"

"那六只总有可能吧？"

老师已经难以忍受，"不要再问了，绝对没可能！"

"好吧，那么所有的鸟都可以自由活动吗？"

"完全可以。"

"它们受到惊吓起飞时会不会惊慌失措而互相撞上？"

"不会。"

"嗯，如果您的回答没有骗人，"学生满怀信心地回答，"打死的鸟要是挂在树上没掉下来，那么就剩一只，如果掉下来，就一只不剩。"

这位学生的话还没有说完，那位习惯于标准答案的老师已经快要发疯了。

人们常说"太阳底下无新事"，然而，每个新来到这个世界的孩子都是充满着好奇心与探索欲的，他们对世上的一切都感到新奇和好玩，然而就是因为家长对孩子的责备过多，对孩子的限制过多，才逐渐束缚了孩子的发散性思维。发散性思维对于孩子的智力而言有着非常重要的促进作用，孩子的发散性思维好比是思想的闸门，一旦将其打开，往往会思如泉涌。作为家长，一定要重视保护和激发孩子的发散性思维。

1. 通过对身边事物的观察，培养孩子的发散性思维。据科学研究发现，当大脑进行发散性思维时，脑细胞会异常活跃。在我们平时的生活环境中，家长要留心周围的事物，找到适当的时机，激发孩子的发散性思维。比如，观察云彩。有时候，天上的云彩变化万千，形状不定，家长可以让孩子描述自己想象中的形状，甚至可以让孩子编出一个完整的故事，讲述这个形状的来龙去脉。

2. 绘画有利于孩子的发散性思维。当孩子画画的时候，他不会考虑任何技术层面的问题，只是要把自己想象中的东西画出来，孩子的画作是最变化万千的，这也是为什么许多画家都想要以孩子似的思维，抛开所谓的绘画技法，进行无所顾忌的创造的原因。

3. 鼓励孩子进行各种稀奇古怪的提问。朱熹说过："大疑则大悟，小疑则小悟，不疑则不悟。"这句话不无道理，从很多发明家的成长经历中，我们能够发现，尊重和鼓励孩子的各种提问，保护孩子的好奇心，是非常重要的。牛顿在念书的时候看到苹果落地这一现象而引发了种种思考，后来经过不懈的努力与探索，终于发现了万有引力定律。孩子的好奇心能够激发他对事物的兴趣以及解决问题的动力，因此，家长要允许并鼓励孩子的提问，保护孩子的好奇心。

4. 通过讲述故事的方法激发孩子的发散性思维。每个孩子都喜欢听故事，故事中充满了悬念和谜团，家长要具备充分的知识储备和编造能力。比如有时候孩子会说，"我想听大拇指的故事"、"给我讲个月亮和星星的故事吧"，孩子还会在讲故事的过程中提出各种刁钻的问题，家长都要能够自圆其说，另外，家长还可以让孩子自己编故事，充分发挥孩子的想象力与创造力，促进孩子的发散性思维。

孩子对世界总是充满好奇心的，家长要积极保护孩子的探索欲，正确引导和鼓励孩子进行发散性思维，为将来的创造性活动奠定基础。

小人则以身殉利，圣人则以身殉天下

——为孩子树立正确的金钱观

阅读提示："天下熙熙，皆为利来；天下攘攘，皆为利往。"古往今来，多少人为了追名逐利而失去了做人的尊严，甚至家破人亡、妻离子散。然而也有很多识大体的人为大义而抛却小利，利与义，是必须处理好的一对矛盾。

"小人则以身殉利，圣人则以身殉天下。"这句话直观地说明了小人与君子之间的不同。小人为了个人的私利情愿牺牲自身，就是俗语所说的"人为财死，鸟为食亡"，而真正的君子则愿意为天下苍生牺牲自身。岳飞以拯救大宋苍生为己任，精忠报国；秦桧以个人私利为目的，结党营私，陷害岳飞。岳飞由此名垂千古，而秦桧则背负了千年骂名。家长对孩子实行家庭教育的时候，要让孩子能够在大义和私利之间做出正确取舍，这样才能够维护自己完整的人格，才不会被他人鄙弃。

抗日战争时期，多少英勇豪杰为了保护祖国不被侵犯，冲向前线，奋勇杀敌，置生死于度外，为了民族大义情愿牺牲个人；而另外有一些人，为了个人的私利出卖国家，出卖民族，出卖自己的同人，投降敌国，做了汉奸走狗。那些为国捐躯的义士定会名垂千古，而那些卖国求荣的小人，也免不了遗臭万年的下场。

2009年，一张"挟尸要价"的图片频频出现在各大媒体上，引起了人们的广泛关注。事情是这样的：2009年10月24日，湖北荆州三名大学生为救落水儿童壮烈牺牲，而捞尸者在打捞这些英雄的尸体时居然漫天要价，面对同学们的跪求，捞尸者不仅不为所动，而且挟尸要价，共收取了3.6万元的打捞费。这种缺失人性的行为彻底突破了国人的道德底线，羞辱了所有国人，我们感到深深的悲痛，难道人命和金钱比起来，就如此不名一文吗？真是令人心寒！

当今社会，拜金之风严重泛滥，很多人眼中只有钱，古人曾说的“君子爱财，取之有道”，“不义而富且贵，于我如浮云”等等舍利取义的观念早被抛到了脑后，这些人认为，人活在世上就是为了不停地追逐物质利益。以眼下的情况而言，孩子对金钱的态度足以引起家长和教育者的忧虑。现在很多孩子喜欢互相攀比，出手大方，花钱似流水一般。当他们手头缺钱的时候，有的孩子为了一点金钱甚至不惜采取违法手段，比如偷盗、抢劫等，这类案件已经屡见不鲜。现在青少年犯罪很大一部分是对金钱以及贵重物品的贪婪追求所导致。这些现象说明很多孩子的金钱观、物质观已经严重扭曲，同时这也反映了家庭教育力度的不足，家长本身对孩子的忽视，以及家长素质的低下。家长自身尚未能对金钱形成正确、完善的认识和态度，又怎能帮助孩子树立正确的金钱观，孩子长期受到家长的影响，自然也形成了对金钱的错误态度，从而慢慢地走向了错误的道路。

现在很多家长在教育孩子的时候不能帮助孩子树立正确的金钱观，目前在家庭教育中存在两种倾向，一种观念认为金钱是万能的，另外一种观念认为金钱是洪水猛兽，不能向孩子谈钱。这两种教育方法都不能帮助孩子树立正确的金钱观，在前一种金钱观的教育下，孩子认为读书学习就是为了钱，有了钱就有了一切，钱无所不能，钱越多越好。这样的孩子除了对金钱崇拜、迷恋外，很难有更宽广的视野和追求了。事实上，每个家长有意无意之中都曾经用金钱刺激过孩子、教训过孩子，用富贵或贫穷的例子来打动孩子。也几乎每一个孩子都知道这样一个道理：要是不好好学习，以后就会是穷光蛋，一无所有。所有这些教育，都是一种潜在的唯金钱论。虽然有些家长羞于赤裸裸地谈论金钱，但是头脑中接受上一代的金钱教育，仍然会在无意识中把这种教育延续到下一代，毒害和限制着他们的思维和前程。当然，还有一少部分家长，公然向自己的孩子炫耀自己多么有钱，这样只会造就日后胡吃海喝的花花公子，这是人所不齿的。

所有认为金钱如洪水猛兽的家长，会害怕孩子和金钱牵扯上任何关系，将孩子从生活上、意识上完全与金钱隔离开来。他们不当着孩子的面谈论金钱，不让孩子接触金钱，时刻对孩子灌输‘金钱如粪土’的观念，总之就是让孩子完全没有金钱意识。这样的情况同样在很多家庭存在。不可否认，这些父母用心良苦。但是，一个在生活在现实社会当中的人，假如在头脑中没有丝毫的金钱意识，甚至对金钱深恶痛绝，可以说这种人是很难适应这个社会的。等孩子长大之后离开父母外出读书，或进入社会参加工作，他们根本没有理财的能力。更为严重的问题在于一种缺少金钱观的世界观注定是一种残缺的世界观。因此，帮助孩子树立正确的金钱观，对于孩子对金钱的认识、对社会的适应能力乃至世界观的形成，都是十分重要的。

1. 让孩子正确认识金钱。家长要让孩子明白，金钱不过是一种工具，一种物物交换的工具，它也是通过劳动所得的。父母的金钱不是天上掉下来的，它来源于自身的劳动，是父母辛辛苦苦一分一角挣回来的，因此孩子应当懂得珍惜父母的劳动，养成不乱花钱的好习惯。

2. 让孩子明白“一分钱难倒英雄汉”的道理。在现实生活中，适量的金钱是生存所必需的，当然，如果一个人或者家庭有了能够支撑正常生活之外盈余的金钱，就可以去做自己想做的事情，实现个人理想。

3. 让孩子正确对待压岁钱。每到过年的时候，家里的亲戚朋友都会给自己的孩子压岁钱，在我们身边，能看到诸如此类的现象，有些家长对自己的孩子说：“你的叔叔（阿姨）给你的压岁钱最多，说明叔叔（阿姨）跟你最亲，对你最好！”当家长对孩子进行这种教育的时候，已经在无意之中为孩子灌输了一种错误的观念，那就是以金钱来衡量人情，其危害是不容忽视的。家长应当教育孩子正确处理自己的压岁钱，比如可以去买些学习用品，或是对个人生活有利的物品等等。

4. 培养孩子的理财能力。在实际教育中，家长可以让孩子拥有少量金钱，让他自由支配，帮助孩子有计划地存钱和花钱，让孩子逐渐形成理财意识，在这个过程中，孩子不仅能够学会如何支配金钱，逐步培养独立生活的能力，更好地适应今后的社会生活，而且还能真正认识到金钱的意义，知道它只是一种工具，而非人生的目的。而脚踏实地地学习才是今后个人生存和发展的基石，才能实现个人的最终理想和价值。

天地一指也，万物一马也

——做一个胸怀博大的人

阅读提示：法国大作家雨果说：世界上最广阔的是海洋，比海洋更广阔的是天空，比天空更广阔的是人的胸怀。著名教育学家魏书生说：有了比天空更广阔的胸怀，人才能装得下事，拿得起，撂得下，不斤斤计较，不愤懑牢骚，不悲观失望，才能把自己的脑力用在有价值的大事上。

胸怀，指的是一种“天下人皆为我所用”的气度和对异己的包容。唯有胸怀天下，才觉得人生广阔，才能将生命的境界拓宽，才能将自己的事业拓宽。一个人的胸怀体现了他的人格，具有宽广胸怀的人是人格高尚的人。

庄子曾经说过：“天地一指也，万物一马也”，这里的“指”和“马”并不是指头和一匹马的意思，只是假名，庄子在这里表达的是万物归一的意思。无论宇宙万物是多么的繁杂，在庄子的眼里，它们最终都归为“一”。由此可见庄子具有多么广阔的眼光和宽大的胸怀。

心胸狭窄的人小肚鸡肠，他们具有一个非常明显的特点就是心中容不下别人，不能看见别人比自己优秀，他们自私自利的性格决定了他们的世界里只能够容得下他们自己，如果身边有比他们优秀的人存在，他们简直寝食难安，昼夜难寐。而看到不如他们的人，则会将目光专注于别人的缺点，觉得处处不如自己，同他交往会给自己带来诸多不便等，同样也难以容得下他人。

这是一个来自越战归来的士兵的故事。他从旧金山打电话给他的父母，告诉他们：“爸、妈，我回来了，可是我有个不情之请，我想带一个朋友同我一起回家。”“当然好啊！”他们回答，“我们会很高兴见到他的。”

不过儿子又继续说：“可是有件事我想先告诉你们，他在越战里受了重伤，少了一条胳膊和一只脚，他现在走投无路，我想请他回来和我们一起生活。”

“儿子，我很遗憾，不过或许我们可以帮他找个安身之处。”父亲又接着说，“儿子，你不知道自己在说些什么。像他这样的残疾人会对我们的生活造成很大的负担。我们有自己的生活，不能就让他这样破坏了。我建议你先回家然后忘了他，他会找到自己的一片天空的。”就在此时儿子挂了电话，他的父母再也联络不到他了。

几天后，这对父母接到了来自旧金山警局的电话，对方告诉他们亲爱的儿子已经坠楼身亡了。警方相信这只是单纯的自杀案件。于是他们伤心欲绝地飞往旧金山，并在警方带领之下到停尸间去辨认儿子的遗体。

那是他们的儿子没错，但让他们惊讶的是，儿子居然只有一条胳膊和一条腿。

故事中的父母和我们大多数人一样，难以容纳那些会对我们造成不便和不快的人，其实这个故事告诉我们，宽容了他人，就是宽容了自己。

北京潭柘寺有一座大肚弥勒佛，弥勒佛旁边的楹联上写着："大肚能容，容天下难容之事；开口便笑，笑世间可笑之人。”这两句话可以给我们很多启发，做人正须有这样的胸怀，凡事看得开，容得下，才不会平添许多烦恼，胸怀宽广，才能够成就大业。翻开历史看看，那些有所成就、功绩赫赫的文人武将、政治家、思想家、军事家，无不是胸怀宽、包容天下之人。三国时期魏国曹操一首《观沧海》显示了其宽广的胸怀。一代女皇武则天，有着宽阔的胸怀，她登基后，竭力主张“广开言路”、“杜谗口”，初唐四杰骆宾王写了一篇《为徐敬业讨武檄》的文章，以尖酸刻薄的语言对武则天进行了赤裸裸的人身攻击。武则天看了没有发怒，反而认为像骆宾王这样才华出众的人应该予以重用，过去没用是丞相的过失。武则天实际执政46年，出了不少有能力、有名望的贤相名将，对巩固政权起了一定的积极作用。大文豪李白以及苏轼的胸怀都能吞吐天下。李白一生狂傲不羁，有“天子呼来不上船”之语；而苏轼的“大江东去，浪淘尽、千古风流人物”那种气魄更是常人难比。近代民族英雄林则徐指出，“海纳百川，有容乃大”。一个人善于宽容，他的人格才会像海一样伟大。

宽容是一种美德。宽容能使人性情温和，化解很多不必要的矛盾，化干戈为玉帛。宽容的人能够恰当地处理各种人际关系，能够适应各种变化多端的环境，无论走到哪里，都会受到人们的欢迎和拥戴，因此也能够融洽地与人合作，充分发挥自己的潜能。

伴随着生活水平的不断提高和有独生子女的家庭越来越多，父母对孩子越来越细心，越来越溺爱，这很容易让孩子形成以自我为中心的自私自利的性格。比如在家中吃饭的时候什么好吃吃什么，看电视的时候不顾他人的感受，想看哪个节目就看哪个，自己的玩具不舍得拿出来让小伙伴们一起玩，在幼儿园和小伙伴中间极不受欢迎，这都是孩子缺乏宽广胸怀的表现。而想要培养孩子的宽广胸怀，首先应该让他学会宽容。

宽容心对孩子个性的完善和人际关系的建立有着很重要的作用。有宽容心的孩子往往性情温和，心地善良，能够为人着想，富有同情心，因而更能获得同伴的喜爱和拥护。

因此，父母要教孩子学会宽容，培养孩子宽广的胸襟。而要培养孩子的胸襟，可以从以下几个方面入手：

1. 父母要胸怀宽广，以身作则。教育家马卡连柯曾指出，父母“在开始教育自己的子女之前，首先应当检点自身行为”。父母想要培养孩子宽容的品质，首先自己就要为人大度。如果父母本身心胸狭窄，容不得别人，喜欢对别人说三道四，为芝麻大小的事争论不已，又怎能让孩子学会胸怀宽广呢?

2. 开阔孩子的眼界。一个人的心胸狭窄不仅是由于个人的私心，眼界狭窄同样是造成心胸狭窄的重要因素。见识短浅的孩子必定没有宽广的胸怀，家长应当让孩子多接触社会、接触大自然，广泛阅读，广泛参加各种活动。

3. 让孩子懂得人无完人的道理。列宁说过，只有死人和刚生下的小孩子没有缺点。孩子在成长过程中犯些错误是不可避免的，家长要帮助孩子发现自身的不足和劣势，正确认识自己，让孩子知道自己不是十全十美的，每个人都有缺点，要适时地进行自我反思和自我批评，只有不断地发现自身的缺点并积极改正，才能够取得更大的进步。能够进行自我批评是胸怀宽广的标志之一。

第五章

《孟子》

孟子师承子思的门人，继承并发扬了孔子的思想，成为仅次于孔子的一代儒家宗师，有“亚圣”之称，与孔子并称为“孔孟”。他认为人性本善，具备了恻隐、羞恶、辞让、是非四种善端，加以发扬，便可成为仁、义、礼、智的德行。孟子特别强调个人加强自身修养，修回善性。“性善论”是传统儒学的一个重要哲学基础，其对心性之学，乃至对中国古代的法制都产生了 定影响。这种影响经过几千年的洗礼沉淀在现今民众的思想体系中留下了深深的烙印。

恻隐之心，仁之端也

——赋予孩子一颗同情心

阅读提示：同情心是一种可贵的情感。有同情心的孩子能够对他人的情感感同身受，当别人遇到困难的时候，容易从对方的角度出发，去体贴关心他人。当别人失败的时候，能够给他人以安慰和鼓励。希望每个孩子都能有一颗同情他人之心。

我国的先秦思想家孟子主张性善论，他说人有四心：恻隐之心、羞恶之心、辞让之心、是非之心。孟子认为，人性善良的根本原因是“人皆有不忍人之心”，就是说每个人都有对他人的同情心。而且他还说：“恻隐之心，仁之端也。”也就是说，同情心是所有仁爱举动的开端、萌芽。而另外一位哲学家也说过：对于一切有生命之物的同情，是对品行端正的最牢固和最可靠的保证。谁满怀这种同情，谁就肯定不会伤害人、损害人、使人痛苦，如果能宽容地对待他人，宽恕他人，帮助他人，那么他的行动将会带有公正和博爱的印证。唯有在同情心的基础上，人与人才会互相尊重、理解、安慰、体谅，彼此之间的关系才能变得更加亲切，更有人情味儿，家庭之间才会更加温馨，社会才不会变成爱的荒漠。

美国弗吉尼亚北州部，一个冰冷的晚上，有一个老人正站在河边等待骑士带他过河，由于在风雪中站立太久，他胡须上的霜已在严寒中结成了冰。等待是如此漫长，在呼啸着的夹杂着雪花的北风中，他的身体逐渐变得僵硬和麻木。

这时候他听到一些马蹄声，那些沿着冰冻的路面奔跑着的均匀的声音离自己越来越近。几位骑士出现了，看到老人正可怜巴巴地看着他们，第一位骑士从他身边走过，他什么也没有说，于是那位骑士就径直过去了，第二位、第三位都是如此。当最后一位骑士来到老人面前时，老人看起来已经是一个雪人了。

老人看着骑士的眼睛，说："先生，您不介意带一位老人过河吧？我不小心迷失了道路。"骑士勒住马答道："当然，我扶你上马。"看到老人被冻僵的身体不能起身，骑士不仅带着老人过了河，而且把他带到了目的地。

当他们来到温暖的小屋前时，骑士好奇地问："老先生，我注意到您让好几个骑士走过而没有请他们带您。然而我来了，您却即刻请求我，我觉得奇怪，这是为什么？在这样寒冷的冬夜，您情愿等待和请求最后一个骑士，如果我拒绝了，您怎么办呢？"老人慢慢从马上下来，直视骑士的眼睛说："我在这里已经有好些日子了，我想我更了解当地人。"老人继续说，"我注意到了他们的眼睛，从他们的眼神里，我能判断出来他们对我漠不关心，请求他们也无济于事，肯定自讨没趣。而在你的眼睛里，我发现了友善和同情。我知道，您善良的品德使我有机会在我需要时得到您的帮助。"一席温暖人心的话感动了骑士，"我会把您刚才说过的话铭记于心。"他告诉老人，"我以后决不会因为自己太忙而忽略其他人需要的友善和同情。"

说完，骑士掉转马头向白宫归去。这位骑士就是美国第三任总统——托马斯·杰弗逊。

海明威在《丧钟为谁而鸣》中写道：所有的人其实就是一个整体，别人的不幸就是你的不幸，不要问丧钟为谁而鸣——它就是为你而鸣。英国也有句名言："一个人的不幸就是所有人的不幸。"

所谓的同情心，是对他人的痛苦和不幸能够感同身受，并能够理解、支持、关心他人感受的一种情感。同情心是一个人重要的人格品质，具备同情心的孩子能够对别人的想法和感受有更深刻的理解和认识，能够宽容别人、怜悯别人，并且愿意付出足够的爱心去帮助那些陷入困境的人们。

然而，在大力提倡个性发展的今天，孩子的天性得到了解放，与此同时，一些不好的个性也正在迅速地膨胀。他们得到了足够的爱，却不舍得对他人付出一点爱心，甚至会对他人的窘况进行取笑。比如，当看到路边有花草时，就顺手折断；如果有人在路上摔倒，他们会笑得前仰后合；还有的故意搞恶作剧去捉弄别人等；看到路旁有乞丐时，妈妈想要施舍一些钱，孩子却死活不让，还说"饿死他活该"，现在的孩子为什么如此缺乏同情心，难道这个社会真的不需要同情心了吗？

并不是这样的，教育家陈鹤琴先生说：“同情行为在家庭里在社会里是一种非常重要的美德。若家庭里没有同情行为，那父不父，母不母，子不子，家庭就不成为家庭；若社会里没有同情行为，尔虞我诈，人人自利，社会也不成社会了。”因而可以说，同情心是爱的基础，是善良的基础，它在一个人的道德品质和健康人格中占有重要的位置。

家长进行家庭教育的目的就是把孩子培养成为社会主义需要的新生人才，要让孩子爱祖国、爱人民、爱劳动、爱科学、爱社会主义，这一切的核心都在于一个“爱”字。如果孩子是一个冷漠自私的人，那么他就算拥有再丰富的知识，再过人的头脑，于社会，于家庭又能做些什么呢？因此，培养孩子的同情心是让孩子养成其他良好习惯的基础，而要培养孩子的同情心，家长就要时时处处引导孩子，保护孩子的同情心。

1. 支持孩子的同情行为。当孩子表现出有同情心的举动时，家长不能一概进行斥责。比如孩子在看电视时看到弱者被欺负，心里难过万分甚至黯然流泪时，有时候家长会骂孩子：“哭什么？没出息！”久而久之，孩子就会认为同情是一种没出息的行为，这样的孩子往往会变得自私、冷漠、麻木。

2. 让孩子懂得关心他人。在家中，可以培养孩子对家长的体贴和关心，比如给爷爷奶奶倒杯水，为爸爸妈妈帮点小忙，吃水果的时候先让长辈尝等等，每当孩子做出这种举动时，爸爸妈妈要对其进行表扬和赞许，让孩子觉得自己做的事情是大家都支持的，他们以后便会更积极地做出类似的举动。在外边，遇到比自己小的孩子时，家长要教育孩子学会让着比他小的孩子，长期下来，孩子就会养成同情弱者的习惯。

3. 让孩子在游戏中培养同情心。家长可以和孩子做一些情景游戏，比如自己可以装成过马路的老人，让孩子帮忙搀扶自己过马路等，从而让孩子体会到帮助他人的乐趣。

4. 家长以身示范。譬如看见老人或者小孩走路跌倒了，就主动上前搀扶；在公交车上主动让给老人座位；如果有亲友或者同事生病了，可以带着自己的孩子前去探望；亲朋好友遇到了困难，热心、主动地去帮助解决。在父母的影响之下，孩子就能够感觉到，人不能太自私，要学会关心他人、同情他人，在关心他人的过程中，才能真正体现一个人的价值，自己也能从中得到快乐。

富贵不能淫，贫贱不能移，威武不能屈

——塑造孩子的坚强性格

阅读提示：做人要做得顶天立地，无论什么时候都能够保持住自己的品质，都能够以同样的坚定处理事情。真正做到“富贵不能淫，贫贱不能移，威武不能屈”三点，才真正算得上是大丈夫，算得上是个纯粹的人。

据《孟子·滕文公下》记载，有一个叫景春的人向孟子大肆夸耀当时两位名满天下的说客公孙衍和张仪，说他们是真正的“大丈夫”。因为公孙衍曾身佩五国相印，张仪曾佩秦国的相印，这两个人都是大权在握、呼风唤雨的风云人物。景春夸赞他们是“大丈夫”的原因是，一旦公孙衍、张仪发怒的时候，就会爆发战争，就能震慑住诸侯们，而一旦他们平静下来，天下也就相安无事了，因此算得上是顶天立地的“大丈夫”。

孟子对景春的这种言论进行了严厉的驳斥，他认为，公孙衍和张仪这种专搞阴谋诡计、挑起各国争端的人不过是趋炎附势、没有原则的小人罢了，哪里配得上“大丈夫”这三个字。

孟子在驳斥了景春的谬论后，接着又对真正的“大丈夫”下了自己的定义，他说，真正的大丈夫要满足以下两个标准：一是要有“行天下之大道”的远大志向和抱负，并能将此大道推行到广大人民中去；二是要有“富贵不能淫，贫贱不能移，威武不能屈”的道德操守。做到了这两点，才称得上是大丈夫。

孟子在两千多年前提出的“富贵不能淫，贫贱不能移，威武不能屈”的言论，对于今天的人们来说，仍有很高的指导意义。先来说“富贵不能淫”，这一点是很难做到的，后来毛泽东主席曾说过的“警惕糖衣炮弹的袭击”就是这个道理。很多人就是因为在富贵之后，被冲昏了头脑，把当初的一腔热血、凌云壮志抛到九霄云外去了。其次就是“贫贱不能移”，很多通过白手起家的人都经历过非常艰苦的创业阶段，在最困难的日子里，是不是依然能够坚持自己的理想，依然不放弃，是能否取得成功的关键所在。最后是“威武不能屈”，在权势面前不卑不亢，不向邪恶势力低头弯腰，保持铮铮的铁骨，这才是真正有气节、值得尊重的人。

西汉时期的苏武就是一个值得尊敬的、有气节的大丈夫。

自从汉武帝派出卫青、霍去病大破匈奴之后，双方几年之内相安无事。匈奴口头上称要与汉朝修好，实际上他们随时都想要进犯。匈奴单于数次派使者前来求和，汉朝也派出使者回访，却有几次被他们扣留了，于是汉朝也扣留了一些匈奴使者。

公元前 100 年，新即位的匈奴单于派使者来向汉朝示好，还说答应把扣留的汉朝使者都放回来。汉武帝为了答复匈奴的善意表示，派中郎将苏武拿着旌节，带着副手张胜和随员常惠，出使匈奴。

苏武到了匈奴，送回扣留的使者，送上礼物。苏武正等单于写个回信让他回去，设想到这个时候出了个意外。苏武没到匈奴之前，有个汉人叫卫律，在出使匈奴后投降了匈奴。单于特别重用他，封他为王。卫律有一个部下叫作虞常，对卫律很不满意。他跟苏武的副手张胜原来是朋友，就暗地跟张胜商量，想杀了卫律，劫持单于的母亲，逃回中原去。

张胜很表示同情，没想到虞常的计划没成功，反而被匈奴人逮住了。单于大怒，叫卫律审问虞常，还要查问出同谋的人来。苏武本来不知道这件事，到了这时候，张胜怕受到牵连，才告诉苏武。苏武说：“事情已经到这个地步，一定会牵连到我。如果让人家审问以后再死，不是给朝廷丢脸吗？”说罢，就拔出刀来要自杀。张胜和随员常惠眼快，夺去他手里的刀，把他劝住了。

虞常受尽种种刑罚，供出了张胜，卫律向单于报告。单于大怒，想杀死苏武，被大臣劝阻了，单于又叫卫律去逼迫苏武投降。苏武一听卫律叫他投降，就说：“我是汉朝的使者，如果违背了使命，丧失了气节，活下去还有什么脸见人！”又拔出刀来向脖子抹去。卫律慌忙把他抱住，苏武的脖子已受了重伤，昏了过去。

卫律赶快叫人抢救，苏武才慢慢苏醒过来。单于觉得苏武是个有气节的好汉，十分钦佩他。等苏武的伤痊愈了，单于又想逼苏武投降。单于派卫律审问虞常，让苏武在旁边听着。卫律先把虞常定了死罪，杀了，接着又举剑威胁张胜，张胜贪生怕死，投降了。卫律对苏武说："你的副手有罪，你也得连坐。"

苏武说："我既没有跟他同谋，又不是他的亲属，为什么要连坐？"卫律又举起剑威胁苏武，苏武不动声色。卫律没办法，只好把举起的剑放下来，劝苏武说："我也是出于不得已才投降匈奴的，单于待我不薄，封我为王，给我几万名部下和满山的牛羊，享尽富贵荣华。先生如果能够投降匈奴，明天也跟我一样，何必白白送掉性命呢？"

苏武怒气冲冲地站起来，说："卫律！你是汉人的儿子，做了汉朝的臣下。你忘恩负义，背叛了父母，背叛了朝廷，厚颜无耻地做了汉奸，有什么脸来和我说话。我决不会投降，怎么逼我也没有用！"

卫律碰了一鼻子灰回去向单于报告，单于把苏武关在地窖里，不给他吃的喝的，想用长期折磨的办法逼他屈服。这时正是冬天，外面下着鹅毛大雪，苏武忍饥挨饿，渴了，就捧了一把雪止渴；饿了，就扯皮带、羊皮片啃着充饥。过了几天，居然没有饿死。

单于见折磨他没用，把他送到北海（今贝加尔湖）边去放羊，跟他的部下常惠分隔开来，不许他们通消息，还对苏武说："等公羊生了小羊才放你回去。"公羊怎么会生小羊呢，这不过是说要长期监禁他罢了。苏武到了北海，那里什么人都没有，唯一和他做伴的是那根代表朝廷的旌节。匈奴不给口粮，他就挖野鼠洞里的草根充饥。日子久了，旌节上的穗子都掉光了。

一直到了公元前 85 年，匈奴的单于死了，匈奴发生内乱，分成了三个国家。新单于没有力量再跟汉朝打仗，又打发使者来汉朝求和。那时候汉武帝已死去，他的儿子汉昭帝在位。汉昭帝派使者到匈奴去，要单于放回苏武，匈奴谎称苏武已经死了。使者信以为真，就没有再提。

第二次，汉使者又到匈奴去，苏武的随从常惠还在匈奴。他买通匈奴人，私下和汉使者见面，把苏武在北海牧羊的情况告诉了使者。使者见了单于，严厉责备他说："匈奴既然有心同汉朝和好，就不该欺骗汉朝。我们皇上在御花园射下一只大雁，雁脚上拴着一条绸子，上面写着苏武还活着，你怎么说他死了呢？"

单于听了，吓了一大跳。他还以为真的是苏武的忠义感动了飞鸟，连大雁也替他送消息呢。他向使者道歉说："苏武确实活着，我们把他放回去就是了。"

苏武出使的时候，才 40 岁。在匈奴受了 19 年的折磨，胡须、头发全白了。回到长安的那天，满城人民都出来迎接他。他们瞧见须发皆白的苏武手里拿着光杆子的旌节，无不为他的一身气节所感动，都称赞他是个如磐石般坚定不移的大丈夫。

有句话说得好：性格即命运。一个人的性格对他一生的发展会产生重大的影响。心理学家威蒙曾经对 150 名成功人士作过调查研究，研究发现，一个人的智力发展和他坚强的性格有着不可分割的关系。坚强的性格能够促使一个人向着自己的目标不停地奋进，片刻不停，任何客观因素都难以阻挠他前进的脚步。坚强的性格能够让孩子承受难以预料的灾难与困难，磨炼孩子的意志，让孩子变得更加成熟、更加勇敢地面向未来。

现在的很多孩子在娇生惯养的环境下长大，性格软弱，做事缺乏主见，心理素质差，做事难以持续到底，容易半途而废，因此，家长要努力培养孩子坚强的性格。

1. 让孩子吃点苦。坚强的性格并不是天生就有的，而是经过困难的重重磨炼才最终得到的。家长要在孩子小的时候就对其进行挫折教育，让孩子认识到，人生之路不是一马平川的，每个人都会遭遇挫折。只有坚强才能够迈过这些沟沟坎坎，迈向成功。

2. 多夸奖孩子。善意的微笑、充满爱意的抚摸，对于孩子都是鼓舞，能够帮助孩子树立信心，锻炼其坚强的性格。一般来说，胆怯的孩子性格大都比较软弱，做父母的更要鼓励孩子，让孩子多动手，培养孩子克服困难的能力。

3. 时常让孩子参加体育锻炼，保持身体健康。体育锻炼能够培养孩子的意志和性格，同时能够强身健体。一个身体羸弱的孩子很难产生自信，平时做事必定畏首畏尾，性格也难以变得坚强。而有健康的体魄则会让孩子处处生发自信，容易形成坚强的性格。

君子深造之以道，欲其自得之也

——培养孩子的探索精神

阅读提示：伟大的教育家陶行知先生曾经说过“小孩是再大不过的发明家”，这是因为他们具有无尽的探索精神。如何培养并发掘孩子的探索精神和探索能力，是父母必须为孩子考虑的问题。

孟子曾说过：“君子深造之以道，欲其自得之也。”意思“是，君子遵循一定的方法来加深造诣，是希望自己有所收获。”孟子在这里阐述了加深造诣的目的，就是能够有所收获，提升自身的实力。而反过来，想要有所收获，就必须保持对事物的热情和不断的探索精神，如果浅尝辄止，那是无济于事的，正如孟子所说“掘井九仞而不及泉，犹弃井也”。

“路漫漫其修远兮，吾将上下而求索”，所谓的探索精神就是发现已知事物的起源和发展，探究未知事物的可能与发展趋势，以满足自身的好奇心、求知欲。人类之所以能够取得不断的进步，靠的就是不懈的探索，只有不断地探索，才能始终发现别人难以发现的东西，才能够逐渐取得成功。

爱弗莱·诺贝尔是一名闻名世界的瑞典化学家，被誉为“炸药大王”。他出生在瑞典首都斯德哥尔摩。他父亲热爱科学，一心想用自己的智慧创造出世界上没有的东西。有一年，诺贝尔家失了火，弄得家中一贫如洗，只得漂洋过海到俄国谋生。父亲开了一家日用五金商店，还设了一个装满机械和各种化学药品的小实验室，在经商之余从事科学实验。

诺贝尔 15 岁的时候，父亲决定让他去周游世界，开开眼界。他兴奋地问父亲：“我这次旅行的任务是什么？”父亲严肃地说：“你只身离家，远渡重洋，是为了学习各国最新的科学和技术。明白吗？”诺贝尔点点头。

诺贝尔遵照父亲的旨意，先后到了意大利、英国和法国，最后横渡大西洋，到美国的机械工厂当了一名学徒工。

诺贝尔这次旅行整整用了五年。他除了尽情观赏了世界各地的奇异风光外，还学习了许多新的科学技术和一些科学实验，拜访了著名科学家、教授和学者，大大地开阔了眼界，增长了见识。

诺贝尔第一次见到硝化甘油是在圣彼得堡。当时，西宁教授拿着硝化甘油给诺贝尔父子看，并将其放在铁砧上锤击，受击的部分立即发生爆炸，引起了诺贝尔的极大兴趣。西宁教授告诉他，如能想出切实办法使它爆炸，在军事上将大有用处。从此，年轻的诺贝尔对此念念不忘，发誓要完成这一发明。经过长期认真思考，诺贝尔认为要使硝化甘油爆炸，必须把它加热到爆炸点或以强力冲击。为寻求一种安全的引爆装置，诺贝尔屡经失败而不放弃，就连父亲和哥哥都笑他固执，可他始终不急躁、不灰心，耐心分析失败的原因，经过大小数百次的失败，有时甚至被炸得鲜血淋漓，他仍然坚持自己的探索，最后终于有了“雷管”的问世。但他仍不满足于已有的成就，继续迈出了探索的新步伐，面对各种挫折毫不退缩，最终制成两种固体炸药和枪炮用的颗粒状无烟火药，为军事领域的武器变革做出了杰出的贡献。诺贝尔在不懈的探索中，在失败的反复考验中赢得了成功。

在临终前，他将自己的大部分财产交给了信托公司，创立了以他的名字命名的国际科学界最高奖项——诺贝尔奖。此奖从 1901 年开始颁发，历经百年仍强盛不衰。诺贝尔不仅毕生致力于科学探索，而且以其顽强不息的探索精神激励和鞭策着后来的科学家们在科学攀登中不断踏上新的高峰。

我国近年来经济发展水平较快，生活节奏也迅速提升，当今很多父母整日为生计奔波、为金钱忙碌，很多时候都忘了照顾头脑正在发育的孩子。很多家长没有耐心解答孩子的问题，甚至讨厌孩子问问题，这种做法无疑是大错特错的。陶行知先生的一个朋友因为五岁的儿子把金表拆坏了把他狠狠揍了一顿，陶行知知道后诙谐地对朋友说：“中国的一个爱迪生被你打没了。”这话看起来是句玩笑话，但是极有道理，因为孩子对很多东西都不明白，对世间的万物都充满了好奇心，想要通过自己的亲身探索弄明白其中的道理。因此，孩子在探索的过程中弄坏一些东西是难以避免的。比如为了弄清楚耳机里为什么会传出音乐声，他可能会将耳机拆个七零八碎；或是买来了一个变形金刚，为了弄清楚它是怎么变形的，孩子可能也会将它拆得体无完肤。家长遇到这种情况千万不要对孩子一阵暴风骤雨，因为孩子自己动手，自己探索，是获取感性经验和知识的过程，在探索的过程中孩子会乐在其中，如果家长屡次对孩子的这种行为进行阻挠的话，他就会渐渐失去好奇心以及探索精神，这对他日后创造思维的培养无疑是一种扼杀。

我们来看下荷兰的父母们是怎样培养孩子的探索和钻研精神的。在荷兰，很多父母在孩子小的时候就非常重视培养他们的探索钻研精神。一般情况下，当孩子念到二三年级的时候，家长和老师就会带领孩子参观市、区各级图书馆，让孩子了解内部的布局和运作规律。在图书馆，重点学习查找文字、音像资料，随后分阶段根据获取的材料确定自己演讲的主题。内容从“我的名狗”到“经济发展”无所不包。

荷兰孩子接触新事物、新知识的一个重要途径就是制作各类标本。从山地到丛林再到海滩都是孩子们收集标本的理想去处。面对收集来的贝壳、石头、树叶等，孩子分门别类地整理，然后将其固定，最后标出文字。为了培养孩子们科学严谨的态度，同时对标体做出规范、合理的鉴定，父母们又支持孩子不厌其烦地跑图书馆、逛书店，对文章中的数据、资料与手中的物品（包括说明、图片）进行对比。翔实地把采集的标本予以科学的鉴定，包括时间、地点、种类都一一注明。

荷兰这种注重培养孩子探索精神的教育思想与模式深受家长的欢迎。在小学升初中的时候，孩子们不必参加升学考试，只需通过论文考核就可以了。这种方式让不少孩子都发现了自己身上的潜力，明确了今后的发展空间，同时也增强了自信心。

我们从那些取得卓越建树的科学家身上能够发现一个共同点，就是他们永远有一种一往无前的探索精神，为了寻求真理、得到真正的知识，他们不畏艰难，解开一道又一道谜题，最终才有了令人欣喜的发现。其实不只科学家，社会上任何一个行业的成功者都具备这种探索精神。管理者有了探索精神，才能够不断寻求更好的管理模式，提高效率；企业家有了探索精神，才能够不断将企业做大；艺术家有了探索精神，才能在纷繁的艺术世界里独辟蹊径；孩子有了探索精神，才会对学习和生活产生兴趣。因此，家长一定要保护好和培养出孩子的探索精神，让孩子在人生的道路上一步步探索成功的所在。

一日暴之，十日寒之，未有能生者也

——持之以恒对孩子影响至深

阅读提示：爱因斯坦曾经说过："天才是1%的灵感加99%的汗水。""99%的汗水"就是指后天的勤奋和努力坚持，中国也有句俗语说"功到自然成"，其中的"功到"也包含了"坚持"的意思。因此尽管每个孩子的智力因素各有不同，但要想取得学业上的成功，孩子必须要苦练基本功，只有坚持不懈地练习，持之以恒，养成良好的学习习惯，才能学习好，坚持就是实现这一目标的重要条件。

孟子非常重视持之以恒的态度，他反对那种三天打鱼，两天晒网的人，认为那类人做事没有恒心，难以成就大事。他说："虽有天下易生之物也，一日暴之，十日寒之，未有能生者也。"孟子这句话的意思是说，就算天下有最容易成活的植物，如果晒它一天再冻上十天，它也不可能成活了。这句话充分地说明了孟子反对一曝十寒的做法，主张做事要持之以恒。

唐代玄奘大师前后历经16年，翻越千山万水，在异常险恶困苦的条件下，以坚韧不拔的英雄气概，克服重重艰难险阻，终于到达天竺，取得真经。学习和取经是一个道理，这是一个艰苦而漫长的过程，不能有半点急躁心理，只有坚持不懈、持之以恒，才能够达到成功的顶点。那些成功人士之所以能够取得成功，就是因为他们在确定目标之后，有一种矢志不渝，不达目的誓不罢休的精神。

1890年3月7日，浙江绍兴东门外东关镇竺嘉祥家传来一声嘹亮的啼哭，他们家新添了个小男孩，竺嘉祥掩饰不住内心的兴奋，高兴地给孩子起了个名叫兆熊，小名阿熊。转念一想，孩子今后还要有一个学名。于是，他专门找到镇上的私塾先生，二人共同商议了好久才最终决定阿熊的学名用"可桢"。先生解释说，"桢"字有两层意思，一是坚实的木头；二是古时候筑土墙立的柱子称作桢干。“可桢”的寓意就是将来能够成为国家的栋梁。竺嘉祥对这个名字很满意，他对竺可桢寄予了很大的希望。

竺可桢刚刚长到一岁半时，父亲就用方纸块写字教他认。一天，嘉祥要外出办事，临走时对可桢说："小熊，今天我有事，不能教你认字了，放你一天假好吗？"正在母亲怀里吃奶的竺可桢立刻从妈妈怀里挣脱下来，硬缠着父亲教他认了字才让走。这样，等到竺可桢满三周岁时，他已经能够认识许多单字，能够背诵十几首唐诗了。

竺可桢五岁进学堂，七岁开始写作文。竺可桢写作文，常常是写了一遍，自己觉得不好又重新再写一遍，等到他自己认为满意了才停笔。竺可桢读书很用功，一天晚上，当他上床睡觉时，却听到公鸡已经开始啼鸣了。母亲怕他累坏了身子，就常常用陪学的办法督促他早睡。竺可桢很聪明，有时随母亲睡了，可当他听到鸡叫时，知道天快亮了，又轻轻地爬起来，背诵老师教的国语课。

竺可桢不仅爱学习，还爱动脑子思考问题。他的家乡雨水特别多，屋檐上总是滴水，落在石板上发出“滴滴答答”的响声。竺可桢站在一旁数那滴答作响的水滴，数着数着，他像发现了奇怪的事，眼睛盯住石板出神，他心里纳闷：这些石板上怎么会出现一个一个的小水坑呢。再看看另外一块石板，也是同样的情况。他立即跑去请教父亲。

竺嘉祥听了儿子的问话由衷地高兴，耐心地向他解释说："小熊啊，这就叫‘水滴石穿’呀！别看雨水只是一滴一滴慢慢地落下来，但是天长日久，石板就被滴出小坑了。读书、办事情，也是这个道理，只有持之以恒，才会有所成就。"

从此以后，竺可桢就将“水滴石穿”这句教诲作为了自己终生信奉的座右铭。从小学、中学直到大学，他一直用这句话鼓励自己，使学习成绩一直处于领先地位。1910年，20岁的竺可桢去美国留学，8年后，他获得哈佛大学博士学位回国，此后一直为我国的气象事业贡献自己的智慧。

最终，竺可桢实现了父亲对他寄予的厚望，通过自身不懈的努力，他终于成为一位知识渊博的科学家和建树颇多的教育家。他一生中对气象、物候、地理、自然科学史等都做过精细的研究，都取得了辉煌的成就。

执着的人，往往比半途而废的人更容易接近成功。因为他不轻言放弃，父母在教育孩子的时候，要注意培养孩子持之以恒的精神。如果孩子做事虎头蛇尾，浅尝辄止，遇到些许挫折就放手不做，那么他们永远无法取得成功。

心理学家曾经作过这么一个试验：将一只跳蚤放进没有盖子的杯子内，结果跳蚤轻而易举地跳出了杯子。接下来，他将杯子用一块玻璃盖上，可想而知，跳蚤每次往上跳时，都因撞到玻璃而跳不出去。过了一会儿，他又将玻璃拿掉，结果跳蚤再也不跳了，自然也就不能离开杯子了。

这个“跳蚤试验”能给我们以很大的启示。其实，孩子在其成长学习的过程中有很多地方和跳蚤类似。比如，当孩子经过一段努力，但是因为学习成绩没有达到预定的目标时，就会心灰意懒，逐渐对学习就失去了兴趣。家长如果发现孩子的思想和行为因为受挫而出现一蹶不振的现象时，就要鼓励孩子，让孩子能够做到持之以恒。那么怎样才能培养孩子持之以恒的良好品质呢？

1. 善于培养和延续孩子对事物的兴趣。兴趣是孩子积极向上的动力，能够激发孩子的积极性，孩子愿意为了自己感兴趣的目标而挖掘自己潜在的意志力。因此，在家庭生活中可以多和孩子做游戏，进行一些意志力比赛等，让活动本身能够吸引孩子全身心投入，这对于培养孩子善始善终的精神大有帮助。

2. 为孩子制订符合孩子能力的具体目标。家长要根据孩子的能力为其制订短期内的具体目标。孩子通过实现短期目标，能够增强自己的恒心和意志力。目标应当恰到好处，既不能太低，也不能太高——太低，孩子学不到新东西，没有学的兴趣；太高，孩子难以实现，即使有一定毅力的孩子也会放弃。

3. 时常鼓励孩子。随着学习课程的增多以及难度的增加，孩子有时候力不从心，久而久之对学习就变得冷淡了。这个时候家长应当时常鼓励孩子，为孩子加油打气，让孩子相信，通过自己的努力，就定能攻克难关，翻越障碍，就能看到另一番风景。

4. 减轻孩子身上的压力。每一位父母都有“望子成龙，望女成凤”的心态，都希望自己的孩子能够比他人的好，父母的期望虽然很好，但无疑会给孩子造成沉重的心理负担，会让孩子产生消极、逃避的心理，最终在学习的过程中半途而废，并拉开与父母之间的距离。

所以，父母要从孩子的实际情况出发，降低期望，只要孩子努力了，自己就心满意足了，这样才能让孩子活得轻松些。而孩子只有轻装上阵，在没有那么大压力的情况下学习，才能学得自如，学得透彻。

5. 家长对孩子的学习进行适当的监督和引导。每一个孩子都有爱玩的天性，都会产生心理上的怠惰，孩子在感到枯燥的时候就会偷懒，或者因为感到沮丧而放弃。因此，父母要在孩子学习的过程中进行监督和引导，并及时地给予夸奖和鼓励，帮助孩子克服软弱和惰性，增强孩子的信心和毅力，保持学习的连续性。长期坚持下去，孩子就会养成持之以恒的习惯，也就不会半途而废了。

19 世纪最有成就的科学家之一巴斯德曾说过 :“我唯一的力量就是我的坚持精神。”彩虹总在风雨后，坚持，才可能取得成功。学习同样是一个坚持的过程，坚持到底，必能学业有成。

人有不为也，而后可以有为

——教孩子学会放弃

阅读提示：不为、有为，是相对表现。天下之事太多，若不知何所“不为”，则会陷入诸法之汪洋大海中，漂泊无穷。如何学会抉择“不为”，专攻“有为”，懂得取舍，方能成功。

人的一生不可能事事圆满，有所得必定有所失，要学会舍弃，才能有豁达的人生，才不至于留下那么多遗憾。所以孟子才说：“人有不为也，而后可以有为。”意思就是说，要懂得放下一些东西，才能够专心致志地做好另一些东西，才能够有所得。如果不懂得舍弃，越是什么都想要，越是什么都得不到。

古希腊著名哲学家苏格拉底曾教诲人们：心灵的容积承受的东西过多，就会让人觉得不安，只有丢掉一些东西，心灵才能感觉到轻松。

苏格拉底讲过这么一故事：他曾经带着他的学生进入了一座神秘的仓库。这座仓库里装满了令人眼花缭乱的宝贝，学生们看得目不暇接。不过让他们不解的是，每件宝贝上都刻着清晰可辨的字纹，分别是骄傲、嫉妒、痛苦、烦恼、谦虚、正直、快乐，等等。这些宝贝是那样的漂亮，那么的迷人，学生们见一样爱一样，抓起来就往自己的口袋里装。在回来的路上，他们才发现装满宝贝的口袋是如此的沉。没走多远，他们就再也无法挪动脚步了。这时，苏格拉底对他们说：“孩子们，还是丢掉一些宝贝吧，后面的路还很长呢！”于是，孩子们听从了老师的话，“痛苦”被丢掉了，“骄傲”被丢掉了，最后连“烦恼”也被丢掉了……

顿时，学生们觉得口袋轻了许多，但是由于耗费了太多体力，还是觉得袋子有些沉，苏格拉底再次让孩子们看看还有什么可以丢掉的。于是学生把口袋里的“名”、“利”也翻出来丢掉了，口袋里只剩下“谦虚”、“正直”、“快乐”……一下子，他们都感觉到了说不出的轻快。苏格拉底这才长舒了一口气说："啊，你们终于学会了放弃！"

这段故事告诉我们，在人生的道路上，可选择的东西有很多，诱惑有很多。"名"、"利"、"权"等都能让人迷失心智，而只有选择那些能够真正让自己感到快乐的东西，才能逍遥地在人生的道路上欣赏一路的风景。

曾有人说："选择了乡村的宁静安逸，就要放弃城市的灯火阑珊；选择了淡泊的平凡，就要放弃声名鹊起的荣耀。"其实，放弃是一种智慧，懂得放弃的人是有大智慧的人。一个人如果放弃了烦恼，便会与快乐为伍；放弃了自私自利，便能进入大公无私的超然境界。人生不要总遗憾得不到的东西，而是应当珍惜自己已经得到的东西。幸福的人只记得一生中幸福欢乐的时光，不幸的人只记得相反的内容。

有一位父亲问了儿子这么一个问题：如果你喜欢的乒乓球掉进了洞里，应该怎么办？儿子说，可以往洞里灌水让它浮上来啊。父亲说土很干，注水很快就被吸收掉了。儿子又说可以拿根棍子，粘上胶水，把它粘上来。父亲继续刁难孩子，说那个洞是S形的，棍子根本伸不下去。儿子想了想又说，那就把这个洞炸开。父亲大笑，炸开洞球也就坏了。儿子说那不要好了，你再帮我买个新的。父亲这才欣慰地笑着说，对了，这道题的正确答案就是放弃。

这个故事中的孩子是个懂得放弃的孩子，如果他不放弃，而是按照上述几种方法去做的话，不仅浪费了时间和精力，最后也一无所得。而这位父亲更是一位懂得教给孩子学会放弃的好父亲。让孩子学会理智地放弃一些不必要的东西是每个家长都要教给孩子的一种人生态度。家长应当让孩子懂得，对于一些东西，该放弃的时候就要学会放弃，不要让自己钻了牛角尖，不要让固执绊住了自己前进的脚步。

然而，令人感到遗憾的是，生活中没有几位家长能像这位孩子的父亲一样，对人生有一种通达的态度。很多家长在浮躁功利的现代社会里，为了能够让自己的孩子脱颖而出，成为同龄人中的佼佼者，能够在将来的竞争中成为一名胜利者，不惜投入重金多方面培养孩子，时刻激励孩子要有上进心，要勇攀高峰，要拿到好成绩，要考上重点大学，要找到好工作；鼓励孩子要发扬坚持不懈的精神，做事要持之以恒，百折不挠，于是，往往不顾及实际情况，不考虑孩子的承受能力，一味地让孩子在各方面都要突出，都要优秀，力求鹤立鸡群，让孩子时时刻刻都像是一根上得紧绷的发条。

孩子在成长中积极向上，并且为了目标坚韧不拔地努力是无可厚非的，尤其是在要求越来越高的今天，让孩子广泛深入地学习，努力地汲取新知识，这都是理所应当的，但是要注意适度，应当考虑孩子的承受力。

另外，对孩子进行全面的培养，让孩子获得全面发展并不意味着让孩子方方面面都异常优秀，而是应当根据教育条件以及孩子自身的心理特点、兴趣爱好进行选择和舍弃，没必要将时间浪费在一些无谓的东西上面。同时要培养孩子的心胸，让孩子灵活处事，不要一头钻进牛角尖里。假如孩子不慎遇上了与其先天性格不符的事物而陷了进去，家长更要帮助孩子解脱，让孩子走出迷津。

在为孩子制定目标的时候，要观察孩子到底喜欢做什么，不喜欢做什么，能够做什么，不能够做什么，不要让孩子在那些自己既不擅长又没有兴趣的领域浪费时间，耽误工夫，假如孩子在难以成功的路上白白浪费时间，家长应马上抓住机会，教孩子学会现实地思考问题，以退为进，学会选择，学会放弃。转而将时间和精力充分地用在适合孩子发展的领域，这才能够促进孩子的全面发展，才能够让孩子取得成功。

天将降大任于斯人也，必先苦其心志，劳其筋骨

——用吃苦造就孩子的坚韧性格

阅读提示：凡是在困苦的环境中没被击倒，并且更加发奋自强者，都有百折不挠的韧性和坚持到底的毅力。恶劣环境的一再试炼，也提升了他们的能力与见识。这正是一个人担负重大责任时的必要条件！

《孟子·告子下》中有一段脍炙人口的名言："故天将降大任于斯人也，必先苦其心志，劳其筋骨，饿其体肤，空乏其身，行拂乱其所为，所以动心忍性，曾益其所不能。"这段话的意思是：上天要让某个人承担重任的时候，必定会折磨他的内心，劳累他的筋骨，让他经受饥饿，以致形体消瘦，使他受贫困之苦，使他做的事颠倒错乱，总不如意，通过这些来使他的内心警觉，使他的性格变得更加坚不可摧，并且增加他不具备的才能。

孟子这段话说明了一个人达到成功的轨迹：一个能够成人事、有大作为的人，无不要经历艰难困苦的历练与考验。俗话说"百炼成钢"，一块铁，只有在炉子中经过千度高温的淬炼，才能够变成一块坚硬的钢。而身处逆境之中的人，其从身体到心理必定也遭受着种种折磨，这个过程将会达成一个结果，也是走出逆境的根本途径："所以动心忍性"，"增益其所不能"，在整个历练的过程中，自身的意志、智慧以及性情都能够得到很好的锻炼，并最终有所提升。

现在的孩子衣来伸手，饭来张口，夏天怕热着，冬天怕冻着，上学不愿走路就车接车送，不高兴了全家上下围在一起费尽心思哄他开心。这固然是父母出于对孩子的疼爱，然而这样疼爱孩子却容易让孩子丧失应有的劳动能力和独立能力，容易养成依赖的习惯，这在今后走向社会的时候对孩子是非常不利的，这种教育是家庭教育中的大忌。中国有句古话：庭院里训不出千里马。想要真正将自己的

孩子教育成才，就必须舍得让孩子吃苦，让孩子在逆境中磨炼意志，这正是中国父母最舍不得的地方。外国的父母为什么那么忍心让孩子吃苦，那是因为他们知道这是成长过程中必须让孩子具备的品质，我们看看外国父母是怎样舍得让孩子吃苦，培养孩子坚强独立的良好品质的，希望中国的父母们好好想想自己是不是能够做到。

在日本东京的一家幼儿园里，400 多名小朋友在冷冬的操场上锻炼。这家幼儿园的 400 多名小伴侣每天都会在寒冬里锻炼身体，以加强抗冷能力。另外，日本人在教育孩子时有句名言：除了阳光和空气是大自然的赐予，其他一切都要通过劳动获得。很多日本学生在业余时间都会自发地去外面做兼职，通过自己的劳动赚钱，大学生勤工俭学就更为普遍，就连有钱人家的子弟也不例外。他们靠在饭店端盘子、洗碗，在商店售货，在养老院照顾老人，做家庭教师等方式来赚取自己的学费。孩子很小的时候，父母就给他们灌输一种思想：不给别人添麻烦。全家人外出旅行，不论多么小的孩子都要无一例外地背上一个小背包。别人问为什么，父母说："他们自己的东西应该自己来背。"

美国的家长在孩子小的时候就培养他们的劳动意识，让他们认识劳动的价值。美国南部有一些州立学校为了能够让孩子尽早具备独立生存、适应社会的能力特别规定：学生必须不带分文，独立谋生一周方能准许毕业。虽然条件对学生来讲比较苛刻，但是却能够锻炼学生们的能力。家长也纷纷赞成学校这种举动，并没有出现任何不配合的行为。美国的中学生有句口号：要花钱自己挣。美国青少年从小的时候开始，不管其家里多富有，男孩子 12 岁以后就会给邻居或自己的父母在家里剪草、送报赚些零用钱，女孩子则做小保姆去赚钱。

瑞士的父母为了避免孩子长大后变得庸庸碌碌、不劳而获，他们在孩子很小的时候就培养孩子自食其力的精神。譬如，对十六七岁的姑娘，从初中毕业就送到有教养的人家去当一年女用人，上午劳动，下午上学。这样做一方面锻炼了劳动能力，另一方面还有利于学习语言，因为瑞士有讲德语的地区，也有讲法语的地区，所以这个语言地区的姑娘通常到另外一个语言地区当用人。

加拿大的父母在孩子很小的时候就注意培养他们独立生活的能力，以便能够在未来社会更好地生存。在加拿大的一个记者家中，两个上小学的孩子每天早上要去给各家各户送报纸。看着孩子兴致勃勃地分发报纸，那位当记者的父亲感到很自豪："分发这么多报纸不容易，很早就得起床，无论刮风下雨都要去送，可孩子们从来都没有耽误过。"

现在我国人民的生活条件得到了很大提高，孩子们不再像以前那样受苦，家长更舍不得让孩子受苦。在学习和生活上，家长早就给孩子铺好了路，不让孩子受到丝毫挫折。孩子的衣服鞋袜家长给洗，被子家长给叠，家长什么事情都给孩子包办，从来不让孩子自己动手、锻炼能力。

尤其是城里的孩子，更是娇惯得不得了。小孩子先不说，就说大学生，每年开学，我们都能看到一队队的"父母军"给孩子拎着大包小包，累得满头大汗，气喘吁吁，学生们呢，戴着遮阳帽，吃着冰激凌，优哉游哉。学生开学后，家长还不放心，舍不得让孩子参加军训，或者在军训的时候给孩子递个毛巾，递杯水，这种种现象，真是令人担忧。这样的孩子走上社会，离开父母，怎么面对自己的生活。这种现象出现的根本原因，就是父母娇惯孩子，从小舍不得让孩子吃苦造成的。

"物竞天择，适者生存"，这不仅是自然界的生存法则，用于人类社会也同样如此，为什么当年那些"喝茶遛鸟"的八旗子弟们被历史淘汰了？原因就在于他们丧失了自立能力，被社会淘汰是大势所趋，是历史的必然。为了避免自己的孩子成为"新八旗子弟"，家长应当狠狠心，让孩子们适当地吃些苦，锻炼他们的坚强意志，对他们的未来是没有害处的。

父子有亲，长幼有序，朋友有信

——让孩子学会礼貌待人

阅读提示：英国哲学家洛克曾说过：“礼貌是一种语言。它的规则与实行，主要要从观察、从那些有教养的人们的举止中去学习。”礼貌是一种融合剂，懂得礼貌待人的人更容易受人欢迎、被人接受、得到他人的夸赞，父母要从小培养孩子讲礼貌的好习惯。

中国自古以来就是闻名世界的礼仪之邦，“礼”是中国文化中非常重要的精神，是中国人立身处世的重要美德，尤其是儒家，极为重视“礼”在社会生活中起到的作用。孟子说：“父子有亲，长幼有序，朋友有信”，就是说在父母面前，在长辈晚辈面前，在朋友面前，都要遵守一定的礼仪道德，讲究文明礼貌。

在中华文化中，“礼”是中华民族的美德之一，是一个人的立身之本，是人们衡量一个人人格高下的标准。孔子说：“不学礼，无以立。”“礼”来源于对他人的尊重，谦让，源于对长辈、对道德准则的恭敬和对兄弟朋友的辞让之情。作为道德修养和文明的象征，礼貌、礼让、礼节是中华民族传统美德的体现。

礼貌，是人类为了维持社会正常生活需求而要求人们共同遵守的最起码的道德规范，是文明社会的基本要求。任何一个文明社会，任何一个文明民族，都非常注重以礼待人，重视文明礼貌。礼貌是一个人思想道德水平、文化修养、交际能力的体现。如果一个人不懂得以礼待人，对人不够尊重，就会被他人视为缺少修养从而招人厌烦。懂礼貌的人办起事情来比不懂礼貌的人往往更加顺利。

有一位非常著名的剧院经理前来拜访大仲马。一见面，他连帽子也没脱下，就非常恼火地问大仲马为何把最新的剧本卖给一家小剧院。大仲马承认有这么回事。这位经理于是出了一个远远胜于他对手的高价，想把剧本买回来，大仲马笑了笑说："其实你的那位同行用了一个很简单的方法就以很低的价格把剧本买走了。"

"是什么方法？"

"他以与我交往为荣，并且一见面就脱下帽子。"

对于孩子而言，文明礼貌是孩子随身携带的"教养名片"。教育孩子懂得礼貌待人是让孩子学会为人处世最基本的起点。不论是东方人还是西方人都很重视礼貌的作用。我国古语有云，"人无礼，则不生"，而英国著名哲学家洛克认为，礼貌是儿童与青年应当精心养成个人习惯的头等大事。但是现实生活中的很多家长却忽视了对孩子文明礼貌的培养，觉得现代社会崇尚自由，讲究个性，那些文明礼貌早就落伍了，那些繁文缛节早已经不适合社会的发展，只要自己的孩子能够掌握真本事就能在社会上吃得开。还有的家长认为，孩子小时候不懂礼貌是正常的，等他长大之后自然而然就懂了，其实这些都是对文明礼貌的误解。

小刚在他小的时候非常调皮，不懂礼貌，爱欺负小朋友，对长辈也不尊重，但是父母觉得他还小，不懂事，长大以后就好了，于是就不当回事，每次小刚犯了错回家批评两句了事。随着年龄的增长，小刚不但没有变得懂事，反而脾气越来越坏，动不动就摔东西，和父母顶嘴、吵架，父母说一句稍不中听的话他就离家出走，撒谎、逃课、偷家里的钱是经常的事。这个时候，父母才后悔当初没有好好管教他，此时想要管他，却已经力不从心了。

因此，家长应当在孩子小的时候就努力让孩子养成礼貌待人的好习惯，时刻注意观察孩子的举动，如果孩子做出了不礼貌的行为，家长要注意及时纠正。丰子恺先生就是这么教育他的孩子的。

丰子恺先生有个儿子叫丰陈宝。丰陈宝小的时候特别不爱见生人，在客人面前总会有不礼貌的举动。有一次，丰子恺先生到上海为开明书店赶一项编辑工作，就让小陈宝也一同跟了去，想让小陈宝帮着抄抄写写。那时候小陈宝刚十三四岁，有一天，来了一个小陈宝不认识的客人，这位客人同丰子恺先生谈了好长时间，小陈宝一直没有与客人去打招呼。客人与丰子恺先生谈完后，就过来与小陈宝打招呼、告别。这下小陈宝可愣住了，他一时不知道如何是好。

丰子恺先生送走客人后，语重心长地对小陈宝说："客人向你打招呼告别，你怎么可以不理睬人家呢？"后来，丰子恺先生一直非常注重对小陈宝的礼貌教育。他告诉小陈宝，客人来了应该为客人端茶、盛饭，而且一定要用双手捧上，这样表示恭敬。他还风趣地打比方说："如果用一只手端茶送饭，就好像皇帝对臣子赏赐，又像是对乞丐布施，更好像是父母给孩子喝水、吃饭。这是非常不礼貌的。"

丰子恺先生还教育小陈宝说："客人送你东西的时候，你一定要躬身双手去接。躬身表示谢意，双手表示敬意。"小陈宝将丰子恺先生的这番教育都牢牢地记在了心中，后来，小陈宝果然成为一个彬彬有礼的孩子。

在现实生活中，孩子的某些举动也许会让很多家长头疼，比如家里有人来做客，妈妈对孩子说"快向叔叔阿姨问好"，然而孩子只是乜斜了客人一眼，一声不吭地扭头就回房间了，让妈妈和客人倍觉尴尬。家里来了客人，孩子却这么没有礼貌，真让妈妈觉得脸上无光。如何让自己的孩子成为一个人见人爱的懂礼貌的孩子呢？

1. 让孩子学会正确使用礼貌用语。家长要教会孩子多多使用"请"、"多谢"、"打扰了"、"对不起"等礼貌用语，如能正确使用，能够让对方备感尊重，也会更乐意与自己打交道。另外，家长在日常生活中也要注意和孩子进行礼貌用语的交流，经常对孩子说"请"和"谢谢"，渐渐地就会让孩子明白，礼貌用语是日常交流的一部分，不论是在家里还是在公共场合，都应当使用礼貌用语。

2. 设定底线。美国教育专业人士简·内尔森认为，让孩子懂礼貌的最好方法就是在管教孩子的过程中严慈结合。因为慈爱的态度能够表示家长对孩子的尊重，而严厉的态度则表示家长对孩子错误行为的不满。如果自己的孩子一直大哭大闹，怎么劝都停不下来，这个时候，家长可以把孩子暂时搁置一旁，去做自己的事情，直到孩子自己安静下来。这样就能让孩子明白，自己的行为是无理的，家长不会纵容自己。

3. 对孩子做出的礼貌行为提出表扬。如果孩子做出了礼貌行为，家长要及时地夸奖孩子，让他明白这种行为是好的，而且家长在表扬的时候，要具体说明为什么表扬孩子。家长们往往只说"好孩子"、"真乖"，而实际上，应该具体地说："你刚才吃饭的时候对我说了句'请'，真是个好孩子！"家长对孩子的礼貌行为应当提出具体表扬，这样，孩子才会知道自己在哪里做对了、是值得表扬的，应该坚持下去。

4. 当孩子有不礼貌的举动时，家长要及时地制止。如果孩子做出不礼貌的行为，家长要及时地制止，比如自己和朋友聊天的时候，孩子一直在旁边捣乱，家长可以对孩子使个眼色，做个手势等。如果这种举动不能制止他的行为，就必须采取强硬的阻止措施，比如将他带离现场，和孩子好好地谈谈，让孩子认识到自己的行为不对，从而在今后不会再犯。

父母要注意的是，在孩子没有使用礼貌用语和礼貌行为的时候，千万不能用诸如“你傻啊,”或者“脑袋瓜真死”之类的字眼儿骂孩子，这会严重挫伤孩子的自尊心，让他变得更为内向，更不愿交际。家长要循循善诱，应当告诉孩子礼貌用语是人际交流时最基本的要求，对别人有礼貌，别人才会更喜欢自己。这样，让孩子设身处地为他人着想，他的礼貌举止才会发自内心。

人皆可以为尧舜

——胸怀大志才可以成就大事业

阅读提示：古今中外，凡成功之人无不胸怀大志。“自信人生二百年，会当水击三千里。”唯有胸怀大志，才有飞翔的动力，才能够踏上通往成功的道路。若胸无大志，鼠目寸光，缺乏远见，这种人必定一生庸碌，一事无成。唯有胸怀大志，敢于冒险，敢于闯荡，才能取得最后的成功。

在《孟子》一书中，有这样一段纪录对话：曹交问孟子，“每个人都能做尧舜那样的贤人，有这说法吗？”

孟子说：“有。”

曹交说：“我听说文王身高一丈，汤身高九尺，如今我身高九尺四寸多，却只会吃饭罢了，要怎样做才能成为圣人呢？”

孟子说：“这有什么关系呢？只要去做就行了。要是有人自以为他连一只小鸡都提不起来，那他便是一个没有力气的人。如果有人说自己能够举起三千斤，那他就是一个很有力气的人。同样的道理，举得起乌获所举的重量的，也就是乌获了。人难道以不能胜任为忧患吗？只是不去做罢了。比如说，慢一点走，走在长者之后叫做悌；快一点走，抢在长者之前叫作不悌。那慢一点走难道是人做不到的吗？只是不那样做而已。尧舜之道，不过就是孝和悌罢了。你穿尧的衣服，说尧的话，做尧的事，你便是尧了。你穿桀的衣服，说桀的话，做桀的事，你便是桀了。”

曹交说：“我准备去拜见邹君，向他借个住处，情愿留在您的门下做学生。”

孟子说：“道就像大路一样，难道难于了解吗？只怕人不去寻求罢了。你回去自己寻求吧，老师多得很呢。”

孟子通过这段话告诉我们，不管自身条件如何，只要敢于去做，下决心去做，不怕艰难，努力上进，永不放弃，就能够通往成功，并最终成为自己心目中的“尧舜”。儒家强调，人的一生要实现自己的人生价值和目标，就必须确立牢不可撼的志向。孔子说：“三军可夺帅也，匹夫不可夺志也。”在他看来，志气对于一个人的作用比统帅对于三军的作用还要大。孔子的弟子曾参也说过：“士不可以不弘毅，任重而道远。仁以为己任，不亦重乎？死而后已，不亦远乎？”这些都是强调人生要立志，要实现自己的远大目标，愿意为了远大目标而奋斗终生，死而后已。

我国著名的中医药专家李时珍，早年时候就想要自己编纂一部内容可靠、纲目清晰的药典，为了实现这一志向，他奋斗了终生。年轻的时候，不管天气如何，李时珍都会一人上山采集药草。有时候他独立荆棘丛中，对着一朵野花端详；有时候又会捏着一束草根嗅个老半天；偶尔他也会走到农民、猎人或樵夫身边，向他们探询、请教某些动植物的医疗价值，而这些人也都热心地把自己所知道的告诉他。

李时珍不计劳苦地四处搜集药方、采摘草药，一方面是要通过实地考察求证古代医书上所记载的各种药物及其医疗效果；另一方面是要实现自己的宏愿，订正古代医书上的错误，编纂一部内容翔实可靠的医学药典。

李时珍坚信这项工作具有重大的意义，而且是刻不容缓的，因为当时社会上有不少江湖医生由于滥用药物而使许多病人无辜受害，李时珍感到非常不满。

李时珍的父亲是个名医，经常给当地的百姓治病。李时珍从小就跟随父亲左右，耳濡目染，对医学产生了浓厚的兴趣。李时珍从 23 岁那一年开始，一边行医一边博览医书。

由于李时珍具有深厚的医学修养和丰富的临床经验，他治好了不少身患顽疾的人。有两个人们口耳相传的故事足以证明李时珍高超的医术。有一天，李时珍在江西湖口行医时遇见一个孕妇，她因为难产而处于“死亡”状态，别的医生都摇头兴叹，断定那孕妇已经无药可救了。可是李时珍却不以为然，他只在孕妇的胸部穴位上刺了一针，就把孕妇救活了，胎儿也保住了。还有一次，有个小孩子生了怪病，喜欢吃灯花，每当嗅到灯花味儿时便哭闹着要吃，家人感到莫名其妙，请李时珍来诊治。李时珍看了之后断定这是小孩肚子里的寄生虫所造成的，就用杀虫的药物来治疗，结果把小孩子的怪病治好了。从此，李时珍的医术名噪一时，慕名求医的人络绎不绝，甚至不远千里而来。地方上瘟疫流行的时候，李时珍同情贫苦的老百姓，免费为他们治病，深受老百姓的爱戴。

李时珍穷其一生的时间和精力，读了上千本医书，行遍大江南北，听取并记载了各地人关于疑难杂症的良方妙药，最后在他61岁的时候终于写成了举世闻名的《本草纲目》这一名著，完成了他一生的宏愿。

志向是一个人所有行动的动力。秦朝末年，陈胜、吴广曾经喊出“王侯将相宁有种乎”的口号，号召农民起义，立志推翻秦朝，最终成了秦末农民起义的导火索和前进的动力。“志不立，如无舵之舟，无衔之马。”一个人志向的大小，往往决定了一个人的努力程度，也决定了一个人发展的快慢。

现在很多孩子整日养尊处优，得过且过，不是上网就是玩游戏，早就消磨了心中的志向，家长也头疼不已没有志向的孩子，将来连自己想要做什么都不知道，何谈人生的动力，又如何实现人生的价值？那么，要怎样才能培养孩子远大的志向呢？

1. 鼓励孩子要“立长志”，而不要“常立志”。由于孩子年纪小，容易受到各种事物的影响，因此，孩子的志向往往有很大的随意性和情境性，难以确定一个恒定的志向。譬如有的孩子今天想当运动员，明天想当科学家，后天又想做歌唱家，总是三分钟热度，这种孩子往往是“只有心动，没有行动”的孩子，最终会因为志向的摇摆不定而一事无成，浪费大好光阴。针对这种情况，家长要鼓励孩子发现自己的兴趣所在，朝着自己的目标一步步地前进，如同征服一座高山一般，看来山顶似乎遥不可及，但是只要努力，每天前进一点，终有一天能够到达山顶，一览脚下风景，体会成功的快乐。

2. 多给孩子讲名人立大志的故事，激发孩子的热情，拓展孩子的胸襟。家长想要培养孩子的大志，就要为孩子树立学习的榜样，让这些榜样刺激孩子的上进心，成为他们努力的目标。因此，家长可以经常给孩子讲一些名人立大志的故事，让孩子效仿他们心中的英雄，为实现自己的志向而奋斗不息。

另外，孩子小时候的志向或许漫无边际，异想天开，但是家长不要对孩子的志向进行取笑或者讥讽其不切实际。由于孩子比较理想化，缺少社会、生活实践，因此，家长要对孩子的志向进行适时的引导，让孩子拓宽眼界，接触现实，鼓励孩子更客观、更全面地认识自我，评价自我，然后确定切实可行的志向和目标，再为自己的志向而努力奋斗。

第六章

《荀子》

荀子的思想偏向经验以及人事方面，是从社会脉络方面出发，重视社会秩序，重视人为的努力，反对神秘主义。孔子的中心思想为“仁”，孟子的中心思想为“义”，荀子继二人后更加注重“礼”，重视社会上人们行为的规范。荀子认为人与生俱来就想满足欲望，若欲望得不到满足便会发生争执，因此主张人性本恶，分为有“性”和“伪”两部分，性（本性）是恶的动物本能，伪（人为）是善的礼乐教化，否认天赋的道德观念。须要由圣人及礼法的教化来“化性起伪”，使人格提高；强调后天环境和教育对人的影响。

人无礼义则乱

——塑造一个懂礼仪的孩子

阅读提示：我国自古以来就是文明大国，礼仪之邦，祖先为我们留下了很多值得学习和发扬的礼仪。但是，如今有一些孩子却不懂得文明礼仪，有些孩子在父母的过分呵护和溺爱下成长，个人主义倾向严重，不懂得体谅人、关心人，不懂得与人为善；有些孩子因为一些小事而争吵，甚至打骂；有的不善交际，性格内向、偏执、任性，缺乏相互包容、团结协作的团队精神；有的则不懂公共礼仪，随地吐痰，乱扔纸屑、废物，随意践踏草坪，说粗话，穿奇装异服等等。这些都与文明礼仪背道而驰，家长应当高度重视，并对孩子进行文明礼仪的教育。

什么是礼仪呢？简单来说，礼仪就是在生活各方面表现出的礼数，是律己、敬人的一种行为规范。文明礼仪体现出了一个人的道德素质和个人修养，是人生中的必修课。国家和民族是由个人组成的，一个国家和民族是不是礼仪之邦，是由每个人是否懂礼仪决定的，所以对于个人来说，最重要的就是文明素质，只有每个人都具备了文明素质，国家的整体素质才能够得到提高。人类能够从原始社会进化到文明社会，就是因为制定了一套人人都遵守的礼仪标准，才使得人类从原始粗蛮变得温文尔雅。如果不懂文明素质，完全置礼仪于不顾，可能会出现以下犯上、恃强凌弱等粗暴现象，社会必定大乱，人类必将倒退，从当今世界那些落后地区整日的战乱不休和频繁屠杀中我们就能看到缺少礼仪的可怕性。这就是荀子所说的“人无礼义则乱”的原因。

荀子是先秦时期一位重要的思想家，他一直弘扬儒学，重视礼数在社会中的作用，将礼看作做人的根本目的和最高理想，他将是否识礼、是否循礼作为衡量人高低贵贱的标准。他说：“人无礼则不生，事无礼则不成，国无礼则不宁。”可见在荀子的心里，礼仪占有多么重要的地位。

中国是文明礼仪之邦，素来讲究待人以礼，更有很多讲究礼仪的故事时时熏陶净化着我们的心灵。

北宋时有一位著名的才子名叫杨时，“程门立雪”的故事说的就是他。

杨时，南剑州将乐人（今属福建）。在中了进士之后，他没有做官，反而觉得自己学业还有待进步，于是继续求学。

当时程颢、程颐两兄弟是名声隆盛的大学问家、哲学家、教育学，洛阳人，同是北宋理学的奠基人。他们的学说为后来的南宋朱熹所继承，世称“程朱学派”。

杨时仰慕二程的学识，投奔洛阳程颢门下，拜师求学，四年后程颢去世，他又继续拜程颐为师。这时他年已四十，仍尊师如故，刻苦学习。一天，大雪纷飞，天寒地冻，杨时碰到疑难问题，便冒着凛冽的寒风，约同学游酢一同前往老师家求教。当他来到老师家，见老师正坐在椅子上睡着了，他不忍打搅，怕影响老师休息，就静静地侍立门外等候。当老师一觉醒来时他们的脚下已积雪一尺深了，身上落满了雪。老师忙把杨时二人叫进屋去，为他们精心讲学。

这里体现的就是学生对老师的礼仪，同样古代人非常注重其他方面的礼仪，比如父子之礼，夫妻之礼，长幼之礼等等。正是这些礼仪维护了社会的稳定，提高了社会的整体素质，拉近了人与人之间的距离，让人们之间的关系变得稳定、融洽、平和，让整个社会变得井然有序。

一个人的行为举止能够显示出这个人是否懂得礼仪，这是无法掩饰的，也就是说，言行举止相当于一个人品行优劣与否的名片。一个懂得礼仪、有修养的人，时刻注意自己的言行举止，他懂得通过良好的礼仪修养来提升自己的公众形象。而一个懂得社交礼仪的人，必定会受到他人的尊重和欢迎，他随时都能像一块磁石一般，散发出难以言传的魅力，吸引他人的跟随。

相信每一个家长都希望自己的孩子能成为一个知礼节、懂礼仪、人见人爱的好孩子。然而现实情况却是，一些孩子在父母的宠爱下完全没有礼仪的概念，因此经常会做出一些失礼的举动，比如家里来客人时，孩子只顾着自己的事情，对客人视而不见；当父母同客人谈话时，孩子又在一旁吵吵闹闹，不断打断父母与客人之间的谈话；还有些孩子不懂谦让比自己小的孩子，遇到什么好吃的、好玩的东西，他都会一个人毫不讲理地独占，有时候还把别的小朋友弄哭等等。这是每个家长都感到头痛的事情。然而，礼仪是可以培养的，如果家长有耐心，够细心，通过一段时间的坚持，相信会让您的孩子会从最初的毛手毛脚变成后来的知书达礼。

1. 让孩子学会待客之礼。每对父母都有自己的亲朋好友，因此，客人往来串门是难免的，而孩子是否懂礼貌会影响其在客人心目中的地位。所以，对孩子进行待客之礼的教育是有必要的。家长应当告诉孩子，家里来客人的时候要面带微笑，主动起立迎接，主动打招呼，为客人端茶送水。在父母与客人交谈时不要随便插嘴、吵闹。不要对客人品头论足，更不要伸手向客人要礼物。客人临走时，要让孩子也送至家门口，说“再见”、“欢迎下次再来”等礼貌用语。

2. 让孩子掌握做客之道。在去做客之前，父母可以用交谈的方式教授孩子一些做客之道。家长按了门铃之后要和孩子在门口安静地等待，直到主人开门。家长应当告诉孩子进门时如何称呼主人，向主人问好。告诉孩子进入主人家后要安静，不能随便摆弄主人家的摆设以及物品。当主人端上水果或者茶水时，要先道谢，然后伸出双手去接。另外，如果在主人家吃饭的话，家长还要让孩子知道餐桌上的礼仪，比如告诉孩子吃饭时不要发生声音，要小口进食，闭起嘴咀嚼。夹菜、舀汤时动作要轻，不要光夹自己爱吃的菜，也不要对菜的味道评头论足。提醒孩子临走时应向主人道谢，说“再见”。

3. 父母要以自身为榜样。父母的言行举止对孩子社交礼仪的形成有很大的影响，父母礼仪的好坏会直接体现在孩子身上。所以，父母要以身作则，给孩子以良好的影响。在待人接物时，注意为孩子起到表率作用。另外，父母要给孩子创造机会，鼓励孩子参加各种人际交往活动。让孩子从这些活动中学习一些礼尚往来的行为，让孩子体验礼貌行为带来的愉悦，以利于巩固、重复这种行为，逐渐养成良好的习惯。

4. 进行餐桌教育。用餐时往往是对孩子进行礼仪教育的最佳时机。英国家庭教育素有“把餐桌当成课堂”的传统，从孩子上餐桌的第一天起，家长就开始对其进行有形或无形的“进餐教育”，目的是帮助孩子养成良好的用餐习惯，学会进餐礼仪。在我国，“餐桌教育”古已有之，孔子就曾说过“食不言，寝不语”，现在家长更要加强对孩子的餐桌教育。比如告诉孩子吃饭时要等长辈入座后晚辈才可以入座；吃饭时不要大声喧哗或敲打碗筷；不要挑三拣四，不能独占着好吃的只顾自己吃，不要用手抠牙，吃完后，要向长辈打招呼后才能离开等。

先义而后利者荣

——让自私远离孩子

阅读提示：自私是人性中最根深蒂固、最难以改变的恶性因素之一，在权势与利益的诱惑下，人们可能会背信弃义，选择私利。自私的人不会讨人喜欢，也不会被人信任，如何去除孩子心中的自私心理，是家庭教育中重要的一课。

荀子曰："先义而后利者荣，先利而后义者辱。"意思是说，舍利取义是一种光荣的行为，舍义取利是一种可耻的行为。荀子对待"利"与"义"的态度是非常明确的，那就是在关键时刻，要舍利而取义。这里的"义"即"仁义"，是对各种美德的概括，表示的是道德情操；"利"表示的是物质利益。在对待"义"与"利"的态度上，体现了一个人的道德素质。"见利思义"者是有道德的人；若能舍身为公，则是德行崇高之人；如果太过自私，"拔一毛利天下而不为也"则是只顾私利的小人。

自私心理是每个人都有的，儿童也不能避免。但是有的人能够控制住自己的私心，做出正确的选择；而有的人则控不住日渐膨胀的私心，自己最后还是吃了自私的苦果。我们看到很多贪官污吏在法庭受审时往往悔恨自己一时贪心，受了贿赂，才导致如今的下场。因此，戒除孩子的自私心理是非常必要的。孩子的自私心理不是天生的，而是由于父母错误的教育态度和教育方法导致的。现在的孩子多是独生子女，对孩子过度关心、过度照顾、过度迁就，都容易让孩子加重以自我为中心的意识，渐渐地孩子就认为什么好的东西都应该是自己的，就会逐渐丧失分享的观念，同时养成自私自利的性格。

张楠是家中的独生子，他非常聪明，活泼可爱，很得大家的喜爱。可是，众人的宠爱让他养成了自私自利的坏习惯。张楠和爸爸妈妈生活在一起，在家里，他是绝对的权威，但凡他的东西，就是爸爸妈妈也不准动一下。比如爸爸妈妈给他买了好吃的，如果爸爸妈妈说："小楠，让爸爸妈妈尝一口，好不好？"他肯定会一口回绝。

家里要是来了小客人，张楠就如临大敌一般，他绝不会让小客人碰他的玩具。吃饭的时候，他还会目不转睛地瞪着客人，说："那是我最喜欢吃的，不准你吃！"弄得大家都非常尴尬。周末，张楠去奶奶家，只要见了奶奶家有自己喜欢的东西，他就会提出带回家。要是爷爷奶奶提出要去他家玩儿，他一定会阻拦，让他的爸爸妈妈很难堪。

像张楠这种孩子都是父母娇惯出来的，而父母不得不吞下自己种下的苦果。

有一位母亲说："我觉得孩子自私、小气的毛病不管是怎样形成的，都是可以改正的，关键是父母要用心，用有效的教育方法帮助孩子改正这些缺点，弥补不足。我的孩子也有自私和小气的毛病。最突出的表现就是自己的东西不肯让别人动一下，生怕别人拿去不还。有一次测验时，孩子的铅笔忽然断了笔芯，身边恰恰没有卷笔刀，他急得团团转。结果还是同学把卷笔刀借给他用才解了他的'燃眉之急'。这件事对他的影响不小。我们借这件小事启发他，我说：'你看看，你如果不帮助同学，下次再也没有人帮你了。'孩子还是有记性的，他的心理慢慢发生了变化。现在，孩子已不像以前那么自私，有什么玩具也能和小伙伴一起交换着玩了。"

既然孩子自私自利的性格能够改变，那么家长要从哪些方面改正孩子的这种不良习惯呢？

1. 给孩子讲解自私的坏处。现在很多自私的孩子之所以会养成自私的恶习，就是因为不懂得自私带来的坏处，反而经常尝到自私带来的甜头。家长要让孩子知道，大家都讨厌自私的人，没人喜欢自私的小朋友。家长要鼓励孩子有好玩的要能够拿出来和大家一起玩，这样别的小朋友才会更喜欢你。慢慢地这样给孩子讲解，他就能知道，自私是一件坏事情，以后就会懂得和他人分享，从而就能够体会分享的乐趣了。

2. 注意培养孩子体贴他人、先人后己的习惯。在家里，比如平时有好吃的的时候，先给家里的老人送过去，让老人先尝，培养孩子好东西大家共同分享的好习惯。另外让孩子做一些他力所能及的家务，从中体会一下他人劳动的艰辛，也能够让孩子养成体谅他人、照顾他人的好习惯。

3. 父母要做好孩子的榜样。父母在日常的生活中不要有自私的行为出现，平时在邻里需要帮助的时候要热心，尽自己所能去帮助他人。当有灾区需要捐助时，家长要积极带头捐助，让孩子明白帮助他人是一种快乐，同时能够开阔孩子的心胸。

4. 培养孩子的合作意识。随着人类社会不断地发展，人们之间的合作已经越来越密切，人们也越来越重视合作意识。合作意识不仅是现代人所必须具备的素质之一，也是作为一个人应当具备的最基本的人格品质。通过合作，别人能够看出你这个人是大方还是自私，从而会影响到以后的再次合作，以及自己的人情交际。平时，可以让孩子和其他小伙伴一起玩集体游戏，在游戏中通过合作与分享达成种种目标，这样让孩子在欢乐的氛围中不知不觉地就改掉了自私的习惯。

懂得分享的孩子能够得到他人的欢迎和支持，让孩子从小就有好人缘，也能够让孩子拥有宽广的胸怀，这对孩子的成功无疑是有莫大帮助的。

故有师法者，人之大宝也

——要孩子学会尊敬师长

阅读提示：教师是人类灵魂的工程师，有传播文化知识、促进文明风尚和教书育人、为人师表的作用和职责。我们的成长和进步离不开老师的教导和帮助。特别在当今的知识经济时代，尊师重教就显得更为重要。个人的成长、国家的富强、社会的进步离不开教育，教育的发展离不开教师。教师是我们学习的引导者、合作者、参与者，是我们的学习导航，是我们学习征程中永远不灭的航标灯。

我国是传统的礼仪之邦，自古以来就有尊敬师长的优良传统。古语有云，“一日为师，终身为父”，父亲给了自己第一次生命，而老师开启了自己的蒙昧，将自己的生命升华，也就相当于给了自己第二次生命，在这里将“师”与“父”放在了同等的位置，可见对师长的重视。

抗日名将李宗仁幼年时有个老师叫曾其新，驼背弯腰，相貌丑陋，被人们戏称为“曾背锅”，可李宗仁却从来不因为老师的形貌而产生疏远情绪，而是像尊敬父辈一样尊敬他，认认真真跟老师学习。

李宗仁长大以后成了著名的将军，依旧没有忘记自己的老师。因为曾其新老师无儿无女，晚年茕茕一人，李宗仁就让他长期随军，自己出钱奉养，还特地在司令部驻地附近修建房屋给老师静居，并派一名副官专门侍奉，自己也每天亲自去问安。此外，李宗仁的另一名姓朱的老师，也长期随李宗仁起居，李宗仁对他的照顾也是无微不至。老河口的老百姓都说，在李将军身上真正体现了“一日为师，终身为父”的师生之爱，知恩图报，是大丈夫之行为。

“师者，所以传道授业解惑也”，一个好老师不仅能够为学生传道授业，解除学业上的困惑，开启个人智慧，同时还是人生路上的引路者。有一个好老师是人生之大幸，因此对师长要有足够的尊敬。

荀子这样说老师的作用："一个人如果没有老师，不懂法度而有智慧，那么必定会成为小偷，他勇敢则必定会成为贼寇，有才能则必然会为非作乱，明察就必然会兴妖作怪，能言善辩就必然会荒诞不经。一个人如果有师长、懂法度而又有智慧，那就会迅速地通达，他勇敢则能迅速地建立权威，有才能则必然能迅速地获得成功，明察就必然能迅速地穷尽事理，能言善辩就必然能迅速地论证。所以有师长、懂法度是人的最大财富，没有师长、不懂法度，是人最大的祸殃。"

在荀子看来，老师是人类能够获得真知的源泉和途径，老师在人一生中的启蒙作用和引导地位是不容忽视的，因此，尊重老师也就是尊重知识，尊重人类的进步，尊重自己的未来。

在张良年轻的时候，曾和一名大力士计划刺杀秦始皇，然而大力士却杀错了人，故而刺杀行动败露。失败后，张良为了躲避官府的通缉，潜藏在下邳。有一天，张良闲游到一座桥上，遇见一位穿褐衣的老翁，那老翁见张良走近，便故意将鞋坠落桥下，让张良下桥去捡。张良很不高兴，等他把鞋捡上来交给老翁时，老翁又让他帮着把鞋穿上，张良虽然心中非常愤怒，但鉴于老翁年事已长，张良还是听从了他的话，跪着帮老翁穿上了鞋。老翁看他如此懂得尊敬长辈，就满意地离开了，临走时对他说："孺子可教！五天之后，黎明时分在这里等我。"张良按老翁的指示，五天后天刚亮，他就早早地起床来到了桥上，谁想老翁早待在那里，见了张良便怒斥道："明明跟人约定好了，还偏偏迟到，真是岂有此理！五天之后还在此地见面，早些来见我！"说完就离去了。又过了五天，鸡刚打鸣，张良便匆匆地赶到了桥上，可是不知怎么的，老翁还是已经在桥上等他了。老翁这回更不高兴了，只是重复了一遍上回说的，就拂袖而去了。这下张良可急了，又过了五天，他索性觉也不睡了，在午夜之前便来到桥上等着。一会儿老翁来了，见他在此等候，点头称赞，接着从袖中拿出一本书，低声告诉张良说："这本是旷世奇书，假如你能够参透，便有资格去做帝王的先生了。十年之后，兵事将起，13 年后，你到济北，可以与我重逢，谷城山下的那块黄石，便是我的化身。"说完飘然而去。天亮之后，张良打开书一看，不禁喜上眉梢，原来是《太公兵法》。张良夜以继日地研习这部兵法，后来果然成了汉高祖刘邦的左膀右臂，帮助他打下了大汉江山。

尊敬师长是一种良好的品德，是一个人应该具备的重要品质，家长在日常生活中要以身示范，影响和帮助孩子养成尊敬师长的好习惯。

对于家长而言，培养孩子的最好途径就是言传身教。所谓“言传”，就是让孩子明白哪些行为是有礼貌的，哪些行为是粗鲁不讲礼貌的。当孩子做出有失礼貌的举动时，家长要立刻指出，并予以纠正。“身教”就是以实际行动去无言地影响孩子。家长的一举一动都会影响孩子的心理和他们的做法，家长要从自我做起，自己亲自做一件尊敬师长的事情比苦口婆心地对孩子灌输一大堆道理要强得多。比如带孩子外出行走时遇到了自己小时候的老师，不论自己身份如何，年龄多大，都要躬身问候老师。另外，家长每天外出的时候，主动和老人说一声再见，孩子们看在眼里，自然而然地就能够学会尊敬师长，知道和长辈们主动打招呼，无须太多的理论上的灌输。

孩子是家长的希望和寄托，家长应当用发自内心的善良和爱心、用自身的行动去教育和影响孩子，和孩子一起成长，共同养成良好的尊敬师长的习惯。

知之不若行之

——让孩子学会实践

阅读提示：孩子从书本上学到的知识，始终没有亲身体会得到的知识更深刻。“纸上得来终觉浅，绝知此事要躬行”，让孩子学会亲身体验、亲身实践，往往比单纯背诵书本对孩子的成长更为重要。

这是一个耳熟能详的寓言故事：在一座小山的旁边住着一匹老马和一匹小马。小马整天跟随在妈妈左右，从来不肯离开半步。

有一天，老马让小马将一袋麦子驮到磨坊里去。从小马的家到磨坊，要蹚过一条小河。小马驮着麦子走到小河边，看见河水奔流，心里有点怕了，犹豫起来。

小马看到一头老牛正慢悠悠地在河边吃草，于是小马连忙跑过去问：“牛伯伯，请你告诉我，我能蹚过河去吗？”

老牛回答说：“水很浅哪，还不到我的小腿那么深，怎么能过不去呢。”

小马听了，立刻就朝小河跑去。“喂！慢点跑，慢点跑！”小马停住脚抬头一看，原来是一只小松鼠。小松鼠蹲在一棵松树上，摇着大尾巴对小马说：“小马，你可别听老牛的话。水很深，一下水就会淹死的！昨天我们的一个同伴过河，就被大水冲跑了！”

这下小马没主意了，它决定回去问妈妈。妈妈看见小马回来了，奇怪地问：“为什么回来了？”小马把事情说了一遍。妈妈说：“你为什么不自己试一试呢？”

小马觉得妈妈的话非常有道理，它一口气跑到河边，试探着蹚着水往前走。河水正好到了小马的膝盖，并不像老牛说得那么浅，也不像小松鼠说得那么深。

这个寓言故事告诉我们，只有亲身实践，才能知道事情的真相。

荀子在两年多年前就曾经说过："不闻不若闻之，闻之不若见之，见之不若知之，知之不若行之。"意思是说，（对待学问道理）；未有听说不如听说过，听说过不如眼见为实，眼见为实不如明晓事理，明晓事理不如亲自实践。这就是荀子阐述的知与行的关系。在荀子看来，想要深入地学习一门知识，弄清楚一门学问，必须要发挥实践精神，深入进去，才能真正体会到知识的精髓，才能够对知识灵活运用。在这里，荀子特别强调了实践在认知过程中的重要作用。

美国家长向来注重培养孩子的实践精神，20 世纪 90 年代以来，美国盛行一种"带女儿去工作"的活动，凡 9 ~ 15 岁的女孩都可以报名参加，而举办这一活动，目的就是让女孩子提前感受一下工作的氛围，让他们认识真实的现实社会，锻炼自己的动手能力和处世能力。这一活动收到了很明显的效果。同样，欧洲许多国家也开展了这一活动。美国前总统克林顿也表示要让自己的女儿了解一下他的工作状态。其实不论男女，家长都应该尽量给孩子提供实践的机会，让孩子在实践中总结，在实践中进步，在实践中获得真知。

古希腊有一位叫作亚里士多德的哲学家，他被认为是有史以来学识最为广博，见识最为丰富的人。他说的每一句话，别人都毫不怀疑地奉为真理。但是后来有一位老师却不这么认为，他叫伽利略，他认为真理是要从自然中发现的，而不是单纯地背诵亚里士多德的书本。

有一天上课的时候，伽利略对学生们说："一个人站在楼顶上，左手拿着一个一磅重的铁球，右手拿着一个十磅重的铁球，同时扔下去，你们说，哪个先着地？"

学生们想了想，回答说："亚里士多德说过，重的物体下降速度要比轻的快，肯定是十磅重的铁球先着地。"伽利略摇摇头，说道："不对，亚里士多德错了，应该是两个铁球一起着地。"学生们错愕不已，全都呆看着他，他们不敢想象，居然有人敢公开指出亚里士多德说得不对。大家迫不及待地看伽利略是如何证明自己的观点是正确的。

于是，他拿着两个不同重量的铁球来到比萨斜塔的顶上。他同时松手，果不其然，人们看见那两个铁球像伽利略说的那样，同时落到了地上。自从伽利略第一个站出来挑战亚里士多德以后，更多的人认识到亚里士多德不一定是完全正确的，科学的真理来自实践，而不是一些书本上凭空想象的理论。

真正的教育并不是让孩子简单地背诵书本上固有的知识，而是让孩子深入生活，亲身实践，因为实践是检验真理的唯一标准。而只有通过亲身体验得到的知识在头脑中的印象才更为清晰、更为牢固，感受也会更加深刻，因此，实践是获取知知的有效途径。比如你对孩子说跷跷板是什么形状的，怎么玩，他头脑中的印象是模糊的，肯定不如带他到公园里亲身玩一下获得的认识更清楚。

随着现代社会竞争压力越来越大，父母都想要孩子考上名牌学校，于是拼命地让孩子背诵各种书本，补习各种知识，为孩子买各种参考书，让孩子能够在考试中取得更好的成绩。或许孩子真的能够在考试中取得骄人的成绩，但这并不代表他在现实生活中有多强的适应能力。社会不是一张考卷，没有多么标准的答案，需要自己实践，自己摸索。现在出现了很多“高分低能”的孩子，不就是因为缺乏实践、缺乏动手能力所导致的吗？

几乎每个孩子都喜欢动手，喜欢摸摸这个，摸摸那个，他们想通过自己的感觉来感受一件事物。然而，很多家长却宁愿孩子乖乖地待在家里，或者自己的书房里看书，不重视培养孩子的动手能力，其实这都是教育中的误区。教育家洛克曾经说过，儿童在学习中有两个习惯，分别是热爱求知和喜欢实地观察、亲身实践。因此，父母要重视培养和发展孩子的实践能力，让孩子把从书本上学到的知识能够进行灵活运用。

周慧的爸爸为了让孩子重视实践的作用，问了周慧一个问题，给她一张纸，看看一张纸能够对折几次？周慧当时就说肯定能对折无数次。爸爸说这在理论上能够行得通，但是不管什么纸，如果你亲手对折，绝不会超过八次，周慧不信，爸爸让她试试。

爸爸为周慧拿出了一张纸，她不断地对折，折到七次的时候就已经不能对折了。她认为爸爸给她的纸太小了，于是拿了张大点的纸对折。可还是最多对折到七次。

她还是不甘心，她觉得如果纸张薄点可能还可以多对折几次，没想到，她费尽九牛二虎之力，用了最高超的折纸技巧，最终还是只完成了八次，想要超过八次是不可能的。

周慧通过这次折纸明白了一个道理，书本上的知识和实践中得到的知识可能是不同的，不能盲目相信书本。从此以后，周慧喜欢上了动手实践，每当从书本上学到新知识，她都会想方设法在生活中进行检验，这不仅培养了她的动手能力，同时还锻炼了她思维的灵活性。

对于孩子的实践行为，家长要耐心地进行引导以及支持鼓励。孩子在自己动手时能够促进身体、智力、动手能力、沟通能力等各方面的快速发展，并且孩子能够乐在其中，他们会因为看到了知识在生活中的实效性以及自己取得的成功而对知识更加感兴趣，同时也能够增强自信心。孩子自己动手实践获得的知识远比从书本上得到的更为直观。实践才能够出真知，动手实践是灵活运用知识、检验知识的一种有效的方式。在自己动手实践的过程中，孩子不仅能够加深对知识的理解，更重要的是，实践能够培养孩子解决问题的能力。这种能力的养成，对于孩子将来的发展有着很重要的意义。

虚壹而静

——专心在学习中的重要性

阅读提示：学习新知识需要长时间集中精力，只有这样它们才能迅速地被转化为我们的长期记忆。这就需要“专心”——能够排除外部干扰集中精神工作的能力。很多孩子注意力难以集中，经常三心二意，如何培养孩子们的注意力是本节讨论的问题。

怎样才能做好一件事呢？除了技术、思想纯熟之外，最重要的就是要专心。专心，才能够心无旁骛，才能够全神贯注，不为外物干扰，才能最大限度地发挥出自己理想的水平。古代有个卖油翁，倒油的时候，他把一枚铜钱放在油瓶口上，油完全从铜钱眼儿中流过，一点儿也没弄脏铜钱，这是什么原因，就在于他的专注。

荀子曾经说过：“心何以知？曰：虚壹而静。”也就是说，想要获得知识，就必须要做到心内清净归一。“壹”，指的是思想专一；“静”，指的是思想宁静。荀子认为如果想要获得“道”，即知识，就必须做到清虚自守，做到虚心、专心、静心。如果想精通一门学问，深刻地认识一种事物，就必须要做到专心一致，一心一意，集中精力，这就是“壹”。

著名物理学家牛顿除了每天抽出少量的时间锻炼身体外，大部分时间都在书房里度过。有一次，他在书房中一边思考问题一边煮鸡蛋。这个问题让他百思不得其解，他简直着了迷，像个痴呆一般。忽然间，他注意到锅里的水沸腾了，赶忙掀锅一看，“啊！”他惊叫起来，原来锅里煮的不是鸡蛋，却是一块怀表。原来他在考虑问题的时候居然心不在焉地随手把怀表当作鸡蛋放在锅里了。

还有一次，牛顿邀请一位朋友到他家吃午饭。他研究科学入了迷，就把他的朋友忘在脑后了。他的用人照例只准备了牛顿一个人吃的午饭。临近中午，客人应邀而来。客人看见牛顿正在埋头计算问题，桌上、床上摆着稿纸、书籍。看到这种情形，客人没有打搅牛顿，见桌上摆着饭菜，以为是给他准备的，便坐下吃了起来。吃完后就悄悄地走了。当牛顿把题计算完了，走到餐桌旁准备吃午饭时，看见盘子里吃过的鸡骨头，恍然大悟地说："我以为我没有吃饭呢，原来我已经吃过了。"

无独有偶，我国伟大的地质学家李四光也曾闹过类似的笑话。据他的女儿回忆，有一天，时间已很晚了，李四光还没有回家，女儿来叫他回家吃饭，谁知他却一边专心地工作，一边亲切地说："小姑娘，这么晚了还不回家，你妈妈不着急吗？"等到女儿再次喊"爸爸，妈妈让你回家吃晚饭"时，他抬头，不由地笑了，小姑娘不是别人，正是他自己的宝贝女儿。

我国大数学家陈景润也曾出过类似的笑话，当时陈景润一门心思扑在哥德巴赫猜想这个数学难题上，经常处于失魂落魄的状态。有一天早晨，他按平时的习惯，拿着一双筷子，到中科院数学所食堂买了些饭菜就边吃边走路了。他一边吃一边想问题，一不小心，撞在一棵大树上了。一时间，他头上起了个大疙瘩，两眼直冒金星，嘴里还嘟囔着指责对方："怎么搞的？你走路不长眼睛的啊？"挨骂的树当然不会辩解。

这些伟大的科学家之所以能够取得如此辉煌的成就，就是因为他们一心痴迷于自己的科学问题，因为太过专注而闹出上述笑话，这给我们一个启示：如果集中精力做一件事情，就容易取得成功；如果一心二用，往往一事无成。

对于孩子的学习而言，专心同样是不可或缺的。有专家作过类似的调查，人与人之间的先天智商差距并不大，但是如果专注度有高有低，取得的成绩就大有不同。如果孩子能够在学习的时候完全集中自己的注意力，聚精会神，那么他的学习效率比那些三心二意的孩子要高许多倍，成绩自然上升得快。因此家长在教育孩子的时候，应该让孩子在学习的时候尽情地学，玩耍的时候尽情地玩，尽量提高孩子的专注度。

然而现在的孩子能够做到专心一致的已经不多。原因有二，一是现代社会中让孩子分心的东西太多。比如电视、电脑、游戏等都容易让孩子沉迷其中，让他们无法将心思放在学习上。另外，活泼好动是孩子们的天性，家长们经常说孩子像猴子一样坐不住，这也正是他们这个阶段的特征，也是导致学习不专心的因素之一。那么家长怎么做才能够培养孩子的注意力，让孩子在学习中专心一致呢?

1. 为孩子营造一个安静的学习环境。比如，吃完晚饭后，孩子在写作业时，家长要保持环境的安静，电视不可以开太大声，尽量不要大声交谈，更不能时不时去打扰孩子。有的家长就经常犯这种错误，他们在孩子学习的时候喜欢在孩子身边走来走去，一会告诉孩子要好好写，一会问孩子吃不吃水果，要不要喝水，这样只能分散孩子的注意力。另外，孩子的书桌上除了摆放文具和书籍以外，尽量不要摆放其他物品，以免分散孩子的注意力。

2. 对孩子讲话不要总是重复。有些父母担心孩子记不住，一件事来回地说上好几遍，这样孩子就难以集中注意力。当老师在课堂上对问题只讲解一遍时，孩子就有可能没有记住，这样漫不经心的听课常使得孩子不能很好地理解老师讲的内容，无法遵守老师的要求，自然也就谈不上取得好的学习效果。因此，父母在给孩子交代事情的时候尽量只说一遍，以增强孩子的注意力。

3. 鼓励孩子做他感兴趣的事情。对于孩子的家庭作业，父母可以为他们制订一下计划，可以让孩子做完一门功课之后稍微休息一会儿，尽量别让孩子太过疲劳。另外，孩子在做自己感兴趣的事情时，往往能够集中注意力。比如一个喜欢钓鱼的孩子，平时可能三分钟都坐不住，然而他在钓鱼的时候却能眼睛一眨不眨地盯着鱼线，坐上个把小时都没问题。因此，家长要注意通过让孩子做一些自己感兴趣的事情来帮助他集中注意力，提高专注度。

4. 可以通过玩游戏的方式训练孩子的注意力。几乎每个孩子对游戏都有着强烈的兴趣，游戏能够让孩子乐在其中，从而在一定时间内保持孩子高度集中的注意力。斯特娜夫人培养女儿集中注意力的方法就是游戏法。

斯特娜夫人是美国著名学者，她有一个女儿名叫维尼夫雷特。维尼夫雷特三岁的时候就能够写诗歌散文，四岁就有能力写剧本。五岁时，她的诗歌和散文就见诸各个报端。为了培养女儿的专注度，斯特娜夫人与女儿维尼夫雷特经常玩“注意看”的游戏。游戏是这样的：斯特娜夫人一个手中抓着五六根彩色的发带，在女儿面前一晃而过，然后问女儿自己手中的发带有几根。刚开始训练的时候，斯特娜夫人会故意放慢速度，让孩子有足够的时间看清楚她手中的发带。后来，斯特娜夫人的速度越来越快，到最后只是眨眼间的事。刚开始，女儿猜对发带的次数比较少，后来女儿猜对了就反过来考妈妈。

而事实证明，像这种“注意看”的游戏能够很有效地帮助孩子集中注意力，因为孩子要想赢得这场游戏，就要完全将自己的精力集中在上面，不得分心，而我们的家长也可以和孩子做些类似的游戏。

每个年龄段的孩子注意力集中的时间长短是不同的，他们抵抗外界干扰的能力也是不相同的。研究显示：两岁的儿童，平均注意力集中的时间长度为七分钟；四岁的为 12 分钟，五岁的为 14 分钟。随着年龄的增大，孩子们就会懂得分配自己的注意力，因此，家长要懂得循序渐进，要耐心培养孩子的注意力，不必开始就要求孩子必须达到完全不受干扰的地步。

积善成德，而神明自得

——让孩子奠定善良的性格基调

阅读提示：孩子好比一棵幼苗，必须要以善良之水浇灌才能够长出正直的枝干，才能够结出善良的硕果。善良的情感及修养是人道精神的核心，必须在童年时期就要精心培养它，否则就难以长成。假如父母能够用自己的善良感染和熏陶孩子，在孩子的心中撒播善良的种子，那么孩子就能成长为一个健康、善良和正直的孩子。

荀子说："积善成德，而神明自得。"意思是积累善行养成高尚的品德，那么就会达到高度的智慧。在这里，荀子说善良是高尚品德的基础，这句话是极有道理的。关于人性本善良或丑恶的问题，荀子和孟子的观念相反，他认为"人性本恶"。姑且不论谁对谁错，但不可否认的是善良是这个世界公认的良好品质。一个人只有内心善良，才会对世界万物怀着悲悯的情怀，对天地万物有一种发自内心的怜爱，才能形成高尚的品德。一个内心善良的人能够获得他人的好感和信任，也会有更多成功的机会，善良的人甚至能够打动恶人的心，因为善良是一个人闪闪发光的品质，是所有人都需要的品质，也是他人非常欣赏的品质。

有一次，荀巨伯不远千里前去探望一个病重的朋友，恰恰碰上外族攻打那座城池，朋友担心一旦城破会对荀巨伯造成伤害，因此劝巨伯离开，说："我马上就要死了，您还是离开这儿吧！"巨伯说："我远道而来看望您，您却要我离开，败坏道义来换得生存，这难道是我荀巨伯做得出来的事情吗？"最终他还是没有离开。城池陷落后，敌寇进了城，看到其他人早已经逃得不见踪影，而荀巨伯却独自一人待在这里，他们感到非常不解，就问他："我们大军一进城，全城的人都跑光了，你是什么人，竟然还敢一个人留下来？"巨伯回答道："我的朋友生了病，我不忍心丢下他一个人，如果你们非要杀他，我愿意用我的命来抵换。”敌寇听后内心大受震动，相互议论说：“我们这些不讲道义的人却侵入了这个有道义的地方。”于是下令全部撤退，整个郡城也因此得以保全。

苏霍姆林斯基曾说：“善良的情感是良好行为的肥沃土壤。”心地善良的人才能够做出善行，心地丑恶的人只会做出伤天害理之事。孩子是祖国未来的栋梁，培养孩子善良的心灵是势在必行的。古语有云：“人之初，性本善。”善良本是孩子幼小的心中美好的品质。但是，时下很多家长只重视培养孩子的身体健康和智力发展，却忽视了培养孩子的纯真善良之心。而现在很多的孩子受到父母、长辈的无限宠爱，他们不缺吃穿，不缺玩具，唯独缺少善良的情感。他们从不知道将自己的爱付出给长辈，他们只懂得享受，不知道付出。这些“小皇帝”、“小公主”长大以后往往变得冷漠、自私，情感真空，那是一种非常可怕的状态。因此，家长应当从小培养孩子善良的情感，让孩子成为一个有爱心的人，善良的人，这无疑是成为一个成功者的基础。

德国人非常重视对孩子善良品行的教育。德国产品的质量及国民的严谨性在全世界都可以说是不遑多让的，德国人反对玩具商开发生产“暴力玩具”，不支持孩子（特别是男孩）玩枪炮、坦克等带有暴力意味的玩具。有学者研究认为，如果孩子小时候经常“模拟杀人”，长大后难能成为和平人士。一些联邦议员指出，让男童少与枪炮玩具为伴是明智之举。

在德国，电影都有严格的分级制度，一些带有暴力场面的电影是绝对不允许小孩子看的，假如在孩子看的电影中出现一些暴力场面，家长都会以批判的眼光来审视这种行为，给孩子灌输正确的价值观。

另外，德国家长还通过让孩子养小动物来培养他们的善良品质。在孩子刚学会走路时，很多家长就专门让孩子喂养小狗、小猫、小兔子等小动物，并且让孩子亲自照料，学会体贴入微地照顾弱小生命。同时幼儿园也饲养了很多小动物，让孩子们轮流负责喂养。在正式入学后，作文中经常会出现有关小动物的生动描绘。此外，孩子还可利用自己积攒的零用钱来“领养”动物园里的动物，或捐款拯救濒临灭绝的动物。因为越来越多的德国人已有这样的共识，小时候以虐待动物为乐的孩子，长大了往往更具暴力倾向。

德国人另一种培养孩子善良品质的方法就是让孩子同情、帮助弱小者。由于德国大力的宣扬，孩子们认为帮助盲人、老人过马路是自己分内的事，为身有残疾的同学排忧解难也成为理所当然的事了。

另外，德国人认为，“宽容待人”也是一个人善良品质的一个方面，德国人认为，即便自己占了理，也要得饶人处且饶人，给人留有余地。

塑造孩子善良的性格，对孩子今后的成长发展都是非常重要的。孩子都有一颗纯洁无瑕的心，想要让孩子继续保持善良的品质，就须要有善良的父母来引导和支持。

一个冬天的下午，天气异常寒冷，外边雪下得正紧。一家三口正围坐在火炉前取暖谈天。言谈正欢时，从门口走来一对母子，身上落满了雪，衣着单薄，嘴唇冻得紫黑，牙齿咯咯响，问能不能进屋烤烤火。

六岁的阳阳听了，不等父母开口，连连说：“行，行，外边这么冷，快进来取取暖！”然而母子俩看大人未表态，倒也不好意思进去，因此犹豫不决。

阳阳立即扭头看父母，两口子微笑着说：“怎么不行，快进来吧！”母子俩进来了，阳阳把自己坐的椅子让给和他年龄相仿的孩子，又去搬了张凳子给孩子的母亲坐。

孩子的母亲边烤火边说了来历：他们是外地人，来投亲戚，没想到亲戚搬家了，他们问清楚了亲戚的新址，要继续找亲戚，路过这里，便想进来烤烤火暖暖身子再赶路。

母子俩烤了好一阵，仍然浑身发抖。阳阳对妈妈说：“妈妈，你去泡两杯热茶给他们喝好吗？喝了热茶就会暖和起来。”妈妈很爽快地答应了，起身忙碌了一阵，端来两杯热气腾腾的茶。

阳阳看母子俩喝完，又“咚咚咚”跑进房间，拿了件自己穿的毛衣出来：“爸爸，妈妈，把我这件毛衣送给这个小朋友穿好吗？”父母很意外，但还是高兴地点头同意了。

善良的父母必然能教育出善良的孩子，善良的孩子也必然会在他人需要帮助时伸出自己的援手。社会需要善良，有善良行为的社会是一个温暖的社会。汶川大地震后，中国多少人默默无闻地捐出自己的一份爱心，暗暗地支持汶川人民，这些举动就是无声的善举，而社会也需要更多的善举。其实善良就体现在我们的日常生活当中，在公交车上给老人让个座，见到小朋友摔倒了把他扶起来，这都是举手之劳，而这举手之劳中正体现出了一个人的善良品质。

因为善良，孩子会变得更加的真实；因为善良，孩子会更具有爱心；因为善良，孩子会变得更加的美丽。美，只有真心、善良的人才会发现，才会欣赏，才会珍惜。教会孩子真、善、美，他的人生才会是一个真实的人生，美丽的人生，完整的人生。让我们尽好父母师长的职责，为我们的孩子引导灌输善良的理念，培养孩子善良、无私的品德，我们的孩子将一生受用无穷！

骐骥一跃，不能十步；驽马十驾，功在不舍

——学习中的循序渐进原则

阅读提示：知识，是需要一点一滴积累的，不可能一蹴而就，如果强迫给孩子灌输大量的知识，结果可能适得其反。

学习是一个循序渐进的过程，正如小孩子学走路一般，要先学爬，慢慢地再学走路，最后才能跑起来，没有哪个孩子是生下来就能东奔西跑，欢呼雀跃的。学习则是先要学好基础知识，一天一天地积累，等积累到一定程度的时候，猛然间就会发现，自己的眼界拓宽了，认识提高了，这都是平日积累的结果。如果平时不注意循序渐进的原则，只是好高骛远，一心想瞬间攀到顶峰，那么可能爬得越高，摔得越重。

荀子在《劝学篇》中也曾说过："骐骥一跃，不能十步；驽马十驾，功在不舍。"意思就是，虽然是千里马，但是一下也跳不了十步远；劣马虽然走得慢，拉十天车却能走很远的路程，这是坚持不懈的结果。孩子的学习何尝不是如此呢？有些家长总希望自己的孩子能够在几天之内达到什么名次，于是给孩子恶补，然而结果却并不理想，这是贪多嚼不烂的缘故。

古代有一个射箭高手名叫甘蝇，只要他拉弓射箭，凡飞禽皆会从空中跌落，走兽皆会应声而倒。甘蝇收了个弟子名叫飞卫，他一心向甘蝇学习射箭，但是他射箭的本领却最终超过了他的师傅甘蝇。

后来又有一个叫作纪昌的人向飞卫学习射箭。飞卫说："你先学会看东西不眨眼睛，然后我们再谈射箭。"纪昌回到家里，仰面倒下躺在他妻子的织布机下，用眼睛注视着织布机上提综的踏板练习不眨眼睛。练习两年之后，即使是锥子尖刺到他的眼皮上，他也不眨一下眼睛。

纪昌于是把自己练习的情况告诉了飞卫，飞卫说："练到这种地步还是不够的，你还要学会视物才行。要练到看小物体像看大东西一样清晰，看细微的东西像显著的物体一样容易，然后再来告诉我。"

于是纪昌回到家后，用牛尾巴的毛系住一只虱子悬挂在窗口，朝南面远远地看着它，十天之后，虱子在他眼中慢慢变大了；三年之后，虱子在他眼里有车轮那么大。转过头来看其他东西，都像山丘一样大。纪昌便用燕地的牛角装饰的弓和用北方出产的篷竹作为箭杆，射那只悬挂在窗口的虱子，一箭从虱子的中心穿过，但牛尾巴的毛却完好无损。

纪昌把自己练习的情况告诉了飞卫，飞卫高兴地拍着他的胸脯说道："现在你已经掌握了射箭的诀窍了。"

这是古代的传说故事，它告诉我们想要掌握一种本领，循序渐进的原则是不可缺少的。我国著名数学家华罗庚就严格遵循着循序渐进的原则。

华罗庚非常懂得循序渐进所起到的作用，他为了提高自己学习的效率，先是以慢功夫打下坚实的基础，而后将速度逐步提升，这样收到了很好的效果。

华罗庚在刚开始自学的时候，心理非常急躁，一心总想着加速，想快点掌握所有的知识，结果学到的知识半生不熟，难以消化。这个教训开始让他明白：片面地、一味地求速度并不符合读书学习的规律。后来，他就宁肯比在学校里学得慢些，练习做得多些，总共花了五六年时间才掌握了高中课程。虽然表面上看起来，高中课程花费了华罗庚不少的时间，但是因为他掌握的知识非常牢固扎实，因此给后来学习大学课程带来了方便。到清华大学没多久，他就听起了研究生课程。这就是得益于平时循序渐进的学习方法。

循序渐进的方法是我国宋代大儒朱熹提出来的，他有一套自己的读书学习方法。他认为，学习，首先要选定一个目标，由浅入深地学，从最基本的书开始读，读通一本再去读另一本，读通一节再去读另一节，不能够不分主次先后，乱无章法地乱翻一气。刚开始学习，由于自己知识基础并不牢固，因此首先要做的就是要打牢基础。打基础就要实实在在，一步步地来，宁愿多花些时间，多费些力气，将基础打得牢靠些。如果基础不牢，一味贪快，到头来还要返工那就得不偿失了。

有些人读书的时候性子太急，打开书就迫不及待地浏览，想一下子全部看完。

针对这种情况朱熹说道，这就好像是一个饿汉走进了饭店，看到满桌子丰盛的酒菜便饥不择食，狼吞虎咽，食而不知其味。那么究竟应当怎样读书呢？朱熹的方法是，读书的时候，要一个字一个字地弄明白它们的含义，一句话一句话地搞清楚它们的道理。前面没搞懂，就不要急着看后面的，这样就不会有疏漏错误了。他还说，读书要扎扎实实，由浅入深，循序渐进，有时还要频频回顾，以暂时的退步求得扎实的学问。

虽然朱熹的这些教学理论离我们已经这么久远了，但是今天看来，这种理论对于孩子的学习仍旧是行之有效的一种学习方法。现在有些家长不顾这种循序渐进的规律，结果往往耽误了孩子。

男童乐乐的爸爸是一名德语翻译，妈妈在外资企业上班。为了让乐乐成为“语言小天才”，爸爸每晚下班后就和乐乐讲德语，妈妈则说英语。平时白天在家，爷爷奶奶、外公外婆轮流带乐乐，就和他说普通话或广东话，保姆带乐乐出去玩时，和他说浙江方言。没想到，身处“多方会谈”语言环境下的乐乐到了两岁还是不会说话。

起初父母以为是他的声带、听力有问题，可儿童保健门诊的医生给乐乐进行了仔细检查后，并未发现他有任何器官上的疾病。医生深究了乐乐的家庭语言环境，这才发现，是由于他过早地处在多种语言的胡混乱环境下，才造成了语言系统的失衡，孩子难以用一种单纯的语言来表达，因此不开口说话。

现在很多年轻父母，想让孩子成为语言天才，有不少孩子才五六岁就能说多种外国语言，这看起来就是一个天才的征兆，然而，他们很可能在某天就会突然患上失语症，除了哭之外，其他的语言都表达不出来。

这一切事实都告诉家长们一个道理，孩子的学习不是一朝一夕的，需要家长们耐心的引导，为孩子制订科学合理的学习方法，让孩子遵守循序渐进的原则，只有这样，才能让孩子一天天健康成长起来。

第七章

《墨子》

《墨子》是阐述墨家思想的著作，原有71篇，现存53篇，一般认为是墨子的弟子及后学记录、整理、编纂而成。墨子思想的根本精神是自苦利人。他倡导“兼相爱，交相利”，以利人为义，亏人自利为不义，以是否利于人民作为衡量是非的重要标准。反对天命思想，认为人与禽兽的区别在于禽兽以羽毛为衣，水草为食，不必耕织，衣食已足；人则赖其力者生，不赖其力者不生，突出强调了一切要依靠人自己的努力。

古之善者则诛之，今之善者则作之，欲善之益多也

——培养孩子的创造力

阅读提示：只有人类才具备创造力。创造力，简单来说，就是在解决问题的过程中，发挥个人的创造和想象，解决问题的能力，也就是创新的能力。当今社会，知识爆炸，缺乏的不是见多识广之人，而是有独特创造力的人，孩子是否具备较强的创造力，将会影响到他在将来社会中的生存和发展。

创新是人类文明前进和发展的推动力，唯有不停地创新，社会才可能获得日新月异的发展，如果停止创新，只是在旧有的基础上吃老本，那么社会就会停滞甚至倒退。当今的社会，更多需要的是具备创新精神和创造力的人。

在先秦诸子百家之中，可以说墨家是最具创新与探索精神的人。作为墨家的创始人，墨子很重视创新，他为我国科学的发展做出了突出的贡献，他首先发现了小孔成像原理，这是其他诸家所没能做到的。关于创新，墨子还说："古之善者则诛之，今之善者则作之，欲善之益多也。"也就是说，对古人的优秀遗产应当好好地继承，但同时还要有创新精神，使得善的东西能够更多一些。这就是墨子对于创新的一种态度。

现代社会更重视创新的作用，如今互联网如此发达，一个信息瞬间就能传遍全球，知识也可以彼此共享，因此，现在最大的竞争力就是看谁能创新，谁能出奇，谁就可能获得胜利。

我国传统思想一直认为，孩子要有远大光明的前途就要背足够多的书，然后考科举，中进士，虽然这一思想早就被推翻，然而在国人的头脑中却仍留下不少余毒，比如前些年的应试教育，家长和学校只懂得给孩子灌输无尽的知识，"填鸭式"的教育使不少孩子成了高分低能的学生。现在虽然教育制度作了不少改变，

然而中国孩子创造力现状却始终不容乐观。

近年全国青少年创造能力培养的社会调查公布，越来越多的中国孩子正在失去创造发明的兴趣。在全国青少年创造力培养研讨会上，专家认为中国学生的智商并不低，而科研创造力却明显低于英美等国家。这到底是什么原因呢？我们看看下面的例子，或许能够找到一些答案。

西方的家庭，自孩子进入幼儿园起，就开始努力让孩子养成提问题的意识，并大力培养孩子的批判性思维，但是中国家庭却从没有这样引导孩子思考发现问题的能力。例如，中国人给小学生讲抗日战争，是讲时间、地点、人物、事件、意义等，到头来让学生像流水账一样记下这一切；而美国人给小学生讲独立战争，要求孩子分小组探讨战争发生的原因，甚至连独立战争是否会发生都是一个问题。西方的教育比较注重开发孩子的发散性思维，而中国则偏重于开发孩子的逻辑思维。心理学认为，发散思维以形象思维为基础，就是想象力，不追求问题解决的唯一正确答案。例如，一加一可以有各种答案，如等于3（如夫妻结婚生子），等于一（两个人齐心协力，拧成一股绳）；而逻辑思维追求问题解决的唯一正确的答案，一加一只能等于二。

有一次，法国某教育代表团到北京的某所小学去考察，他们看到这样一件事：学生的考试卷中有这样一个题目："雪化了以后是什么？"有学生答"雪化了以后是美丽的春天"，这是多么富有浪漫气息的答案，然而却被老师无情地批了一个红红的"×"。

代表团成员大惑不解，就这件事询问中国的老师，老师答曰："标准答案是水。"来访者表示异议："学生答的'雪化了以后是春天'虽然不符合标准答案，但他们的这个回答更有创意，更富想象力，要是在我们学校，肯定会受到更多的表扬。"

雪融化之后是水，这是人人皆知的答案，毋庸置疑的，百分之百正确；但是说雪化了以后是春天的孩子是多么具有文学气息和哲学思维！这就是中国教育与西方教育的区别，中国的试卷中永远只有一个"标准答案"，他们给孩子传授知识的目的就是让孩子尽量迎合"标准答案"，而西方则鼓励有不同的答案，或许，这就是中西方孩子创造力差别巨大的原因所在吧。

每个孩子天生都具备一定的创造能力和创新精神，孩子的思维是异常活跃的，他们往往天马行空，没有羁绊，没有条条框框的束缚，因此，他们比成人的思维要活跃大胆得多，这就是孩子最初始的创造力。或许孩子的想法是幼稚、荒唐、可笑的，但是家长如果能好好地保护并能完好地发展它们，或许这就是一种强大的创造力。从小培养孩子的创造力对孩子未来的发展极为重要。孩子自从降临到这个世界的那一刻起，就对世界充满了好奇，他们希望去了解和探索这个世界。他们会通过各种方式来接触这个世界，比如用眼睛看，用嘴巴尝，用耳朵听，用小手抓，虽然他们现在还不可能有什么创造力，却是探索这个世界的第一步。

作为孩子最早接触的环境和最多接触的人，家庭是对孩子进行教育的第一场所，是培养孩子创造力的摇篮。在生活中，家长要善于发现和培养孩子的创造性行为，并积极地进行引导和保护，或许在不经意之间，孩子就会迸发出创新的火花。

1609 年，荷兰一家眼镜店老板汉斯的儿子拿着几块眼镜片与几个小伙伴一起玩耍。他们模仿大人，有的把镜片架在自己的眼睛前，有的把两块镜片放在一前一后看着远方。突然，一位孩子惊喜地叫了起来："你们快来看，远方的教堂尖塔怎么突然这么近？"孩子的叫声惊动了站在柜台里的老板汉斯。

汉斯仔细观察后发现，孩子手里拿的一片是近视镜片，一片是远视镜片。孩子在游戏中发现了可以望到远处的现象，汉斯抓住这一偶然发现，经过认真仔细的研究，发明了世界上第一台望远镜，日今后人们观赏风景、在战争中观察敌情提供了方便，也为今天人类能够探索宇宙的奥秘立下了不朽的功勋。

哈佛大学第 24 任校长普西说过："一个人是否具有创造力，是一流人才和二流人才的分水岭。"当今很多家长在教育中存在的错误观念是，他们根本不关心自己的孩子是否具备创造力，只关心孩子的学习成绩，在班级内的排名以及能否考上重点大学。

诺贝尔生理学或医学奖获得者，91 岁高龄的费希尔教授曾访过中国，访问期间有中国学生问："您在中学读书时，是一个好学生吗？怎样才能成为一名好学生？"费金尔说："不，我是一名很糟糕的学生！也许算一名中等生吧。"他说，最重要的不是头脑中记住了多少知识，而是是否具备了独立思考的能力，对于一个人而言，培养想象力和创造力才是最重要的。

很多人都曾将创造力比喻为“点石成金”的金手指。古人云“授人以鱼不如授人以渔”，如果家长想要孩子依靠自己的能力去创造无尽的财富，那么就请家长着力培养孩子的创造力，赋予孩子“点石成金”的功夫吧！

赖其力者生，不赖其力者不生

——要孩子学会自食其力

阅读提示：缺乏自立能力的孩子是永远也长不大的。一个人如果在他的幼年时期事事依赖他人，没有自食其力的能力，那么他在进入社会之后往往会无所适从，更难以取得大作为。

古代齐国有这么一个人，身无一技之长，衣衫褴褛，居无定所，每天以乞讨为生，日子过得非常困窘。

那时候，城市面积没有多大，他每天来回穿梭的就是那几条街巷，讨要的也只是那几户人家。最初，人们出于同情，尚且施舍给他一些残菜剩饭；时间长了以后，人们就觉得他来的次数太多了，令人生厌，于是再也没有人愿意施舍给他食物了。因此，他也就只能忍饥挨饿了。

天无绝人之路，偏偏这个时候有个姓田的马医因活儿太多忙不过来，需要找一个帮手。这个乞丐便主动找上门去，请求在马厩里给马医打打杂工，以此换取一日三餐。这样，他再也不用沿街乞讨，晚上也不必漂泊流浪，安定的生活使他的日子变得充实起来，干活也格外卖力。

可是，又有人在一旁取笑他了："马医本来就是一个被人瞧不起的职业，而你不过是为了混口饭吃，就去给马医打杂、当下手，这不是你的莫大的耻辱吗？"

这个昔日的乞丐平静地回答："依我看，天下最大的耻辱莫过于寄生虫，靠乞讨度日。过去，我为了活命，连讨饭都不感到羞耻；如今能帮马医干活，用自己的劳动养活自己，这又怎么能说是耻辱呢？"

可以说，这个齐国人的生活态度是好的，因为他觉得劳动并没有高低贵贱之分，只要不做寄生虫，只要是依靠自己的双手养活自己，只要是自食其力，就可以挺直腰板堂堂正正地做人。

墨子的理论中强调个人的独立性和自食其力。在春秋时期，墨家的弟子大都有一种游侠精神，这种精神非常强调个人解决问题的能力，作为游侠，必须要自食其力，这是墨家强调独立精神的一个表现。墨子说："赖其力者生，不赖其力者不生。"就是说，人依靠自己的力量，努力劳动便能够获得生存，否则就不能生存。墨子认为在社会中生存的每个人都必须参加劳动，做出自己的贡献，这样社会才能够有所发展。

对于孩子而言，具备自食其力的能力也是必不可少的。每个孩子迟早都会长大，都会脱离父母，走向社会，拥有自己的生活，凭借自己的能力在社会上生存发展。如果没有自食其力的能力，没有安身立命的技能，那么孩子就有可能难以在社会上生存，就可能沦落为社会的寄生虫。对于父母而言，让孩子学会自食其力，是对孩子的未来负责。

1839年，一个小男孩在美国纽约州哈德逊河畔的某个家庭里降生了。这个家庭是非常讲究节俭和自食其力的。小男孩稍微大了点，就想拥有自己的零花钱，可当他尝试着向父亲要，得到的常常只是一些小钱，小男孩不解地问父亲："家里又不是没有钱，您为什么不多给我一些呢？"父亲抚摩着孩子的头说："只会花钱的孩子将来怎么能够自食其力呢？"

一日，父亲对他说："你帮家里干活赚钱吧。"父亲的这个决定令小男孩兴奋不已。他早晨下到田里干活，放学回家后还帮母亲挤牛奶，虽然年纪很小，但他干得非常认真，而且很快乐。小男孩还按照父亲的要求用一个小本子记录自己的"工资收入"，做到合理花销，节约开支。

这个小男孩凭着节俭、自食其力一步一个脚印地成长起来了，他就是后来大名鼎鼎的美国石油大王约翰·洛克菲勒。洛克菲勒是世界上第一个家产超过10亿美元的大富翁。洛克菲勒同样以这条家规来教育自己的孩子，这种良好的教育一代一代传承了下来，使得洛克菲勒家族从发迹至今从未出现衰退迹象。

要培养孩子自食其力的能力，需要有一个长期缓慢的过程，家长应该对孩子有足够的耐心，在孩子小的时候就培养他这种能力，让孩子从生活小事做起，比如，让孩子自己整理书包，自己吃饭穿衣，自己系鞋带，打扫自己室内的卫生等等。在培养孩子自食其力这方面，日本父母比中国父母要有责任得多。

有一年，中国和日本共同举办了一期儿童耐力夏令营，在野外行军训练中，一样的年龄，一样的条件，日本小孩都是自己穿衣、自己背包，几乎是自理一切，很少让大人帮助；而中国的小孩，却是大人随行、背包拎袋、帮这帮那，忙得不亦乐乎。中日小朋友在自理能力上的反差如此之大，不禁使活动主办者对中国小主人们的未来感到深深的忧虑。父母们应当知道，对子女的教育与培养，不仅关系到一个家庭的和谐安宁，更关系到一个民族、一个国家未来的兴衰。

日本有关部门曾经组织 17 户市民到上海居民家中做客，日本妈妈的教子方法大大地震撼了中国的父母们。有个日本幼儿吃饭的时候捏起一个生馄饨就往嘴里塞。中国房东想制止，其母却说："别管他，这样他才知道生的不能吃。"小孩吃了一口，果然皱着眉头吐了。有个日本小孩摔了一跤，先是哭着求助，后见无人相帮，只好自己爬了起来。中国房东"看不懂"，日本妈妈说："让孩子尝试挫折才能获得成功。"日本妈妈为何要对孩子进行"挫折教育"呢？一位日本学者解释说，任何事情都要靠自己的努力，对孩子进行挫折教育，使他们在失败中学会本领，将来才能自立自强，才能够自食其力。日本父母就是通过这样的教育方式，让孩子养成了不怕挫折、自力更生的性格。

在很多西方国家，父母都会让孩子自己照顾自己。孩子两岁半以后，就要自己独立上厕所。尽管大人事后要检查，但十分注意让孩子自己去做该做的一切。由于他们从小就重视独立精神和独立能力的培养，因此，西方的儿童大多具有较强的独立意识。

有一次，一个四岁的美国儿童在系鞋带，弯着腰，显得非常吃力，一个路过这里的成年人提出要帮助他，但是却遭到了他的拒绝。

孩子问成年人："你知道我多大了吗？"

"不知道，可我想你应该很小。"

"我已经不小了，我都四岁了。"

显然，在孩子的头脑中，自己已经是个大人了，像系鞋带这种小事情自己就能处理，是无须他人帮忙的。

孩子的内心都有一种积极向上的心理，如果孩子想要自己独立地完成某件事，家长就应尊重孩子的意愿，不要插手，相信孩子，让孩子自己慢慢地去做，给孩子锻炼的机会，不要总是对孩子说"你还小"、"你不懂"诸如此类的话。

孩子的成长速度远远超过成人的想象，很多成年人认为孩子完全没有能力做到的事情，孩子可能做得游刃有余。因此，父母应当懂得放开手，让孩子去锻炼自理能力。

自食其力的孩子小的时候便极具责任心，能够替父母分担很多东西，等到长大进入社会之后，肯定可以具备较强的个人能力，在社会中做到游刃有余。

染于苍则苍，染于黄则黄

——父母要做好孩子的表率

阅读提示：由于孩子们年纪尚小，认识浅薄，辨别能力弱，缺乏主观判别性和独立性，容易以别人的行为作为自己的行为标准。在孩子们的眼里，父母的行为就是一把标尺，他们认为，父母做的，他们也能做；父母怎样做，他就应该怎样做。因此说，父母是孩子的第一任老师。

有一次，墨子看到一个人在染丝，突然间，墨子若有所悟，他感到，人生不正和这染丝是一个道理吗？人就好比是丝，社会就好比是染缸，本来这丝是洁白的，一尘不染的。然而，把它放在青色的染缸中它就变成了青色，放在黄色的染缸中，就变成了黄色。同理，孩子生性并无善恶，就像一张白纸一般，孩子今后形成的善或者恶很大程度上都是来自周围环境的影响。

孩子出生之后，接触最早，也是最多的便是父母，父母的性格、行为、作风、思想都会给孩子造成莫大的影响。要想让自己的孩子能够形成正确的道德标准，为人正派，作为家长就要不断加强自身修养，提高自身的认识，以自身的良好举动和思想去影响孩子，为孩子做出示范，给孩子树立一个学习的榜样。榜样的力量是无穷的，尤其是孩子的第一任老师——父母。中国有句俗话："龙生龙，凤生凤，老鼠的儿子会打洞。"想要让自己的孩子成龙、成凤，首先就要求孩子的父母要有做"龙"、"凤"家长的资格，只有达到这个资格了，才能够教育出"龙"、"凤"来，否则只能是痴心妄想。

列宁的夫人、著名的教育家克鲁普斯卡娅说过这样一句话："对父母来说，家庭教育首先是家长自身的教育。"

著名科学家钱三强和著名核物理学家何泽慧夫妇，不仅在学术上有着严谨的态度，在对待子女的问题上，他们同样丝毫不敢懈怠，他们知道孩子的性格受到父母很大的影响，因此，他们特别强调父母自身的行为及榜样对子女品性和习惯的影响。

由于夫妇双方都是杰出的科学家，家中各方面条件和待遇相对都较为优越。钱三强夫妇非常担心孩子会因为父母和家庭环境的关系变得铺张浪费、大肆挥霍，只注重攀比和奢侈，而忽略俭朴的品质。因此，钱三强夫妇首先从自我做起，希望能够给孩子做个好榜样。

他们在生活上一向节俭，从来不追求豪华、奢侈。夫人何泽慧总是穿着自己的“老三样”：晴天一双平底布鞋，阴天一双解放球鞋，雨天一双绿胶鞋。只有一条咖啡色的头巾，已经洗得发白了。钱三强的生活就更俭朴了，他总是说：“衣服嘛，能穿就行；东西嘛，能用就行！”

父母这种良好的行为习惯给孩子们做出了良好的表率，孩子们看在眼里，长期受到耳濡目染，自然也就养成了好习惯。钱三强家中的三个孩子没有一个讲究吃穿、讲究派头，他们待人谦虚、礼貌，从来不和他人攀比。上学的时候也不搞特殊，和其他孩子一样乘坐公交车去上学，穿和同学们一样的校服。他们衣着朴素，吃喝简单，住行平实，在为“人”和为“学”上，都成为同龄人中的佼佼者。

家庭是孩子心灵的避风港。很多孩子的性格形成都和家庭环境密不可分。性格健全、活泼开朗的孩子必定有一个幸福的家庭，生活幸福和睦；而一个郁郁寡欢、心事重重的孩子，往往是因为家庭可能发生了什么变故，或者父母因感情不和而整天吵闹，弄得家里乌烟瘴气，战火不熄。孩子回到家中便面临着父母毫无笑意的脸，感受着紧张压抑的气氛，这些都会在孩子幼小的心灵上留下巨大的创伤，这是孩子一生都难以弥补的心灵上的痛楚。因此，为了给孩子一个良好的成长环境，家长就要注意自身言行，改变自己曾经存在的恶劣行为，别让这些恶劣的因素影响到孩子。而想要给孩子提供一个良好的成长环境，父母就要做到如下几点。

1. 家长要令行禁止，言出必践。如今的社会，个人信用危机越发严重，很多家长喜欢说空话，说了不做，对他人失信，对孩子失信，久而久之，孩子也会养成讲空话的习惯。因此，凡是要求孩子做到的，父母自身先要做到，凡是禁止孩子做的，家长决不可越雷池半步，真正地将“言传”变为“身教”。凡是答应孩子的，就一定要为孩子做到。比如，平时答应孩子周末全家去公园玩，结果孩子兴致勃勃地等待了好几天，到了周末家长又要找各种借口推脱，长时间这样下去，孩子逐渐会对家长产生失望心理，家长在孩子心目中的形象也会一落千丈。

2. 家长要注意提高自身素质，为孩子做一个好的表率。一个本身就不爱学习，只知道吃喝玩乐、熬夜赌钱的家长，一个品行庸俗、行为恶劣、思想低下的家长是不会教育出好孩子的，正所谓“上梁不正下梁歪”，家长平时要养成良好的爱好和行为习惯，比如平时多看看报纸，多读些书，在给孩子做出良好榜样的同时，也提高了自身素质，拓富了自己的思维，增加了见识，也能够给孩子的一些问题进行答疑解惑。另外，家长可以有意识、有步骤地教给孩子一些待人接物的礼仪，循循善诱，持之以恒，让孩子耳濡目染，从小就受到关于美的陶冶与感化。

3. 家长要懂得尊老爱幼。家长如果想培养孩子尊老爱幼的品质，家长首先要做到，家长对待老人和他人的态度会对孩子产生影响，以后他也会形成这种待人接物的态度，因此，家长要能够做到尊老爱幼，从而让孩子学会对长辈应当怎样尊重，对他人应当怎样平等对待。

4. 家长要养成良好的行为习惯。这些行为习惯包括：生活习惯、劳动习惯、学习习惯、工作习惯、卫生习惯等。并且要注意生活中的细节，家长要从生活的各个方面去影响孩子，让孩子成为一个全面发展的优秀人才。

志不强者智不达

——强化孩子的意志力

阅读提示：坚强的意志是孩子突破阻碍、战胜挫折、走向成功的关键动力。在如今这个竞争激烈、优胜劣汰的社会里，身为家长，更要有意识地培养孩子坚强的意志，让孩子有勇气、有毅力地去战胜成才道路上的各种困难。意志是一个人成功的关键，开明的父母应当从小就注意培养孩子的意志力，为孩子的成长打好基础。

意志力对于一个人最终能否取得成功是至关重要的。心理学的科学研究表明，坚强的意志对一个人的学业成绩和个人的成就有着密切的关系。墨子说过："志不强者智不达。"意思就是，意志不坚强的人，智慧也不会通达，自然也难以取得成功。的确，通往成功的道路不可能一马平川，一路坦途，必定会有高低起伏，崎岖坎坷，磕磕绊绊，这是免不了的，而意志不坚定的人，面对缥缈的未来望而生畏，往往会半途而废，唯有坚持到底的人才能见到最后的光明。王安石曾经说过："夷以近，则游者众；险以远，则至者少。"正是这个道理。

法国微生物学家巴斯德说："告诉你使我达到目标的奥秘，我唯一的力量就是我的坚持精神。""有志者事竟成"，不管做什么事情，没有足够的坚持和韧性，没有足够坚强的意志，遇到困难就退缩不前，遇到挫折就灰心丧气，是很难获得成功的。命运之神垂青坚持到底的人但凡成功之人都有极强的恒心，信奉"永远、永远、永远不放弃"的座右铭。牛顿说："一个人如果做事没有恒心，他是任何事情也做不成功的。"富兰克林说："唯有坚韧不拔的人，才能圆满实现自己的理想。"茅盾说："人的前途只能靠自己的意志、自己的努力来决定。"没有坚强的意志，没有人能够成为专家。曾国藩也曾说过："凡人作一事，便须全副精神注在此一事，首尾不懈，不可见异思迁，做这样想那样，坐这山望那山。人而无恒，终身一无所成。”美国柯立芝总统认为：“世界上没有一样东西可以取代毅力，才干也不可以，怀才不遇者比比皆是，一事无成的天才很普遍；教育也不可以，世上充满了学无所用的人，只有毅力和决心无往而不胜。”

不管是名言还是警句，都表明一个问题，那就是个人的成功离不开坚强的意志，没有坚强的意志就难以成功。从古到今的那些大师级人物，他们有一个共同的特点，都拥有超乎常人的意志品质。

史蒂芬·霍金，当代最重要的广义相对论和宇宙论家，是当今享有国际盛誉的伟人之一，被称为在世的最伟大的科学家，还被称为“宇宙之王”。让我们来看看霍金是如何依靠着惊人的意志力取得如此惊人的辉煌成就的。

霍金于 1942 年 1 月 8 日出生于英国，这个时候正是希特勒大举入侵的时候。

霍金和他的妹妹在伦敦附近的几个小镇度过了自己的童年。多年以后，他们的邻居回忆说，霍金在摇篮车中时就已经引人注意，他的头显得很大，异于常人——这多半是因为霍金现在的名声显得与其他的孩子不同，邻居不由自主地要在记忆里重新刻画一下天才儿童的形象。

不过霍金一家在这个传统而保守的小镇上的确显得与众不同。霍金的父母都受过正规的大学教育。他的父亲是一位从事热带病研究的医学家，母亲则从事过许多职业。小镇的居民经常会惊异地看到霍金一家人驾驶着一辆破旧的二手车穿过街道奔向郊外——汽车在当时尚未进入英国市民家庭。然而这辆古怪的车子却拓展了霍金一家自由活动的天地。

霍金喜欢把一切事情研究得明明白白，当他看到一件新鲜玩意时，总喜欢把它拆散，把每个零件的结构都弄个一清二楚——然而他往往很难再重新组装起来，因为他的手脚远不如头脑那样灵活，甚至写出来的字在班上也是有名的潦草。

霍金在 17 岁时进入牛津大学学习物理。他仍旧不是一个用功的学生，而这种态度与当时其他同学是一致的，这是战后青年人出现的迷惘时期——他们对一切厌倦，觉得没有任何值得努力追求的东西。霍金在学校里与同学们一同游荡、喝酒、参加赛船俱乐部，如果事情这样发展下去，那么他很可能成为一个庸庸碌碌的职员或教师。然而，病魔出现了。

从童年时代起，运动从来就不是霍金的长项，几乎所有的球类活动他都不行。

到牛津的第三年，霍金注意到自己变得更笨拙了，时常没有任何原因地跌倒。一次，他不知何故从楼梯上突然跌下来，当即昏迷，差一点死去。

直到1962年霍金在剑桥读研究生后，他的母亲才注意到儿子的异常状况。刚过完21岁生日的霍金在医院里住了两个星期，经过种种检查，最后他的病情被确诊为“卢伽雷氏症”，即运动神经细胞萎缩症。

大夫对他说，他的身体会越来越不听使唤，只有心脏、肺和大脑还能运转，到最后，心和肺也会失效。霍金被“宣判”只剩两年的生命。

霍金的病情渐渐加重。1970年，在学术上声誉日隆的霍金已无法自己走动，他开始使用轮椅。直到今天，他再也没离开它。

永远坐进轮椅的霍金，极其顽强地工作和生活着。

1991年3月，霍金有一次自己坐轮椅回到公寓，不料过马路时被小汽车撞倒，左臂骨折，头被划破，缝了13针，但48小时后，他又回到办公室投入工作。

又有一次，他和友人去乡间别墅，由于上坡时拐弯过急，致使轮椅向后倾倒，这位引力大师被地球引力翻倒在灌木丛中。

虽然身体的残疾日益严重，但是霍金却一直努力像普通人那样生活，尽最大可能完成自己能够做到的事情。他甚至闲不下来，在他已经完全无法移动之后，他仍然坚持用唯一可以活动的手指驱动着轮椅在前往办公室的路上“横冲直撞”；在莫斯科的饭店中，他建议大家来跳舞，他在大厅里转动轮椅的身影真是一大奇景。当然，霍金也尝到过“自由行动”的恶果，这位量子引力的大师级人物，多次在微弱的地球引力左右下跌下轮椅，幸运的是，每一次他都顽强地重新“站”起来。

1985年，霍金动了一次穿气管手术，从此完全失去了说话的能力。他不能写字，看书必须依赖于一种翻书页的机器，读文献时必须让人将每一页摊平在一张大办公桌上，然后他驱动轮椅如蚕吃桑叶般地逐页阅读。他就是在这样的情况下，极其艰难地写出了风靡全世界的《时间简史》，并不停地探索着宇宙的起源。人们不得不对人类中居然有以这般坚强意志追求终极真理的灵魂从内心产生深深的敬意。

现在有不少家长抱怨当今的孩子意志不坚，吃不得苦，在做事情的时候缺乏韧性、容易放弃，其实造成这种现象的原因固然与孩子软弱的性格有关，但是，这种软弱的性格往往是家长娇惯出来的，因此，“罪魁祸首”仍然是家长。孩子的可塑性是非常强的，如果家长能够对培养孩子的意志力有足够的重视，并且给孩子以良好的引导，必然能形成良性循环，让孩子受益终身；反之，如果不注意培养孩子的意志力，事事包办，错过了培养孩子意志力的最佳时期，将会让孩子形成意志薄弱、浅尝辄止等不良习惯。

那么家长要如何锻炼孩子坚强的意志力？

1. 从小事做起，持之以恒。从身边的小事做起，并坚持不懈，从不中断，这是磨炼一个人意志的最好方法。很多事业有成的人都是通过坚持做一些小事情来磨炼自己的意志的。著名文学家高尔基说：“哪怕对自己一点小的克制，都会使人变得强而有力。”苏联生理家家巴甫洛夫就是把工工整整地书写作为磨炼自己意志的方法。我国先秦哲学家老子也说过：“为大于其细。”因此，家长应当让孩子从小事做起，从细节做起，慢慢养成坚强的意志。

2. 为孩子制订合理的计划。通过制订合理的计划，可以逐渐培养孩子的意志。家长可以给孩子布置明确的短期任务，并指导孩子按照预定的目的和计划按部就班地进行，一步步地完成。如果任务完成得好，家长应当对孩子进行表扬，从而鼓励他们这种强化意志的行为，让孩子逐渐形成意志的自觉性。

3. 鼓励孩子勇于面对困难。困难可以检验孩子的意志力，因为在困难的考验下，需要孩子拿出更强的意志力。家长在培养孩子意志力的过程中，可以让孩子适度做一些有难度的事情。当孩子在面对困难的时候，家长应当为孩子打气，让孩子相信他有能力战胜困难，而万不能打击孩子，让孩子心灰意冷。

4. 为孩子培养良好的行为习惯。一个良好的行为习惯的养成，需要长期的坚持，自然需要意志力的支撑。因此，家长可以从培养孩子的行为习惯入手。而培养孩子的行为习惯要从小事做起，比如让孩子按时完成作业，严格遵守作息时间，自己收拾房间等。培养他们的行为习惯时要对他们进行严格的要求，决不可半途而废；要求他们改正的缺点就要监督他们逐渐改正。这样，在孩子形成良好行为习惯的同时，也培养了他们良好的意志品质。

5. 父母要树立良好的榜样。父母是孩子最好的榜样，对孩子所起到的影响也是立竿见影的，因此父母在生活或是工作中遇到一些困难时，千万不可轻言放弃，甚至可以让孩子对你说些鼓励的话，在孩子的鼓励和陪伴下渡过难关，因为每个人都需要安慰，再强大的人也有心理上的弱势。而坚持到胜利之后，孩子不仅会对你的意志力赞赏有加，而且还会对孩子形成坚定的意志力有着莫大的影响。

坚强的意志力不是短期内就能够养成的，孩子们往往都是三分钟热度，容易放弃，因此，家长要有足够的耐心。培养孩子的意志力不仅是对孩子的考验，也是对家长的考验，如果任何一方放弃，都会前功尽弃，相信经过一段时间的坚持，孩子最终能够成为勇往直前、意志坚定的孩子。

节俭则昌，淫佚则亡

——节俭对孩子的人生意义

阅读提示：当今社会，物质丰富、生活优裕，对于生活在蜜罐里的孩子们来说真是无忧无虑。加之现在大多是独生子女，许多家长，特别是一些老人对孩子宠爱有加，要什么给什么，逐渐使他们养成了花钱大手大脚的习惯。这些孩子大多根本不知道什么叫节俭、为什么要节俭。

随着我国生产力的提高和生活水平的改善，很多家长都说“决不让孩子过一天苦日子”，于是孩子要什么给什么，殊不知这就是典型的“矫枉过正”。表面上看来，家长是满足了孩子，但是也埋下了隐患。长期的大手大脚容易让孩子养成奢侈浪费的恶习。古语云，“成由勤俭败由奢”，这不仅仅是一句话，这是几千年来前人总结出来的经验，家长应当认识到浪费对孩子的危害性，以及提倡节俭的必要性。

墨子一向提倡节俭，严重反对铺张浪费。针对当时就已经极为盛行的奢侈淫逸、炫富比阔之风，墨子在《辞过》里说：圣王缝制衣服，只是为了让身体舒适、肌肤暖和，而不是为了显示华贵，向人们炫耀。而现在有的人不是这样，他们在做衣服时，极尽奢华之能事，用黄金铸带钩，用珠玉做环佩，这些并不是增加衣服的温暖之实，而是耗费资财，耗尽民力，为民众增添了无尽的负担。他还说：“节俭则昌，淫佚则亡。”意思是说，节俭度日，合理用财，慢慢地就能昌盛起来；而一味地铺张浪费，必定会遭到灭亡。历史上有很多例子可以佐证这句话。明末，李自成的大顺王朝昙花一现，亡于腐化变质。李自成初进北京时对百姓秋毫无犯，纪律严明。到后来，便放任自流，“兵丁斩门而入，掳金银，淫妇女，民始苦之，每至夜皆然”。李自成入宫，即唤小唱梨园数十人侍奉。失民心者失天下，与其说李自成是后来被吴三桂勾结清军击败，退出北京，不如说是失了民心，才导致他最终的败亡。

曾经有人对那些空虚无聊、悲观厌世的人作过一个统计，看看这种人之中有多少是生活豪奢无度之人，多少是贫困勤俭之人。结论或许令你感到惊讶和意外，因为百分之九十都是前者。诸葛亮说过："静以修身，俭以养德。"因此，提倡节俭度日，能够少些彼此间的攀比和虚荣心，能够丰富人们的精神世界，对人们的身心健康非常有利。

让孩子养成节俭的习惯，对孩子的健康成长会产生非常大的影响。节俭能够锻炼人吃苦耐劳、坚韧不拔的意志，节俭能够让孩子懂得来之不易的道理，会倍加珍惜，节俭能够体察他人的疾苦，培养对他人的爱心，有助于形成健康的人格，培养优良的品质，能提高孩子的精神境界。假如父母无限度地满足孩子的要求，让孩子自小就养成好逸恶劳，花钱大手大脚、铺张浪费的习惯，就有可能让孩子成为一个让父母悔恨不已的"败家子"。其实，物质条件越是优厚，越要注意对孩子节俭品质的培养，我们看看发达国家是怎样训练孩子节俭意识的。

一些西方发达国家一直注重培养孩子勤奋节俭的品质。据国际儿童机构的统计，世界各国儿童中，美国儿童干家务活是最多的，时间也是最长的，平均每天1.2 小时以上，父母们让孩子从小参与家务劳动，让孩子体会其中的不易，培养孩子懂得节俭、懂得珍惜的好品质。儿童教育学家中岛博士通过一系列研究表明，让孩子干一些家务活，能够让他们有尽可能多的机会通过视觉、听觉、触觉和味觉接受外界的各种刺激，这些刺激信息传入大脑，便可形成智能，发展孩子的动作、语言和技能等。韩国很多学校注重培养孩子热爱农民、珍惜粮食的意识，有些学校里竖着汉字条幅"农者天下之大本"。在德国的法律中，明文规定了不同年龄的孩子应当在家帮助父母亲完成什么样的家务活；另外，德国还兴起另外一项活动——参观工厂，家长在带孩子外出旅游时喜欢同孩子一道到工厂去，了解生产的过程、资源的开发与节约，特别是了解生活用品是怎样生产出来的，这样既能让孩子开阔视野，又培养了他们劳动生产、勤俭节约的意识和品德。

想要把孩子培养成一个有出息的人，就必须对他进行勤俭节约、艰苦朴素的教育，这是父母能够给孩子的永久财富。对孩子进行节俭教育，家长可以参考以下几方面的措施。

1. 父母以身作则，塑造节俭的家庭氛围。在日常生活中，父母要从自身做起，以自己艰苦朴素的作风影响孩子，以自己的节俭行为感染孩子。比如平时注意随手关灯、节约用电，随手关水龙头等。另外，带孩子购物的时候尽量不要买奢侈品，以免给孩子树立反面典型。

2. 让孩子尝一下吃苦的滋味，理解节俭的价值。北京有一对年轻的父母带着刚上小学不久的女儿去逛街。在一个繁华的路口处，他们看到一位老爷爷正在卖报纸。于是父亲从口袋里掏出 5 元钱交给女儿让她去买 10 份晚报。女儿买回晚报，父母一起跟她商量，按原价把晚报卖出去，看看我们能不能很快卖完。女儿在父母的支持与帮助下，费了不少时间才把 10 份晚报卖出去。然后，父母让小女儿去问卖报的老爷爷，卖一份报纸能赚多少钱。孩子从老爷爷那里知道，卖一份报纸只赚几分钱。她算了一笔账，花了这么长时间才能挣几毛钱，而且费很多辛苦和口舌。于是她对爸爸妈妈说："爸爸、妈妈，我以后可不能随便花钱了，挣钱太不容易了。"父母肯定了孩子的想法，及时表扬了她。这个女孩后来很懂得节俭。

3. 教给孩子学会有计划地消费。平时家长要给孩子灌输节约的意识，比如让他爱惜书本、文具，对自己的用品要节约使用。平时给孩子买文具的时候不要动辄买一堆，父母应当让孩子懂得，只有真正需要的时候再去买，平时不要养成乱花钱的习惯。

培养孩子节俭的品质是一个长期的过程，靠的是恒心和长期的坚持。家长要当好孩子的第一任老师，不仅要对孩子进行节俭教育，还要在日常生活中做好榜样，感染孩子，引导孩子走好人生的每一步。

富不侮贫，贵不傲贱，诈不欺愚

——去掉孩子的骄傲心理

阅读提示：骄傲自大的心理会对孩子的发展产生消极的影响。自满自大的孩子往往目中无人，不屑于同他人交往，气量狭窄。虽然他们能够取得一定的成绩，但是往往只是满足于眼前取得的成绩，而且他们看不到别人的成绩。骄傲自大的孩子难以和同龄人打成一片、友好相处，因为他们总是以高人一等的姿态对待人，而做不到彼此平等相待。

墨子提倡兼爱的思想，主张“兼相爱，交相利”的学说，也就是对别人就像对自己那样，爱护别人也要像爱护自己一样，彼此之间相亲相爱，不受等级地位、家族地域的限制。他主张人们之间平等相待，做到“富不侮贫，贵不傲贱，诈不欺愚”，意思就是，即便富裕了也不侮辱贫寒之人，即便身份尊贵也不要看不起身份卑微的人，即便极为聪明，也不要欺骗愚昧的人。墨子这句话即便放到现在来讲，仍然有很深刻的教育意义。从这句话中，我们能够学到这样一个道理，那就是做人不要太过骄傲自满，应当学会平等待人。俄罗斯文学家巴普洛夫说过：“决不要陷于骄傲。因为一骄傲，你们就会在应该同意的场合固执起来；因为一骄傲，你们就会拒绝别人的忠告和友善的帮助；因为一骄傲，你们就会丧失客观方便的准绳。”

在家庭教育中，很多家长看到自己的孩子在某方面取得了进步，或者学习成绩上得到了很大的提高，就一直对孩子赞不绝口，进行一些不切实际的夸奖，这容易让孩子滋生骄傲情绪，一旦孩子内心滋生骄傲情绪来，就会目中无人、裹足不前。家长夸奖孩子要适当，不要言过其实，要注意提防孩子产生骄傲自满的心理。

王献之与其父王羲之都是我国古代著名的书法家，并称“二王”。王献之小的时候非常聪明，有一次，王羲之的一位朋友让献之在扇子上写字，王献之挥笔便写，突然笔落扇上，把字污染了，小献之灵机一动，遂施展笔墨，不一会儿，一头小牛便栩栩如生地出现于扇面之上了。众人见状，纷纷称赞王献之聪明过人，功底深厚，于是小献之滋长了骄傲情绪。

一天，小献之问母亲郗氏：“我只要再写上三年就行了吧？”母亲摇摇头。“五年总行了吧？”母亲又摇摇头，说：“写完院中18缸水，你的字才会有筋有骨，有血有肉。”

王献之一咬牙练了五年，把一大堆写好的字给父亲看，父亲掀到一个“大”字，显得还算满意，他又在“大”字下填了一个点，然后把字稿全部退还给献之，什么也没说。

王献之不解其意，于是又把这些字抱给母亲看，母亲最后指着王羲之在“大”字下加的那个点儿，叹了口气说：“吾儿磨尽三缸水，唯有一点似羲之。”

王献之听了之后，一下子就泄了气，母亲看他没有往常的自大情绪了，于是就开始鼓励他继续坚持不懈地练下去。终于，王献之的字也到了力透纸背、炉火纯青的程度，最终为世人认可。

假如不是王献之的母亲及时发现并纠正了王献之身上存在的骄傲心理，可能王献之就是一个平平庸庸、只会自吹自擂的人，而历史上也难有“二王”的出现了。

富兰克林在他的自传中说：“我们的各种习气中，再没有像克服骄傲那么难的了，虽极力藏匿它，克服它，但无论如何，它在不知不觉中仍旧显露。”现在许多孩子只是取得了一点点成就，就自满自足，扬扬得意，其实这种情绪源于对自己和对世界认识的不足。“骄傲使人落后，谦虚使人进步”，任何一个人想要获得持续不断的进步，就不能产生骄傲的情绪。即便一个人在某方面有着炉火纯青的造诣，也不能说自己已经无人能敌了。正所谓“天外有天，人外有人”，大千世界，身怀绝技者不乏其人，因此，只有兢兢业业，不停地提高自己，才能跟得上大家的步伐。如果被眼前的小成绩蒙蔽了眼睛，认为自己已经达到了至高境界而止步不前、趾高气扬的话，那么很快就会被他人超过，从而落在他人的后面。真正的大师从来不自夸，因为他们知道，知识是永无止境的，唯有不断地向前发展才是正道。

对于孩子来说同样是这样。不论是学习方面还是其他各个方面，家长都要教育孩子向强于自己的人学习，别让孩子因为一些小成绩而沾沾自喜，觉得谁都比不上自己，从而滋生骄傲的情绪。骄傲不仅不会给孩子带来成功，反而会对孩子的成长、人际交往以及今后的生活产生不利影响。骄傲自大的孩子往往一直活在自己的世界里，他们一旦遇上现实中的挫折，便会心理失衡，难以战胜生活中遇到的种种挫折。因此，父母要时刻观察孩子的思想，如若出现骄傲的苗头，要及时帮助孩子熄灭。那么，家长对于一些容易骄傲自满的孩子，应当怎样进行教育呢？

1. 让孩子冷静客观地认识自己。孩子需要鼓励，需要表扬，但是同时也需要客观的评价，唯有客观而全面的评价，才能让孩子正确认识自己，看清楚自己身上存在的优点和缺点，让孩子明白“人无完人”的道理，才会让孩子不至于因为只看到自身的优点而骄傲，也不会因为只看到自身的缺点而自卑。

2. 家长要适当地鼓励孩子的表现。每个人都有虚荣心，都期待自己的劳动能够得到他人的认可，对孩子进行真诚的鼓励，能够激发孩子的自信和做事的动力，从而起到事半功倍的效果。当然，对孩子的夸奖要适度，在夸奖孩子的时候还可以委婉地告诉孩子他存在的不足，以便下次能够做得更好，而这种夸奖与批评相结合的方法孩子往往也乐于接受，不会让孩子太过欣喜，也不会太过沮丧。

3. 家长要端正自己对孩子的态度。现在有很多家长对孩子的态度往往是冰火两重天。如果孩子考了好成绩或是有好的表现，家长会眉开眼笑，孩子要求什么就满足什么；反之家长则会冷若冰霜。这两种态度对孩子的成长都是不利的，正确的态度应该是，家长在孩子取得成功和进步的时候提醒他，在孩子陷入困难，悲观沮丧的时候鼓励他，这才能够让孩子获得更好的发展，取得更大的成功。

4. 让孩子受点挫折。家长可以适时地为孩子制造一些困难，让他受点挫折，尝一下失败的滋味，去一下身上的娇气。在孩子遭受挫折之后，家长可以适时地开导孩子，让孩子明白骄傲使人落后，谦虚使人进步的道理。

誉不可巧而立也

——培养孩子脚踏实地的精神

阅读提示：如今许多孩子好高骛远，他们制定的目标远大，然而却不能脚踏实地努力实现自己的目标，总想着一步登天，结果到了最后却是竹篮打水一场空。

如今的社会处处充满了浮躁的气息，拜金主义、享乐主义和名利主义盛行，孩子也受到了不同程度的影响。在电视媒体上，各种娱乐选秀节目层出不穷，使得大批年轻人都想要一夜成名，成为聚光灯下的主角，接受万众欢呼，这些都在一定程度上误导了孩子的价值观，污染了孩子的头脑和心灵。很多人因为抵挡不住诱惑，不远千里报名参加活动，在通往名利的道路上充满了明争暗斗，人性甚至因此变得扭曲、变形，有些人彼此攻讦，互相揭短，有些人痛诉个人血泪史，手段可以说是无所不用其极，而这一切，他们说都是为了“实现自己的梦想”。到底是为了梦想还是为了名利，不得而知，或许他们的梦想就是名和利。

以往的梦想和如今的梦想是如此的不同。过去的人为了能够实现自己的梦想，可以忍受寂寞，忍受孤独，可以默默无闻，数十年如一日，踏踏实实地丰富自己；再看看今天这些人，他们比拼的不再是实力，而是手段，这也就是为墨子所不齿的“誉不可巧而立也”。也就是说，不可以用投机取巧的方法去获取个人的名声。可是现在沽名钓誉的人却太多了，能够稳下来做实事的人太少了。

曾经有人这么问一些中小学生：“长大了干什么？”孩子们大都回答“当科学家”，“当老板”，“当大明星”，几乎没有一个孩子说要在平凡岗位上工作的，孩子们有志气是好的，但是这社会上哪儿有那么多“老板”、“明星”让孩子去当？再者，“老板”、“科学家”等一些炫目的头衔，不是说当就能当的，他们都是忍受着超乎常人的寂寞与压力，一步一个脚印地走过来的，没有谁生下来就是老板，就是科学家，这些人在成名之前往往都是默默无闻的，就是因为他们踏踏实实地充实自己，厚积薄发，才做到了“一朝成名天下知”。

中国的父母向来教育儿女，将来要开上宝马香车，住上别墅豪宅，好光宗耀祖，名利双收，却极少有家长愿意自己的孩子将来做个为社会贡献力量的普通劳动者。还有些家长整日给孩子讲“看人家那谁谁，门前停了多少名车”，以此等手段助长孩子的虚荣心。当孩子学习成绩不理想的时候，家长甚至会说“再不好好学习，长大了就让你去种地、扫大街”。

的确，孩子有远大的志向是件好事，古往今来，每位成功人士心中都有着鸿鹄之志。但是每个人的志向是不同的，理想是不同的，不能把将来的理想仅仅理解为要“出人头地”、“光宗耀祖”，如果整天给孩子灌输那种思想的话，孩子不仅会形成好高骛远的个性，还会让孩子瞧不起那些普通人，这对孩子的心理健康是有害的。俗话说得好：“三百六十行，行行出状元”，只要能够沉得住气，静得下心，努力钻研，不论在哪个领域都会做出一番业绩。因此，家长应当支持孩子多方面的选择。国学大师陈寅恪曾在一次演讲中送给学生这样一句话：“心有浮躁，犹如草置风中，欲定不定。”他以此告诫学生在学习过程中不能浮躁，要自定心神，集中精力专注于功课，才能有所进步，也才能取得成就。如果父母发现自己的孩子有浮躁心理，学习不能脚踏实地，就要想办法帮助孩子克服，父母可以参考以下几点意见。

1. 给孩子营造一个安静的学习环境。外面的世界绚烂多彩，充满了种种诱惑，孩子们自然容易被这花花绿绿的世界吸引，使自己难以将心思放在学习上。针对这种情况，父母要让孩子尽量少接触或者不接触外界充满诱惑的、让孩子分心的事物。另外，要给孩子营造一个安静的、不被打扰的学习环境，才能让孩子静得下心去学习，才能慢慢地爱上学习。

2. 教育孩子立下坚定的志向。志向是一个人在成长过程中不可或缺的因素，如何确定好志向，又能让孩子脚踏实地，不好高骛远，对于孩子的成长是很重要的。有些孩子确立自己的发展目标时不是从自身的爱好和特长及自身条件出发，而是一时心血来潮，或看到社会上干什么挣大钱，就想做什么工作，像这样的立志者大都要受挫的。父母应当引导孩子，让孩子根据自身特点来确定适合自己的目标，这样才会有成功的希望。另外，立下了志向要长期坚持，不能半途而废。

家长要让孩子懂得凡事贵在坚持，防止孩子出现“常立志而事不成”的结果。

3. 有意识地锻炼孩子。家长可以通过一些能让孩子静下来的活动去培养孩子脚踏实地的精神。比如家长可以指导孩子练习书法、绘画、弹琴、下棋或是陪孩子钓鱼等，这些都能够培养孩子的耐心。另外，教给孩子在做事情的时候要时刻提醒自己，不要太过浮躁，让自己的内心静下来，这样往往能有更清晰的思维，做事效率也更高。

4. 用榜样教育孩子。首先，父母要改掉自己浮躁的毛病，调适自己的心理，为孩子树立一个积极向上、脚踏实地的良好榜样。另外，可以让孩子向一些革命前辈、科学家、劳动模范等学习，或者以孩子身边的优秀人才来比照自己，向他们学习脚踏实地的精神，改掉浮躁不定的毛病。

5. 帮助孩子调节心理状态。当父母发现孩子学习的时候因为某个难题得不到解决而出现急躁现象时，可以想办法让孩子暂时脱离这种状态，比如，可以去听听音乐，或是外出散步，以缓解这种焦躁紧张的心态，让孩子的心情逐渐平静。这个时候再让孩子去学习，就能让孩子更加专注。

家长帮助孩子树立了正确的志向，再进行适当的引导和督促，培养孩子脚踏实地的精神，相信孩子会取得令人欣喜的进步。

第八章

《弟子规》《菜根谭》《周易》

《弟子规》原名《训蒙文》，原作者李毓秀是清朝康熙年间的秀才。以《论语·学而篇》中弟子“入则孝，出则弟，谨而信，泛爱众，而亲仁，行有余力，则以学文”为中心，分为五个部分，具体列述弟子在家、出外、待人、接物与学习上应该恪守的守则规范。后来清朝贾存仁修订改编《训蒙文》，并改名《弟子规》，是启蒙养正、教育子弟敦伦尽分、防邪存诚，养成忠厚家风、教育孺子的最佳读物。

《菜根谭》是明代还初道人洪应明收集编著的一部论述修养、人生、处世、出世的语录世集。《菜根谭》文辞优美，对仗工整，含义深邃，耐人寻味。是一部有益于人们陶冶情操、磨炼意志、奋发向上的通俗读物。作者以“菜根”为本书命名，意谓“人的才智和修养只有经过艰苦磨炼才能获得”，正所谓“咬得菜根，百事可做”。

《周易》又称《易经》，是我国一部最古老而深邃的经典，据说是对伏羲的言论加以总结与修改概括而来，是华夏五千年智慧与文化的结晶，被誉为“群经之首，大道之源”。在古代是帝王之学，政治家、军事家、商家的必修之术。其中也包含了简单古朴的哲学思想。

亲有疾，药先尝；昼夜侍，不离床

——培养一个懂得孝道的孩子

阅读提示：孝顺是一种道德品质，是后天培养的。所谓“养不教，父之过”，想要拥有一个孝顺的孩子，就必须在家庭中让孩子从小体会“爱”的教育和“孝”的熏陶。具体说，不妨从日常生活的点滴培养，建立正确的孝顺观。

“孝道”是中华文化中的传统美德，是人类中最为高贵、最为真实的感情。乌鸦尚有反哺之德，更何况是人呢。我们的生命是父母给予的，我们也是父母含辛茹苦养大的，在这一生中，对自己恩情最深，最难以为报的就是父母，孝敬父母是做人的本分，是天经地义的美德。我国自古就是一个文明礼仪之邦，孝道是几千年来一直提倡的美德。在今天，这种美德依然值得大力提倡。

《弟子规》中说：“亲有疾，药先尝；昼夜侍，不离床。”意思是说，父母亲生病的时候，为父母煎好的汤药，做子女的要提前尝一尝，看看汤药苦不苦，烫不烫。照料生病的父母要日夜服侍在床前不离开。

古代人生病的时候，多是通过喝中医汤药治愈，而刚熬好的汤药既苦且烫，因此，孝顺的子女都要在父母亲喝药之前先品尝一下，看看药苦不苦，烫不烫，而且要在父母的床前昼夜侍奉，直至父母痊愈。

汉朝时的汉文帝虽然贵为九五之尊，然而对自己的母亲却非常孝顺，纵然日理万机，也要每天去母亲处问安好。有一次，汉文帝的母亲病了，汉文帝日夜精心侍奉，寸步不离，从来没有睡过一个安生觉。而且每天让母亲吃药时，他都要提前品尝，唯恐太苦、太烫。就这样，汉文帝侍奉母亲达三年之久，而他孝敬母亲的故事也流传了下来，成为一段佳话。

毛泽东收到母亲病危的家信之后，披星戴月，昼夜兼程，到家之后母亲已经去世，他抚摸着母亲的棺木放声恸哭，悲痛之中挥笔写下《祭母文》。宋庆龄孝心至诚，在母亲灵前“饮泣不已”。老一辈革命家朱德在《回忆我的母亲》一文中，以感人至深的真情赞颂了母亲无比的爱和高尚的品质。陈毅探母，执意要给瘫痪在床的母亲洗衣服。

凡有成就之人，无不具有孝顺的美德，因为孝顺是一个人最基本的爱心的体现，倘若他连生养自己的父母都不能孝敬，都不能给予爱心的话，更何谈去爱别人，爱大众，爱社会呢?

孝，是现代社会要大力倡导的一种做人的美德。它可以分为家庭内的孝和家庭外的孝。家庭内的孝，指的是赡养父母，照顾父母的身体，关心父母的感情，让父母颐养天年；家庭外的孝，指的是要尊敬社会上所有年长之人。然而现实生活中的情况是，现在很多家庭中的独生子女在家人的溺爱和呵护下无忧无虑地成长，他们觉得父母的付出都是应该的，从未有过要报答父母的想法和意识。吃饭的时候，孩子不会考虑父母每天做这么些饭菜是多么辛苦，而是对饭菜挑三拣四，每当自己想要吃麦当劳、肯德基而家长拒绝的时候，孩子往往还会闹绝食。家长又要费尽心思，想尽各种办法，哄孩子开心，道歉赔不是。这样下去，孩子就会越来越妄自尊大。孩子的本性是好的，其实出现这种情况，大部分和家长的教育方式不当有关，那么怎样才能培养一个有孝心，懂得尊敬父母和长辈的孩子呢?

1. 言传身教，以身作则。还记得几年前电视上曾经播放过这样一则广告：一位年轻的妈妈下班之后做完家务，不顾劳累，又端脸盆为老母亲洗脚。老人对她说：“孩子，歇会儿吧！别累坏了身子。”她笑笑说：“妈，不累。”这一幕被她那只有三四岁的儿子看在了眼里，儿子转身出去，年轻的妈妈一看，儿子摇摇晃晃地端着一盆水正向自己走来。盆里的水溅了出来，溅了孩子一身，可孩子仍是一脸的灿烂。孩子把水放在母亲的脚下，对母亲说：“妈妈，洗脚。”广告则适时地打出一句：“父母，孩子最好的老师。”是啊，父母是和孩子接触最多的人，父母的一举一动都会对孩子幼小的心灵产生莫大的影响。因此，父母若想培养孩子的孝心，就要先给孩子树立良好的榜样，做孝敬长辈的表率。

2. 父母要让孩子从生活中的小事做起。家长想要培养出一个有孝心的孩子，就要注意让孩子从日常生活中的点滴做起，比如平时教育孩子帮父母分担家务，父母若有不适时，教给孩子安慰父母，递药端水。孩子唯有通过亲身体验，才能体会到照顾他人的辛苦和快乐，才能懂得父母对自己付出的爱是多么的无私和伟大。

3. 让孩子学会感恩。古语云："滴水之恩当涌泉相报。"家长要培养孩子的感恩报答之心。感恩是孝顺的感情基础，它源于个人内在的良知。不过，孩子天生并不懂得感恩，对孩子的感恩教育不能只停留在口头上，而是要以实际的行动去感化孩子。家长必须进行有意识的教育才行。家长可以主动让孩子体会父母在外拼搏是多么辛苦，养家糊口是多么劳累，让孩子知道父母同样需要爱的温暖和支持。要让孩子从小养成孝敬父母、体贴父母、爱护父母的好习惯，比如可以教给孩子经常对父母说说体贴或感激的话，在双休日为父母分担一些力所能及的家务事，扫地、洗碗、拖地等；另外在父母感到疲惫的时候可以为父母捶捶背、端端水等，尽自己的一份孝心。长此以往，孩子的孝心慢慢就培养起来了。

4. 给孩子讲一些关于孝道的故事。孩子天生喜欢听故事，家长可以利用孩子爱听故事的天性，找一些关于孝道的故事讲给孩子听，并为孩子解读其中的孝敬精神。让孩子知道，孝敬父母是传承千年的美德，通过这些故事，能够熏陶孩子的心灵，让孩子逐渐养成孝敬父母的意识。

次谨信，泛爱众

——让孩子学会善待他人

阅读提示：现在很多孩子可以说是集万千宠爱于一身，吃最好的、穿最好的、用最好的，在家里衣来伸手，饭来张口，想要什么家长就必须满足；在学校更是小霸王，不懂得礼让，满嘴的脏话，动不动就和同学发生争执，给老师和同学取外号……“让孩子学会善待自己，善待他人”，成为家长和老师的共鸣。

我们先看这样一个小故事：有一个孩子，他不清楚回声是怎么一回事。有一次，他独自站在山谷里，大声叫道：“喂！喂！”附近大山立即反射。他的声音：“喂！喂！”他又叫：“你是谁？”回声答道：“你是谁？”他又尖声大叫：“你是个大笨蛋！”山谷照样回应“你是个大笨蛋”。孩子异常恼怒，于是对着大山大骂起来，然而，大山仍旧毫不客气地回敬他。

孩子怒气冲冲地回到家，对母亲说了这件事。母亲对他说：“孩子呀，那是你做得不对。如果你恭恭敬敬地对它说话，它就会和和气气地对待你。”孩子说：“真的吗？那我明天再去那里试一下，说些好话。”

“这就对了，”他的母亲说，“在生活里，不论男女老幼，你对人好，人便对你好；如果我们对人粗鲁，是绝不会得到人家友善相待的。所以，你一定要记得，只有善待别人，别人才会善待你啊！”

这个小故事告诉我们，善待他人，也就是善待自己。人们常说：“帮助他人，惠及自己；关爱他人，心生快乐；予人玫瑰，手留余香。”善待他人是一种品质，是一种美德，是一种做人的艺术。

《弟子规》中有云：“次谨信，泛爱众。”就是说，做人要讲究诚信，要爱护身边的一切人，要善待他们。这就是儒家宣扬的“仁者爱人”的博爱精神。我国宋代哲学家张载也曾说过："圣人与天地之至德合而为一，贤达之士皆是钟毓天地灵秀之气而生。天下所有衰老龙钟、孤苦伶仃之人，所有独夫寡妇、困苦无告之人，都像你我的兄弟姐妹一样，彼此要相扶相携。"假如天下的人真能做到这种程度，善待他人，彼此相互扶持，那么人与人之间的关系必定亲密无间，没有隔阂，没有仇隙，这个社会就会是一个安定团结、和谐温暖的社会。

王安石不计前嫌，善待苏轼的故事被人们口耳相传，成为佳话。

苏东坡与王安石同朝为官，二人均才华横溢，本应惺惺相惜，然而由于他们在政治见解和主张上存在不同，两人的关系渐行渐远，王安石到了晚年时，他们为各自的政见闹得水火不容。王安石改革新法每推进一步，苏东坡都要写诗文相讥讽，让王安石恼怒异常；苏东坡性情豪放，不拘小节，有时出口不让人，也得罪了不少朝中大臣。

元丰二年，那些嫉恨苏东坡的人抓住他写诗讥讽朝廷和新法的事奏了他一本。宋神宗看了龙颜大怒，传下一旨，派人把苏东坡从浙江湖州抓来投入御史台大狱。事关重大，除了苏东坡的弟弟苏子由肯丢掉乌纱帽救兄，其他人谁也不敢搭救，生怕连累了自己。这可急坏了苏子由，苏东坡也清楚这次是凶多吉少，难免一死。子由说："如果王安石……"苏东坡不等子由说完便叹了口气："不要指望他了，他恨我还来不及呢。"

而此时的王安石在罢相后早已退隐山林，回到江宁（今南京）隐居。所以不知苏东坡坐事入狱的消息，等这场轰动朝廷的"乌台诗案"传到江宁时，苏东坡的罪名已定。想起国家多难，人才难得，王安石连夜写信派人飞马进京呈给神宗皇帝。信中说，哪有国家正在用人之际，反而为些小文字惹的麻烦去杀那有学问才华的士子的道理呢？

宋神宗是个年轻有作为的皇帝，曾两度任用王安石做宰相推行变法革新。虽然王安石已经退隐山林，但是宋神宗还是愿意听从王安石的建议。神宗看了王安石的信之后，再三思量，觉得王安石所言甚是，于是颁下圣旨，赦免苏轼，将其贬到一个偏僻的地方去做小官。从此，"王安石一言救东坡"的故事便成为历史上"文人相亲"的一段美谈。

善待他人，是一个人胸怀和爱心的体现，在社会上，每个人都要学会善待他人，如果一个人目中无人，自高自大，对人冷言冷语，不懂礼貌，那么很快便会被他人抛弃，从而难以在社会上立足。而这些现象在当今很多孩子身上都有所体现，比如有的孩子看见其他小朋友摔倒了，不仅不主动前去搀扶，反而在一旁幸灾乐祸地大笑；做游戏的时候总是嫌这个笨那个笨，处处显着他聪明；对父母不够尊重，动不动就闹性子，发脾气，这些都是不懂善待别人的表现。家长要怎样帮助孩子纠正这些坏习惯呢？

1. 先从善待自己的亲人做起。想要让孩子学会善待他人，可以先让孩子学会善待自己的亲人。让孩子体会到父母的辛苦，并开始帮父母分担。比如爸爸妈妈做饭的时候，孩子可以扫扫地，擦擦桌子，给父母分理些家务；当爷爷奶奶身体不好的时候，孩子可以前去安慰或服侍。孩子学会了善待自己的家人，在进入学校或社会之后也同样能够善待他人，和他人友好相处，获得比较不错的人际关系。

2. 以良好的家庭氛围熏陶孩子。俗话说："近朱者赤，近墨者黑。"一个孩子今后会成长为什么样的人，有什么样的道德品质，和家庭的环境熏陶有很大的关系。父母是和孩子最亲近的人，也是对孩子的一生影响最大的人，有什么样的父母，就有什么样的孩子。因此，父母平时要注意给孩子树立一个好榜样，注意在平时要善待他人。

3. 发现错误，及时纠正。张先生的儿子以前总是以嘲讽的语气讲某个同学闹出的笑话，开始张先生以为孩子不过随口说说而已，没有在意。后来学校老师给张先生打来电话反映他儿子的情况，说张先生的儿子在学校总是以取笑人为乐，后来张先生才意识到事情的严重性，于是他召开家庭会议，针对儿子的情况作了严肃的批评和教育，最后孩子认识到了自己的错误，向同学道了歉，并且从那以后，张先生的儿子再也没有嘲笑过别人，而且也懂得了如何去尊重人、善待他人。

4. 用故事感染孩子。通过给孩子讲一些善待他人的故事，让孩子从故事中受到教益，也是一种非常有效的方式。

5. 让孩子学会理解和包容。现在的孩子往往不注意他人的感受，只是喜欢表达自我。比如，老师批评某某同学了，孩子到家就会幸灾乐祸、眉飞色舞地向家长诉说。家长应让孩子知道，老师批评学生是为了帮助他们改掉身上的毛病，作为同学，应当理解和尊重他们，不应当对其进行嘲讽或者歧视。在这样的教育下，孩子就能慢慢地理解和包容他人，发现他人身上存在的优点，就不会再片面地瞧不起别人。

事虽小，勿擅为；苟擅为，子道亏

——及时纠正孩子的错误

阅读提示：人的习性都是长期积累起来的，很多大善都是从小善做起的，而很多大恶也是由小恶逐渐演变而成的。因此家长要注意防微杜渐，防患于未然，以免因为忽视了“星星之火”，最终造成“燎原之势”。

以前在江南有一位书生，他的父亲在国子监里做助教，他也和父亲一同住在京城。有一天，他从寿字大街经过，偶然看到路边有一间书肆，便走了进去。书肆里有一个少年书生，挑了一部《吕氏春秋》，点数铜钱交钱时，不小心，一个铜钱掉在地上，滚到一边去了，少年对此毫无察觉。这个书生看到之后，就暗暗地把钱踩在脚下，佯装无事一般。等买书少年走后，他俯下身子把铜钱拾了起来，装入自己衣袋中。他以为自己做得巧妙，没人看见。其实旁边坐着的一位老者，早就看见了，老者忽地起来，问他姓名。书生办了亏心事，只得如实说出自己的姓名。老者听罢，冷笑了一声走了。

后来这个书生读书倒也刻苦，进了誉录馆，接着拜求选举，被授予江苏常熟县县尉职务。他春风得意，整理行装赴任途中，投递介绍信去拜见上司。谁知到江苏巡抚看到他递上来的介绍信，立刻传下命令说不见。书生多次求见，一次也设见到巡抚的面儿。巡抚让自己的属下转达他的话说：“你的名字已经被写到弹劾书上了！”书生一听愣了，便问：“下官因何事被弹劾？”巡捕传话说：“只一个字——贪。”书生考虑，一定是弄错了，于是急切要求面见巡抚大人陈述理由。

巡捕进去禀报巡抚后，巡抚仍然不出面相见，仍让巡捕出来传话说：“你不记得前几个月在书肆中发生的事了吧。当秀才时就把一个小钱儿看得像命一样，如今侥幸当了地方官，手中有了权柄，能不托箱探囊，拼命搜刮，做头戴乌纱的窃贼吗？你赶紧解职回去吧。”

这个时候书生才恍然大悟，原来以前在书肆中询问姓名、讥笑他的老者，就是今天的巡抚大人。

因此，《弟子规》中说 ：“事虽小，勿擅为 ；苟擅为，子道亏。”就是说，事情无论大小，就算是非常不起眼的一件小事，也不要擅自去做，如果擅自去做，那么就有可能给自己带来不利。

一场战争，可能因为决策中一个小小的失误而一败涂地，使军队丢盔弃甲，大败而归 ；一个烟头，如果不及时掐灭，可能就会引起一场出人意料的火灾 ；而一个人，如果不注意自己的小过失，任由其自由发展，就可能酿成个人难以控制的大错。教育孩子也是这个道理。孩子今后成为好人或坏人，他会做出善行或恶行，和日常生活中点滴的积累是分不开的。俗话说 ：“小时偷针，大了偷金。”大的恶习往往都是从小错误发展演变而来的。比如，有的孩子小的时候习惯占便宜，长大之后就可能成为中饱私囊的贪官污吏 ；有的孩子喜欢小偷小摸，长大之后就可能成为偷窃惯犯 ；有的孩子小时候好勇斗狠，长大之后就可能抢劫杀人。这不是危言耸听，一个人一旦在某一方面得了一些小便宜、小好处，往往会贪心大起，难以抑制自己的欲望，到后来就会愈演愈烈，难以自持，最终走上不归路。

每个人在成长的过程中都不可避免地犯下一些错误，人的成长过程就是一个不断犯错并不断改正的过程。孩子天生活泼好动，对什么都充满好奇，犯错误是正常的，最重要的是家长在发现孩子有了某方面的错误苗头之后，能够及时掐灭，避免酿成大错。尤其是当孩子犯了原则性错误之后，家长一定不能纵容，而是要严厉地提出批评，进行制止，并帮助孩子改正，正所谓“堵蚁穴而保千里之堤”。有些时候，孩子可能没有意识到自己所犯下的错误，如果家长对孩子的小错误睁一只眼闭一只眼，不能够及时纠正的话，那么孩子一旦犯了大错，家长到时后悔也来不及了。

那么家长怎样教育孩子，及时帮助孩子发现并改正错误呢？

1. 为孩子讲述错误的后果及严重性。有些孩子犯了错误之后，并不知道其严重性，也意识不到自己这种坏习惯对今后成长过程中的影响，这个时候，家长就应当为孩子讲述错误的后果，并让孩子清楚，如果不能及时改正，在将来会对孩子造成多么大的危害，让孩子清楚其严重性。

2. 父母们应当清楚，虽然小孩子判断力不足，但是他们已经有了是非好恶的观念，他们知道什么行为是好的，什么行为是不好的。他们会下意识地认识到自己做了错事，这个时候父母就要及时利用孩子的心理，抓住恰当的时机对进行有效的教育。

3. 孩子的行为会受到家长很大的影响，家长要让孩子少犯错误，就要要求自己做事有原则，不犯错。在网络上流传着三个故事。第一个，美国珍珠港，珍珠港当地是讲英文的，然而在该地的垃圾桶上都会写一行汉字，“请把垃圾丢在此处”。第二个，泰国的皇宫，是国际性的旅游景点，在厕所上面写了一行字，“便后请冲厕”，也是用汉字写的。第三个，在巴黎圣母院，也在标语上写了一行汉字，“请勿大声喧哗”。为什么他们用汉字书写，就是因为中国人经常犯下这些小错误，而在外国人眼中，正是这些小错误损害了中国人的尊严。假如父母不能纠正自己的小错误，孩子自然会受到影响，也会养成这种不良的习惯，这些不良习惯以后可能会给自己带来莫大的损失。

4. 家长要让孩子养成勇于承认错误、改正错误的好习惯。犯了小错误并不可怕，可怕的是犯了错误不承认，不能面对自己的错误，更不能改正自己的错误，慢慢地让其发展成为大错误，那时候后果就严重了。因此，孩子犯了错误，家长要让孩子意识到自己哪方面做得不对，敢于承认自己的不对，并承诺今后不再犯类似的错误，这样才能在改正中不断进步。

晨必盥，兼漱口；便溺回，辄净手

——养成良好的个人卫生习惯

阅读提示：良好的生活卫生习惯是人的社会能力的一部分，对于孩子而言，良好的生活习惯的培养则刚刚开始，如果此时能够打下一个良好的生活卫生习惯基础，对孩子未来的 成长是十分有意义的。

在孩子的生活习惯中，卫生习惯是非常重要的一方面。卫生习惯的好坏会影响孩子的健康和孩子的形象。家长应该从小就让自己的孩子养成良好的卫生习惯。

古人对于个人的卫生以及清洁是非常重视的。《弟子规》中就说道："晨必盥，兼漱口；便溺回，辄净手。"意思是，早晨起来要洗脸刷牙，大小便之后要记得洗手。那个时候的人们对于个人卫生就已经如此重视了，对于当今的人们而言，更要注意个人卫生，维护个人形象。

俗话说得好，"病从口入"。人往往都是在生病之后才知道身体健康是多么幸福的事情。而要保持身体健康，则与平时良好的卫生习惯有关。所以，养成良好的卫生习惯，勤漱口、勤洗手能够保持自己的身体健康，降低生病的概率，让病毒远离自己。同时，勤于洗漱、勤换衣服，保持衣服整洁，也是维护个人形象的一个重要方面。另外，这不仅仅是卫生习惯问题，也能反映出个人修养的水平。所以，应当从小就让孩子养成良好的卫生习惯和有规律的生活方式，做一个讲卫生、有修养的文明人。

有一个叫作甜甜的孩子，他的父母在甜甜小的时候就教育她："一个好孩子，要养成爱清洁、讲卫生的好习惯，特别是饭前便后要洗手的习惯，这样其他的小朋友才会喜欢你啊。"

甜甜问妈妈："为什么饭前便后要洗手？"妈妈告诉她："因为手每天都要接触很多东西，会沾染很多看不见的细菌，如果吃饭前不认真洗手的话，就会把细菌吃进肚子里，那样肚子里就会长出虫子来，有虫子，就要去医院打针吃药了。"等甜甜稍微长大之后，妈妈还进一步告诉她，饭前便后洗手可以预防各种肠道传染病、寄生虫病。

于是，甜甜每天早晨起床后都会用肥皂仔细地洗脸洗手。特别是从厕所出来之后，还有吃饭之前，从来都不用人提醒，自己主动去洗手。有的时候大人太忙，饭前便后忘了洗手，她就会大声提醒："你没有洗手，不许吃！"

有一次，甜甜跟着妈妈出去玩，她将擦鼻涕的纸随手丢在了路上，妈妈看到之后，二话没说就蹲下身子捡了起来，并且扔进了垃圾箱里。接着妈妈给甜甜讲了个故事：有一个小女孩在妈妈的熏陶下每次都会把垃圾放在垃圾箱里。有一次她扔垃圾的时候看到马路对面才有垃圾箱，就过马路去丢雪糕纸。这时一辆车飞奔过来，小女孩轻飘飘地飞了起来，接着像一只断翅的蝴蝶跌在了地上，再也没有醒过来。她的妈妈十分难过，每天都在那个地方捡别人丢下的垃圾。当地人被感动了，从此不再乱丢垃圾。他们把那些绿色的果皮箱擦得一尘不染，在每一个果皮箱上都贴上小女孩的名字和美丽的相片。从此，那个城市成了一座永远美丽的城市。听完这个故事，甜甜的眼眶湿润了，她对妈妈说："妈妈，我再也不乱扔东西了。"

家长应当帮助孩子养成哪些良好的个人卫生习惯呢？

1. 让孩子保持个人身体卫生和服装的整洁。比如让孩子能够正确洗手、洗脸、刷牙、洗头、洗脚、剪指（趾）甲，这不仅能够保证身体的卫生，还能够促进身体的健康。

2. 让孩子养成勤刷牙的习惯。家长要让孩子养成早晚刷牙、勤于漱口的习惯。有些家长觉得孩子的乳牙反正要换，因此不注意对它的保护，这是非常错误的想法。因为如果对乳牙的保护不够仔细，一旦它被腐蚀缺损，会影响对食物的消化与吸收，不利于孩子的生长发育。乳牙被腐蚀还会影响恒牙的生长发育。因此一定要注意保护孩子的乳牙，让孩子养成良好的口腔卫生习惯，让孩子勤漱口、勤刷牙、睡觉前不吃糖果饼干等食物。

3. 让孩子保护好自己的眼睛。家长应告诉孩子，平时不要用手或者脏毛巾、脏手绢擦眼睛，另外看书、做作业时要保持正确的姿势，要做到“一尺一寸一拳头”的标准，即眼距书本一尺，胸距桌沿一拳，握笔时手指与笔尖距离一寸。不在光线太强、太弱和阳光直射处看书和绘画。

4. 让孩子养成携带手帕的习惯，并教给孩子使用手帕的正确方法。使用手帕的正确方法是：用手帕擤鼻涕时要按住一侧鼻孔，轻轻地擤另一侧鼻孔的鼻涕，不能同时擤两个鼻孔，以免引起中耳疾病或上颌窦炎。另外，手帕要经常清洗，定期更换。

5. 保护好孩子的鼻道，不让孩子抠鼻孔，让孩子养成用鼻子呼吸的习惯，这样能够使吸入的空气经过鼻道时变得洁净、温暖和湿润，保护呼吸道和肺，使它们免得疾病。

6. 防止孩子将异物塞进耳内，不挖耳朵，在洗脸或洗澡时注意不要让水流进耳内，以免损伤鼓膜，引起中耳炎，从而影响孩子的听力。

衣贵洁，不贵华；上循分，下称家

——让孩子穿戴整洁，不要养成攀比的习惯

阅读提示：孩子把穿名牌当成了自己炫耀的资本，认为只要穿上了名牌衣服，用上了名牌用具，就表示自己的身份高人一等。这是孩子的攀比心在作怪，家长如果不断地满足孩子的要求，就会进一步扩大孩子的消费欲望，最终会让孩子陷入盲目消费的怪圈中去。

邵萍今年上大学一年级，上了半年之后，思想受到了很大影响，回到家里之后开始缠着妈妈给她买名牌，这次，邵萍对于自己的生活用品奉行“非名牌不用”的原则。以至于她现在穿的衣服、鞋子，用的书包等等件件都是名牌。

妈妈非常害怕听到女儿说要去购物，因为她不知道女儿又看上了哪个名牌物品。有时候妈妈开导她说：“其实普通品牌的衣服也有很多款式不错的，质量比名牌也不差。”结果女儿一听就说妈妈太俗气了，还声明：如果不是她要的牌子，她就拒绝使用。

邵萍还对妈妈说，现在班里的每个同学浑身上下都是名牌，如果自己连件名牌衣服都没有，怎么和同学见面啊，还不被同学笑话死。就这样，邵萍的虚荣心在追逐名牌的过程中也一天天地膨胀了起来。其实邵萍的家庭条件并不是多好，随着孩子对消费的要求越来越高，父母也觉得在经济上越来越有压力。

孩子喜欢追逐名牌，主要是虚荣心在作怪。在追逐名牌的过程中，孩子会形成一种攀比心理，觉得只有自己穿比别人昂贵的衣服，用比别人高档的物品，才会显示出自己的地位和不俗的品位来。这样下去，只能让孩子的人生观和价值观受到严重的扭曲。

关于如何穿衣服，《弟子规》中说得非常明白：“衣贵洁，不贵华；上循分，下称家。”意思就是说，穿的衣服贵在整洁大方，而不在于华丽。衣服要符合自己的身份，还要与自己的家庭条件相适合。虽然这是古代人的价值观，然而这句话是极中肯而又切实的，于今天仍然适用。虽然我国现阶段在生活水平上取得了较大的提高，但是还远远没有达到奢侈的程度。而且，就算有足够的能力去购买，也不要因为过于沉溺于物质消费而扭曲了自己的价值观，艰苦朴素的作风是永远不能丢的。

据一项对儿童奢侈消费的调查显示，全国 0~12 岁的孩子每月消费总额超过 35 亿元；八成的工薪阶层三口之家，一个孩子的月平均消费竟超过一个大人。目前，KENZO、D&G、ARMANI 等十几个国际品牌的童装已先后登陆上海滩，儿童奢侈之风正悄然盛行。

随着生活水平的不断提高，越来越多的人开始重视穿着打扮，这是经济发展的必然结果，也是社会文明进步的体现。然而过度地追求名牌这种行为体现了国人的拜金主义和攀比心理的抬头。年幼的孩子对是非的辨别能力还比较弱，作为家长，其言行直接影响孩子的心理健康。假如家长们认为自己的孩子穿上了名牌就比其他小朋友高一等的话，这会直接影响到孩子的价值观，让他们认为物质的高下决定人的高下，长此以往，这类孩子就会形成较强的虚荣心。而虚荣心又会诱发孩子其他方面的心理问题，比如嫉妒、敏感、自卑等，这些都会阻碍孩子的发展。

家长应当帮助孩子树立朴素的生活观，告诉孩子名牌衣服只是外在，一个人是否优秀不在于他穿了什么牌子的衣服，而在于他是否具有优秀的品质。另外，家长应该多丰富孩子的精神世界，注重对孩子内涵的培养，不要让孩子成为拜金主义和享乐主义的信徒。家长要消除孩子攀比的心理，可以从以下几个方面做起：

1. 为孩子树立正确的人生观。为孩子树立正确的人生观，能够让孩子将精力放在对自己能力的提高以及人生的目标上，而不会终日与人攀比。孩子树立了积极向上的人生观，会拥有更健康的心理以及更为远大的目标，孩子愿意为了实现这些目标而不断提升自己，丰富自己的精神内涵，明白人生的意义。

2. 家长不要有攀比的心理。家长在培养孩子的时候，不能有和其他孩子攀比的想法，有的家长经常这样想：“我的孩子是最好的，吃的要比别人好，穿的要比别人好。别的孩子有的我的孩子也应该有；别的孩子没有的，我的孩子也要有。”如果家长不能改掉虚荣心的话，不仅会让孩子受到影响，还会推波助澜，助长孩子的虚荣心，让孩子在错误价值观的深渊中越陷越深。因此，做家长的首先不能有攀比的心理，要注意遏制孩子膨胀的虚荣心。

3. 多让孩子接触一些美学知识。比如家长可以帮助孩子了解如何来达到仪容美、仪态美、形体美、修饰美、造型美等等。当孩子了解到什么是真正的美之后，就不会再盲目追求穿戴名牌。审美情趣高的孩子，会多读书来丰富自己的内涵，做到心灵美和言辞美；会积极地参加锻炼，达到形体美，会非常讲究卫生，做到仪容美。真正的美，是从内而外散发出来的自然美，是一种气质，这不是穿戴名牌就能够达到的。让孩子明白了这些道理，就可以有效地改变孩子“只有穿名牌才是美”的片面想法。另外，当孩子追求奢侈的名牌时，家长可以让孩子了解一下家庭收入以及家庭的经济状况。在经济可承受的范围内，可以给孩子挑选一些质优价廉的名牌产品。父母不要把孩子的名牌需求全部否决，前提条件是孩子不是出于攀比，父母在经济上能承受。

4. 为孩子树立正确的荣辱观。正确的荣辱观，就是对地位、荣誉等有一个正确的认识和态度。胡锦涛总书记在“八荣八耻”曾经说过要坚持以“以艰苦奋斗为荣，以骄奢淫逸为耻。”这是对全中国人民提出的号召，也是每个孩子应该遵守的准则，艰苦奋斗不能丢，虚荣攀比不可有，这才是正确的荣辱观。

为孩子树立正确的消费观念和积极的人生观，能让孩子发扬艰苦朴素的作风，不攀比，不虚荣，正确看待荣誉得失，有一个坦荡的胸怀，能够为了实现自己远大的人生目标而积极奋进。

勿自暴，勿自弃；圣与贤，可驯致

——培养孩子应对挫折的能力

阅读提示：人生免不了遭受挫折与失败，在挫折与失败面前采取什么样的态度，将会决定一个人的成败。积极上进、永不放弃的人能够笑到最后，登上成功之巅；自暴自弃的人，消极应对，坐以待毙，必定堕入失败的深渊。

人的一生，如波涛起伏，有高峰，有低谷。人在高峰的时候，自然春风得意，一顺百顺，心情舒畅。但是人在低谷的时候，却往往最能反映一个人的心理素质。很多人在身处逆境的时候，往往丧失了倔强的意志，看不到远方的希望与亮光，认为人生已无意义，就此放弃了拼搏的机会，自暴自弃，掩埋在无尽的黑暗中。而那些在挫折与苦难面前从不服输的人，才能在战胜种种风暴之后，见到最为绚丽的阳光，脸上绽放出最为灿烂的笑容。《弟子规》教给我们，在面对挫折的时候，要做到“勿自暴，勿自弃”，在困难与挫折面前，抬起头，挺起胸，昂首阔步向前进，积极奋发，努力拼搏，就能够到达成功的彼岸，这也是《弟子规》中说的“圣与贤，可驯致”的意思。古今中外，多少人勇于同命运搏斗，他们不自暴自弃、敢于拼搏的精神感染了一代又一代人。

我国著名作家史铁生在他最年轻的时候，本该最有所作为的时候，忽然残废了双腿，开始史铁生难以承受这种突如其来的打击，悲观沮丧到了极点，觉得世界失去了色彩，人生失去了意义。后来，在母亲无声的关爱与帮助下，史铁生重拾信心，决定与命运做斗争，而决不做命运的奴隶。他虽然残了双腿，但是还有手，关键的是，还有头脑，就这样，他靠着坚强的意志，写出了一本又一本令人感动的经典书籍。虽然史铁生如今已经离我们远去，但是我们会永远记得《我与地坛》中的他，《我的遥远的清平湾》中的他，以及敢于同命运搏斗、顽强不屈的他。

在苦难面前，唯有搏斗才有可能取得胜利，消极地无所事事只能束手就擒，坐以待毙。外国人中同样不乏勇于同命运搏斗，并最终焕发光彩的人。

威尔玛·鲁道夫小时候因为患上小儿麻痹症而致残，但是这个小时候患肺炎、小儿麻痹症，一只脚需要靠铁架矫正鞋走路的小女孩，在1960年罗马奥运会的田径赛事中仍夺得3枚金牌。这个奥运传奇人物出生于1940年6月23日，是美国田纳西州一个铁路工人家庭的孩子。小时候因为患上肺炎和猩红热，引发高烧导致小儿麻痹，使得她的左腿肌肉萎缩无法走路，必须靠着铁架矫正鞋才能勉强行走。11岁之前她不能走路，穿上铁鞋才能勉强跟着别人走路。11岁那一年，她第一次把铁鞋脱掉，打赤脚跟着她的哥哥们打篮球玩耍。到了12岁，她已经完全摆脱了铁鞋。

脱掉铁鞋之后，她的运动天分逐渐发展开来，才四年的时间，在16岁那一年，她入选美国1956年墨尔本奥运会短跑代表队，第一次参加奥运会，她在个人项目200米未能进入决赛，但是她是美国女子4×100米接力队成员，为美国队夺得了铜牌。她获得了田纳西州州立大学运动奖学金，进入大学就读并且再度受训，顺利入选美国1960年罗马奥运会代表队，共获得100米、200米和4×100米接力三项比赛的金牌，都是以极大的差距领先对手。因为她的跑步姿态轻盈美妙，步伐协调，被意大利人誉为“黑羚羊”。1962年她退出田径比赛，开始教师生涯和教练职业，在20世纪80年代成立以她的名字命名的基金会用于培养年轻运动员。1994年11月12日，这位“黑羚羊”因脑癌病逝，享年54岁。1983年，她入选美国奥运名人堂，1993年被授予美国体育奖。

2004年7月14日，美国邮政为她发行了一枚纪念邮票，这枚邮票面值为0.23美元，一版20枚，发行量为1亿枚，这是美国邮政的《杰出美国人物》系列邮票2004年版邮票，也是这个系列的第5枚邮票。

孩子在成长的过程中既会获得令人喜悦的成功，也不可避免地遭受各种失败的折磨。失败与挫折是必定要出现的，不会因人的意志而转移，也不会因为父母的呵护就能避免。唯一的办法就是勇敢地面对它，战胜它。假如孩子在小时候无法具备面对挫折的心态，长大以后就更难以战胜挫折。家长应当在生活中有意识地培养孩子承受失败、面对挫折的能力，让孩子明白生活有甜有苦，五味杂陈，并不是童话小说中描写的那样永远美好，并且让孩子经受挫折，在遇到失败的时候，不要自暴自弃，也无须愤世嫉俗，而应该奋发向上，积极努力。一个抗挫折能力差的孩子，在失败、困难降临时，往往悲观失望、心灰意冷，而这种心理状态肯定会影响他正常的学习生活和人生的健康发展。但是坚强勇敢的孩子则会把挫折当成是人生路上很常见的一种考验，能够通过自己的努力战胜挫折。

德国家长注重从小培养孩子承受挫折的能力，他们普遍认为："孩子总有一天要去更广阔的天地闯荡，我们无法永远保护孩子，但是我们可以教给他们认识生活和社会的能力，教他们怎样保护自己。"所以，他们总是有意识地培养孩子战胜挫折和困难的能力。

从孩子蹒跚学开始，德国家长就开始注意培养孩子坚强的性格。孩子跌倒后，家长不是赶紧去扶，而是不断地鼓励孩子自己爬起来。此外，德国家长还鼓励孩子参加由政府在暑假期间组织的"磨难营"活动。有时甚至故意给孩子设置一些顺境下的"障碍"。结果证明，德国家长对孩子这种挫折教育是很成功的，德意志民族可以说是世界上最能承受压力，最有韧性的民族之一。

现在有很多孩子从小受到父母的宠溺，自小到大都一帆风顺，没吃过苦，没受过罪，要风得风，要雨得雨，但是在脱离父母之后，往往小小的一点挫折就能把他们击倒。所以家长不要太过宠爱孩子，做孩子的保护伞，因为家长不可能保护孩子一辈子，孩子迟早要走出去，要过自己的生活，要组建自己的家庭，要面对自己的人生，所以，最好的也是最放心的办法，就是培养孩子抵抗挫折的能力。

首先，帮助孩子共同战胜挫折。当孩子遭遇挫折，一蹶不振的时候，家长要给予鼓励，并和孩子一起面对挫折，仔细分析孩子失败的原因，并找出制胜的方法来。这样不仅能够让孩子感受到失败时来自父母的温暖，同时也找到了解决问题的途径，并能体会成功的快乐。

其次，不包办，不代替。有很多家长怕孩子受到这样那样的打击，总希望孩子一帆风顺，孩子遭受挫折的时候会想方设法帮助孩子解决，这种做法既会影响今后孩子适应社会的能力，也不利于孩子形成良好的意志品质，而且在今后面对复杂的社会生活时容易产生自卑、抑郁、厌世等不良心理，可谓有百害而无一利。假如孩子在生活中遭受了挫折，父母不要觉得孩子受了莫大的委屈，千方百计地想办法帮他解决难题，而应当给孩子锻炼自己的机会，培养孩子的能力，以便增强孩子的心理素质和承受力，更好地面对今后的生活。

自暴自弃，是对生命的不负责，是自己放弃自己。当陷入生活低谷的时候，你可以自寻烦恼，抱怨他人，消极度日，逃避生活；也可以平心静气地审视自己，重新投入生活，发现新的开始。到底怎么做，完全在于自己的掌控。的确，有时候失败是难以避免的，难以逃避的，但是并不是不可战胜的。在失败面前自暴自弃，只能让自己陷入无尽的消沉。在失败面前不自暴自弃，勇敢搏斗，就能扼住命运的喉咙，度过人生最黯淡的时刻；就能坚守自己的信念，坚定不移地走向成功！

径路窄处，留一步与人行；滋味浓的，减三分让人尝。此是涉世一极安乐法

——路要让一步，味须减三分。

阅读提示：无论是孩子或者成人，谦让都是一种美德，是社会交往的一种技能。要从小培养孩子谦让的品质，使他们成为适应社会环境、与人和睦相处、深受同伴欢迎的人。

谦让是中华民族的传统美德。具备谦让精神的人能够和他人和谐相处；具备谦让精神的人，通达明智，胸怀宽广，眼光高远。谦让是一种豁达，谦让是一种品质，谦让是一种智慧，谦让是一种美德。

《菜根谭》中说："径路窄处，留一步与人行；滋味浓的，减三分让人尝。此是涉世一极安乐法。"意思是说，在经过狭窄的道路时，要留一步让别人走得过去；在享受甘美的滋味时，要分一些给别人品尝。这样做，心中就能感到非常的快乐，是处世的好方法。是啊，如果人与人之间都能够和谐自如地相处，这个世界岂不是少了很多恩怨与争端，多了一份理解和宽容吗？

在我国安徽桐城，有一条巷子非常出名，叫作"六尺巷"。说起这"六尺巷"，还颇有一段故事。

清朝时期，安徽桐城有一个声名赫赫的家族，父子两代均为朝廷重臣，可以说势大权高，他们就是张家张英、张廷玉父子。

清朝康熙年间，张英在朝廷任文华殿大学士兼礼部尚书。这个时候，张英收到从老家来的一封信，原来桐城老家的老宅与吴家为邻，两家府邸之间有个空地，供双方来往交通使用。后来邻居吴家建房要占用这个通道，张家不同意，双方将官司打到了县衙，县官考虑纠纷双方都是官位显赫、名门望族，因此不敢轻易了

断。而张家人给张英写这封信目的就是为了利用他的权势疏通关系，好打赢这场官司。张英看了这封信坦然一笑，提笔写了封信，赋诗一首：

千里修书只为墙，
让他三尺又何妨？
万里长城今犹在，
不见当年秦始皇。

意思是说，千里迢迢寄来一封家书，原来只是因为一堵墙的纠纷，这又何必呢，就是让对方三尺又有什么妨碍呢？雄伟的万里长城今天依然屹立，但是当年修建它的秦始皇却早就不在人间了。就是告诉家人，人生一世不要计较太多。家人阅罢，明白其中意思，于是主动让出三尺空地。吴家见状深受感动，也让出了三尺宅基地，这样就形成了一个六尺宽的巷子。这就是“六尺巷”的来源，而两家相互谦让的故事也成了我国和睦谦让美德的见证。

其实不独中国人，外国人同样也讲究谦让精神，而谦让，可以化干戈为玉帛，同时它也是一个大人物所必须具备的胸怀。

有一天，非洲肯尼亚的小村落来了一位到故乡看望父亲的年轻人。年轻人刚走到村口，就看到一群人手持长矛在激烈地争论，从每个人紧张的神态和举动中，他意识到了事态的严重性。上前一问，原来是要和另外一个部落打仗。年轻人不解地问其原因，一位族人气愤地说道：“那个村子的人总是和我们争抢地盘，抢走我们的果实和庄稼。我们之间的争执已经很久了。每一次都要大动干戈地打上一仗。”这位年轻人摇摇头，向族长说出了自己的想法——让自己去和邻村的人谈判。族里的人虽然想抢回自己的土地，但更加希望和平，于是便让年轻人去了。几个小时后，年轻人满意而归。当问其究竟，他说：“这很简单，我对那里的族长说我们愿意送给你们一些土地，但是希望你们不要再抢我们的粮食了。”而另一方当然也不希望发生冲突，听到这两全其美的方法自然也非常满意。两族之间累积了几十年的矛盾被年轻人这样解决了，他从此成为族人心中的英雄。这个年轻人就是美国现任总统奥巴马。

俗话说：“忍一时风平浪静，退一步海阔天空。”在遇到矛盾的时候，彼此都暂且容忍，做出让步，肯定比争个你死我活，两败俱伤要好得多。

曾经看到这样一个小故事，很受触动，说是有一个小男孩正在剥橘子，当他把橘子皮剥去，看到里面的很多小瓣，男孩就问："橘子，为什么你长这么多的小瓣呢？"橘子回答说："这是为了大家分着吃。"小男孩又转身问苹果，"那苹果你为什么没长成小瓣呢？难道是为了让我一个人吃吗？""不！"苹果回答说，"是为了让你能完整地把我献出去。"这是多么好的故事。谦让是心怀他人的表现，当今的社会，人们之间的合作越来越多，更需要人们有谦让和宽容的精神，如果不懂得谦让，那必然会增加摩擦，人际关系也必定受到影响。现在的孩子大部分是独生子女，自小就是家庭的独裁者，事事都以个人为中心，很少考虑他人的感受，所以容易产生独霸的心理。另外一个让孩子形成这种性格的原因就是家长的错误观念，有些家长认为，谦让就说明自己的孩子笨，没本事，谦让就是吃亏，这种错误的观念也容易误导孩子，假如不能及时地转变这种想法的话，等孩子长大进入社会之后，或许不会调理与他人之间的摩擦与矛盾，而这一顽疾也会成为他人际关系中的一大障碍。懂得谦让的孩子在人生的道路上总能有人相伴同行，而不懂得谦让，不懂得给他人让路的人，别人也不会与他同行，在人生的道路上只能独自前行。所以，家长在平时的生活中要对孩子进行仔细的观察与指导，让孩子拥有宝贵的谦让精神。

那么，家长应该怎样让孩子拥有谦让精神呢？

1. 家长自身的影响。苏霍姆林斯基说过：每瞬间，你看到孩子，也就看到了自己，你教育孩子也就是教育自己，并检验自己的人格。首先，父母要有健全的人格，才能给孩子带去良好的影响。因为在家庭环境中，父母本身的修养、对待孩子的态度和方式对孩子的心理能够产生巨大的作用。民主、和谐的家庭气氛能够帮助孩子形成积极向上的生活态度。父母之间的互相爱护、关心、体谅，父母对长辈的体贴、尊重、照顾，父母对孩子严爱适度、有要求、有疼爱，能够使孩子正确地认识和评价自己，形成自尊、自信、自主、自控、亲切、有责任感等积极情感。其次，家长对孩子要给予适当的爱。大量的事实证明，溺爱下的孩子得不到正常的发展，而且溺爱会使孩子的心理发生扭曲。因此，父母要注意给予孩子爱的方式，切忌让孩子形成个人主义。

2. 注意培养孩子的同情心和爱心。由于孩子在经验上、思维上不完善，考虑问题的时候往往首先想到自己，对别人的事情很少在意。这一现象在独生子女身上尤为明显。故而家长在日常生活中要不失时机地引导孩子学会亲近、体贴和关心他人。比如，爸爸下班回来，妈妈可以启发孩子："爸爸累了一天了，我们把好吃的留给爸爸好不好？"这样能够逐渐让孩子建立谦让的意识，养成好的习惯。

3. 让孩子在交往的过程中养成谦让的美德。家长应当有意识地让孩子参加一些礼仪性的活动，让孩子学会举止文明，礼貌待人，关爱他人。家长还要让孩子多与小伙伴玩耍，让孩子和小伙伴们一起玩玩具，看图书，看动画片，一起交谈，做游戏等，让孩子在集体活动中学会互相合作，尊重他人，在快乐而融洽的游戏中培养谦让、互助友爱的精神。

假如每个孩子都能有一颗感恩的心，一颗谦让的心，就能消除许多浮躁与不安，牢骚与仇怨。因为这样，或许能够收获更多，让人生多了一种滋味。就像有句诗说的那样，我本想采摘一片绿叶，却收获了整个春天。

家庭有个真佛，日用有种真道。人能诚心和气、愉色婉言，使父母兄弟间形骸两释、意气交流，胜于调息观心万倍矣

——营造一个和睦的家庭氛围

阅读提示：家庭是孩子的第一所学校，是孩子学习生活的第一环境，且将影响着他的一生。如何给孩子创造一个良好的学习环境，营造一个容易激发孩子学习兴趣的氛围，是家长必须重视的问题。

《菜根谭》中说："家庭有个真佛，日用有种真道。人能诚心和气、愉色婉言，使父母兄弟间形骸两释、意气交流，胜于调息观心万倍矣！"意思是，任何家庭都应该有一种以真诚为核心的互信，任何人的生活都应当遵循一定的原则。如果一个人能够平心静气，能够和颜悦色，这样自然能够在父母兄弟间相处得非常融洽，这种心性和气质的沟通，比自己在一旁静坐调息有用得多。《菜根谭》中的这段话是想告诉我们，良好的家庭氛围对一个人的成长和发展是很重要的，它能够影响一个人思想、性格、品质、道德观念等方面的形成。家庭环境对孩子的重要性，从这个故事中能够窥见一斑。

在美国，有这么两个家族，他们每个家族都繁衍了八代子孙。一个家族的始祖是 200 年前康涅狄格州德高望重的著名哲学家嘉纳塞·爱德华。由于他重视子女的教育，并代代相传，在他的八代子孙中共出了 1 位副总统、1 位外交官、13 位大学院长、103 位大学教授、60 位医生、20 多个议员……在长达两个世纪中，竟没有一人被关、被捕、被判刑的。另一个家族的始祖是 200 年纽约州的马克思·莱克，他是个臭名昭著的赌棍加酒鬼，开设赌馆，对子女的教育不闻不问。在他的八代子孙中有 7 个杀人犯、65 个盗窃犯、324 个乞丐，因狂饮夭亡或成为残废者的多达 400 多人。

通过这两个家族八代的历史，我们能够看出家庭教育对孩子是何等重要，家庭氛围对孩子能够起到多大的影响。

根据有关专家的调查显示，家庭氛围大致可分为四种类型：民主和睦型、专制矛盾型、放任自流型、兼备型。其中，培养出品学兼优学生的比倒最高的是民主和睦型的家庭。这是由于民主和睦型的家庭内部有着浓郁的爱心气息，家庭成员之间有着非常和谐的关系，每个人都有着平等的地位，懂得彼此尊重，彼此爱护，孩子在这样的家庭环境下不仅会产生幸福感、安全感，而且还有归属感、自豪感。良好的情绪能够促进孩子健康发展，因为有爱心，少忧虑，少烦躁，生活环境良好，自然有利于孩子良好品质的形成。

有些家庭，成员之间彼此融洽、和谐，尽管有时候彼此会有不同的意见，但是在原则上都会自动保持一致，在家庭成员彼此合作、体谅的家庭环境之下，不但能够让孩子学会对人的互助、互爱、合作、谅解，使孩子的思维意志、能力等得到和谐发展，而且能够从中获得安全感。而在另一种家庭氛围之下，成员之间彼此形同陌路，见面就吵，气氛凝重，正所谓“一人向隅，满座不乐”，致使家庭好像精神监狱一般——这种家庭氛围下长大的儿童，其心理往往是不健全的他们对生活没有热情，充满了冷漠和偏执，这种孩子容易走上错误道路而且难以挽回。所以，为孩子营造一个良好的家庭环境有利于孩子人格的形成和发展，因此父母要努力提倡家庭美德，让家庭成员能够和谐相处，形成良好的家庭氛围。比如平时要彼此尊重，说话做事不能以命令的口气，要以理服人，以情感人，要和睦相处，尊老爱幼，语言文明，努力塑造家庭中融洽的气氛，让孩子充分感受到家庭的温暖，这才有利于儿童健康心理素质的形成。

那么温馨和睦的家庭氛围要怎样构建，怎样形成呢？

1. 父母提高自身素质及注意对孩子的影响。斯特娜夫人说过：“孩子是父母的影子。为了培养孩子的品德，父母亲的行为要谨慎，应处处做孩子的表率。孩子好的行为或坏的行为都是父母教育的影响的结果。”因此父母要注意提高自身素质和形象，提升个人品位，要有一颗博爱和宽厚之心，为孩子提供一个良好的成长环境。

2. 正确处理家庭成员之间的关系。家庭成员彼此之间的关系决定整个家庭氛围，也影响整个家庭的稳定性。现代家庭中的亲子关系既要有长幼尊卑，又要彼此平等相处。所谓长幼尊卑，即父母要爱护子女，关注子女的成长。子女则要对家长尊重和爱戴。而平等相处则是说，父母和子女之间应当相互尊重，特别是父母不能随意打骂孩子，要尊重孩子的人格和家庭中的地位。而夫妻之间则应该彼此相爱，孝敬老人。和睦的家庭有利于家庭成员之间彼此和谐相处，避免发生冲突，让孩子能够更好地成长。

3. 维持良好的生活环境。人一生中的大部分时间都是在家庭中度过的，生活环境的好坏对人的心理会产生影响。所以家长要为孩子营造一个良好的生活环境。良好的生活环境不是说装饰多么豪华，用具多么高档，而是要做到尽量简洁、卫生、宁静、素雅，屋中陈设井然有序、有条不紊。有些家庭不注重环境方面的布置，家中陈设杂乱无章，一片狼藉，让人看了感觉心烦意乱，这种环境非常不利于孩子的身心发展。

4. 为孩子营造一个良好的心理气氛。家庭成员和睦相处，相互尊重，相互体谅，有利于孩子心理的发展。因为，在一团和气的家庭中长大的孩子，有着丰富的情感，稳定的情绪，开朗活泼的性格，积极阳光的心态以及满怀的自信。这是由于这种氛围能够让孩子感到温暖、幸福、愉快，能够得到来自家庭的爱和尊重，从而能够学到如何去爱他人，去尊重他人。所以，家长要让孩子能在民主和睦的气氛中成长，在人格上要平等相待，不要把成人的意见强加于孩子身上。和孩子像朋友般相处，孩子就会打开自己的心扉，从而使家长进行家庭教育时更容易奏效。

5. 家庭中要制订良好的作息时间和生活习惯。为了让孩子有一个良好的成长环境，家庭要制订固定的生活作息时间，让每个家庭成员都能够自觉遵守，长期下来就能够形成良好的时间观念。然而，有的家庭虽然给自己的孩子制订了时间表，然而自己却从不遵守，肆意放纵，晚上通宵达旦地喝酒打麻将，大吵大闹，或者在家高声放歌等，这样都会给孩子造成很坏的影响。所以，家长一定要以身作则，树立榜样，认真培养孩子的良好作息习惯。

攻人之恶毋太严，要思其堪受；教人之善毋太高，当使其可从

——对孩子要奖惩适度

阅读提示：有些家长，孩子在某方面做得好，取得了进步，就把孩子视为天才，捧上了天；而一旦孩子犯了什么错误，就进行一顿无情的斥骂，让孩子从天上又跌倒了地上，这些教育方式都是不对的。

不论我们做什么事情，都要注意一个“度”的问题，而这个“度”正是最难把握的。俗话说“过犹不及”，比如在栽树的时候，如果树苗放得稍微向左边偏了一点，想要扶正它，就要轻轻地向右边用力，但是假如用力太猛的话，那么它就又会偏向右边的方向，始终不能直立。

《菜根谭》中有一句至理名言，它是这样说的：“攻人之恶毋太严，要思其堪受；教人之善毋太高，当使其可从。”意思是，当责备别人的过错时不可太严厉，要顾及对方是否能接受，要给对方留有余地，不要伤害对方的自尊心；当教诲别人行善时，不可以希望太高，要顾及对方是否能做到。其实这里说的就是做事要适度的道理，这个道理用在家庭教育中同样有效。

叔本华有一则寓言：大士一个寒冷的冬天，天寒地冻，一群豪猪难以忍受这极度恶劣的天气，于是集思广益，最后想出了一个方法，那就是彼此挤在一起取暖。但是因为它们身上都有着硬硬的刺，靠得太近彼此之间会互相伤害，于是不得不分开。可是分开之后还是抵御不了寒冷，没办法，只好再一次聚拢在一起取暖。可是，同样的伤害又发生了。最后，经过几番调整，它们终于找到了最合适的距离，这样既可以满足彼此取暖的需要，又不至于互相刺伤。

其实在家庭教育中，对孩子的教育方式同样要注意“度”的问题。所谓家庭

教育中的度，指的是对孩子家教方式和方法上的量度。如果能让孩子健康发展，就是保持了教育的适度，如果不能就是过了度或是不及。这里说的适度，就是依照孩子身心发展的规律，以及每个孩子的具体情况，进行适当的教育。

孩子在成长过程中需要夸奖和鼓励，同时也不能少了批评和教育。夸奖和鼓励能够让孩子产生自信，激发孩子的兴趣和上进心。每个孩子能希望得到家长的夸奖和鼓励，得到肯定的评价，就算是那些看上去有很多缺点的孩子，如果能够得到家长的表扬，在情绪上也会有所改善，从而做出积极的行动。而适当的批评和教育则会帮助孩子发现身上的缺点，及时地进行改正，让孩子得到不断的完善和进步。但是如果一味地对孩子进行夸奖，容易让孩子产生骄傲的心理，看不起人；而一味地打击批评孩子，则会让孩子陷入深深的自卑之中。所以，家长平时要注意观察孩子的表现，如果孩子取得了些许进步，就要及时地给予肯定和表扬，这样才能激励孩子不断奋发向上。同时，对孩子的错误也不能姑息迁就，睁一只眼闭一只眼，而是要采取适当的手段进行批评教育，对于造成严重后果的错误行为还要进行适度的惩戒，让孩子认识到自己所犯下的错误，并从中汲取教训，引以为戒，不再犯同样的错误，总之一句话，那就是，对孩子该奖则奖，该罚则罚，然而要注意适度。

有些家长对孩子该奖不奖，该罚不罚，这是最典型的放任自流的家庭教育；而有些家长高兴了就大大奖励一番，生气了就责骂一顿，这是最不负责任的家庭教育。像这样奖罚不明的教育现象在生活中非常普遍，如果父母对孩子的奖励或惩罚不当就会带来负面的影响。

李先生和太太生了一个儿子，名叫小强，由于他们工作太忙，疏于照顾，就把小强放在了农村爷爷奶奶家，和老人们一起生活。在小强七岁的时候，父母把他从老家接了回来。他爱劳动，关心集体，学习成绩中等。但是由于比较贪玩，常常不按时完成作业，为此老师经常向他的父母告状。加上他在农村养成的一些不太文明的习惯，父母和哥哥经常对他谩骂甚至责打。用他妈妈的话来说就是“在家里没有他说话的分儿”，父子关系以及兄弟关系都非常僵化。

小强曾经对一个和他关系亲密的同学说：“我不喜欢这个家。”他非常惧怕父亲和哥哥对他的惩罚。为了逃避惩罚，他学会了说谎；为了报复父亲和哥哥，他多次偷窃家里的财物。到了初中，他依然得不到家人与老师对他的信任，为此他丧失了信心，曾经三次离家出走。

这个事例告诉我们，当孩子出现了问题，家长不仔细帮孩子分析并改正，而是只知道惩罚，结果往往会让孩子变得粗野、凶狠、自私、冷漠。这种惩罚会破坏亲子关系，甚至让孩子对父母产生仇恨心理。

所以说，家庭教育不是那么简单的，它是一项艰巨而复杂的任务。家长能否完成好这个任务，关乎家庭的稳定和孩子的未来，不容小觑。那么怎样做才是正确的奖惩呢？

1. 明确奖惩的适用范围。奖励或表扬适用于表扬孩子的优点，引导他们改正缺点。如果孩子平日里比较胆小害羞，那么家长要鼓励孩子敢于表现自己，相信自己，肯定自己。比如可以让孩子在家里作一个小型的演讲，家长进行积极的鼓励，让孩子树立起自信心，克服害羞心理。表扬能够帮助孩子树立自信心，训练孩子的独立性。

惩罚或者批评适用于纠正孩子的错误，抑制其不良行为。比如家长发现孩子 喜欢撒谎或是养成了一些懒散骄纵的恶习时，就要进行批评或惩罚。对孩子批评或惩罚的时候要注意运用合理的方式，不要进行粗暴教育，要和风细雨，耐心地引导孩子，让孩子明白自己的行为是不对的，并最终能够就此行为进行道歉，并保证此后不会再犯。总之在批评和惩罚孩子时，要视具体情况来灵活地选择奖惩手段。

2. 要奖惩明确。有些父母对孩子的奖惩过于随意，高兴了就奖励一番，不高兴就批评一顿，这种毫无来由的奖惩对孩子没有丝毫的益处，家长对孩子进行奖惩的时候，应当让孩子明白为什么奖励他、为什么惩罚他，这样才能让孩子知道自己在哪方面应该努力，在哪方面应该改正。

3. 注意奖惩的比例。在教育孩子的时候，表扬比批评起到的作用更大。如果批评多过表扬，容易让孩子缺乏信心，变得敏感而自卑。因此，父母在奖惩孩子的时候要注意“三七比例”，给孩子七分鼓励三分批评，在表扬孩子的同时指出其存在的不足，以防止孩子骄傲；在批评孩子的时候，也要肯定孩子的优点，防止孩子自卑。

相信家长们通过对孩子的仔细观察，都能够分析出孩子的优缺点，从而能够科学地教育孩子，对孩子该表扬的时候给予适度的表扬，该批评的时候进行适度的批评，最终达到良好的教育目的。

人有恩于我不可忘，而怨则不可不忘

——记得他人的好处，忘记他人的坏处

阅读提示：在孩子成长过程中，免不了和别人有接触，别人帮助自己的时候，要牢牢地记在心底，如果彼此之间发生了摩擦，则要迅速忘记，这样才能够让孩子在进入社会之后如鱼得水。

“我有功于人不可念，而过则不可不念；人有恩于我不可忘，而怨则不可不忘。”这是《菜根谭》中的名言，意思是说，自己虽然有功于别人，但是不要常挂在嘴上、放在心头，但是如果自己犯了什么过错，则要时刻牢记，以警醒自己；反之如果别人对自己有恩，则要牢记于心，终生不忘，如果别人与自己发生了摩擦，造成了不快，则要尽快忘记。这里说的是一种高明的处世之道，忘记自己对别人的功劳，就不会产生浮泛骄傲的心理；记得自己犯下的过错，就会时时提醒自己不要再犯，记得他人的好处，就会有一颗感恩的心；忘掉他人的坏处，则会活得更加通达、洒脱。

曾经有一个孤儿先后被三户人家收养。第一户人家将他从五岁养到八岁共养了三年，后来他们有了自己的儿子，就打算将他送出去。他不肯走，结果被养父母打得浑身是伤。实在挨不过去，痛不过了，才断了回去的念头。

第二户人家养了他五年，到 13 岁那年，他还是被狠心的养父母送了人，原因是他们收养了自己亲戚家的一个儿子，好过这个没有一点血缘关系的人。他还是不想走，哭着喊着“爸爸妈妈，你们别赶我走，我一定会听话的，我会做很多事来养活自己的，只求你们别赶我走”，最终他还是没能留下来，又去了第三户人家。

第三户人家只养了他一年，就因为不愿意拿钱供他上学而将他赶出了家门。

已经习惯了被人抛弃的他，居然再也没有了哀求的欲望，只想早点逃出牢笼。

这个无家可归的孩子才刚刚 14 岁就开始流落街头，以各种方法维持生计。刚开始，他只能从垃圾桶里捡些剩饭吃，后来他结识了一些流浪儿，于是便跟着他们一起卖花，给人擦皮鞋，还四处捡破烂。困了就睡在关门的商店门口，第二天天不亮便被商店的主人用脚踢醒。过了六年流浪生活后，他去了一家建筑公司当泥水工，算是有了一份正当工作。他用那点可怜的收入报考了夜校，获得自考文凭的那年他已经 22 岁，顺利进入一家公司当起了推销员。都说推销员很苦，但是经历了那么多苦难之后，还有什么苦他不能吃呢？正是由于他能吃苦，他的业绩很快便排在了所有推销员的前面。他当上了销售部经理。

再到后来，他拥有了自己的公司，当上了老板。有了钱，也就有了房子、车子，凡是应该有的他都有了。这时候他感觉自己什么也不缺了，唯一缺少的就是父母亲情。他决定将他的三对养父母都接来与他同住，200 多平方米的房子完全住得下。他还叫他们爸爸妈妈，给他们好吃好住。他的助理，也是曾经跟他一起流浪过的朋友非常不解地问："你疯了，你的养父母曾经那样对你，你还想给他们养老送终啊？他们抛弃你、虐待你的事情，难道你都忘记了吗？"他说："是的，我都忘记了，我为什么要记住呢？我经历的苦难已经够多的了，我不想全都记在心里。"他接着说，"我只知道，他们曾经给过我一口饭吃，给过我睡觉的地方，我才没有被饿死冻死。如果没有他们，我很难活到今天！"

在现实生活中，有几个能够拥有像这个小伙子那样的胸怀呢？有些孩子到他人家里做客，又是大吃大喝，又是拿东西，仿佛人家欠自己似的，丝毫不知道感谢；还有些孩子因为玩游戏或玩玩具而发生争吵，要么脏话连篇地互骂，要么大打出手，过后还耿耿于怀，几天都不搭理对方，对于孩子这种恶习，家长要帮其进行适时的纠正，因为，小时候不改正的话，等孩子长大之后，带着这种习气进入社会，得了别人的好处不懂得感谢，自己犯了错不知道悔改，别人稍微冒犯自己就记恨于心，这种人在社会上是很难有所发展的。所以家长要改变孩子的这种不良心态，让孩子从以下几个方面做起，积极改变自己。

1. 让孩子懂得助人为乐的道理。在帮助别人的时候，自己往往有一种成就感，也会从心里感到快乐，这是人的一种本能和天性。家长要有意识地培养孩子这种良好的习惯，让孩子乐于助人。

2. 让孩子懂得感恩。家长要让孩子明白一个道理，在这个世界上，任何一个人如果离开了他人的帮助，那么他一天也活不下去。正是因为人懂得感恩，知道彼此存在的重要性，才是人类社会能够发展到今天的原因，也是人类作为万物之灵的原因。懂得感恩，懂得回报，能够让孩子以饱满的爱心迎接生活，面对苦难，战胜困难，走向胜利。

3. 让孩子懂得宽容。世界上没有完美的人，每个人都免不了犯这样那样的错误，犯了过错就有可能伤害到别人。如果人人都不能宽恕别人的过错，恐怕天下早就大乱。

古时候，孟尝君被逐之后，经过一段时间，重新恢复相位，又回到齐国。谭拾子到边境去迎接，对孟尝君说："您会不会埋怨齐国的士大夫放逐您，而想杀人呢？"孟尝君说："会。"谭拾子说："有件事是一定会发生的，有个道理是必然的，你知道吗？"孟尝君说："不知道。"谭拾子说："死，是一定会发生的事；而追求富贵、摒弃贫贱则是必然的道理。拿市场来打比方吧！早上的时候，市场人潮汹涌，到了晚上，市场就空荡了；这并不是人们对于市场喜欢早上而憎恨晚上啊！为了求生存所以就争着去，为了避免危亡所以就逃离，这是同样的道理啊！希望您不要心怀怨恨。"孟尝君听了，就毁去了一份记有五百个他所怨恨的人的名单，表示不再要报复了。以上两件事说明了帮助或救助过别人不要挂在嘴上或记在心头，做了对不起别人的事要经常反省，别人对不起自己时，要立刻忘记。

因此，家长要告诉孩子宽容的道理，你敬他人一尺，他人敬你一丈，尊重是相互的。所以，当孩子与他人发生一些摩擦时，要懂得谦让和宽容，这样才能成为人见人爱的好孩子。

天行健，君子以自强不息……地势坤，君子以厚德载物

——培养孩子自强不息的精神

阅读提示：自强不息的精神是中华民族的传统美德。自《周易》提出这句话开始，它就一直激励着世世代代的中国人，为了成功、为了目标努力奋斗，自强不息。每一个成功的人都有这种精神的支撑，这一规律自古及今都不曾变，想让自己的孩子有所成就，家长就必须培养孩子自强不息的精神。

郑板桥，清代“扬州八怪”之一，虽然他老来得子，但是非常注重培养儿子自强的精神，对他从来不溺爱。病危时他把儿子叫到床前，要吃儿子亲手做的馒头。儿子不敢违抗父命，只好答应了，但是他却不会做，郑板桥要他去请教厨师。儿子请教了厨师，费了九牛二虎之力把馒头做成了，欢欢喜喜地端来孝敬父亲，然而父亲却早已溘然长逝了。儿子在父亲的床边悲痛自己，后来他忽然发现茶几上有张字条，原来是父亲留下来的，上面写着：“淌自己的汗，吃自己的饭，自己的事情自己干，靠天、靠地、靠祖宗，不算是好汉！”儿子才明白父亲临终要他亲手做馒头的用意。

通过这则故事，我们明白一个道理，那就是，要做一个独立的人，不依赖他人的人，凭自己的能力闯出一片天地的人，必须要有自强不息的精神。

“自强不息”，语出《周易》，“天行健，君子以自强不息……地势坤，君子以厚德载物”。意思是说，君子应当像天宇一样，时刻运行不息，就算是颠沛流离，穷困潦倒，也要不屈不挠；君子还应像广博的大地那样，以自己丰厚的德行去承载一切。自强不息是国人的美德，几千年来，中华民族凭借着自强不息的精神，历经无数磨难，经过祖祖辈辈的艰苦奋斗，才创造出辉煌的华夏文明，才最终屹立于世界民族之林。从无数炎黄子孙的身上都能发现他们的血液中流淌着矢志不

渝、刻苦勤奋、拼搏向上、自立自强的精神品质。我们的祖先历告诫年轻人的时候说“少壮不努力，老大徒伤悲”，即使对老年人也倡导“老骥伏枥，志在千里”和“不须扬鞭自奋蹄”的自强精神。这一精神对每一个中国人都有着强烈的影响和激励作用，即使面对苦难仍然积极奋进，拼搏不已。

张海迪五岁的时候因为患上了脊髓血管瘤导致高位截瘫，由于这个原因她没有进过学校，童年开始就依靠自己顽强的毅力自学知识，她先后自学了小学、中学和大学的专业课程。张海迪15岁时随父母下放山东省聊城莘县一个贫穷的小村子，在极为艰苦和落后的条件下，她没有惧怕，没有畏缩，而是以乐观向上的精神奉献自己的青春。在那里她给村里小学的孩子们讲课，并且克服种种困难学习医学知识，热心地为乡亲们针灸治病。在莘县期间她无偿地为人们治病一万多人次，受到当地人民的广泛爱戴和高度赞誉。很多人非常诧异，这么一个弱小的女子，居然能够承受如此严重的病痛，并以惊人的毅力取得了成功，这是为什么，就是因为自强不息的精神在背后支撑着她的信念，促使她达到成功。

现在很多家长纷纷表示自己的孩子依赖性太强，做事不能善始善终，遇见困难轻易放弃，不懂得如何自立自强，并表示出对自己孩子进入社会之后缺乏自主能力的担忧，这种担忧不无道理，同时这也说明家长迫切培养想要孩子的自主性。经过训练，每个人都能够树立自强不息的精神，只要家长有意识地改变孩子，培养孩子。

1. 为孩子制订奋斗目标。没有目标就没有奋斗的动力，家长要根据每个孩子的具体情况制订切合实际的目标。制定目标时要考虑孩子的能力，将目标定在孩子可以达成的能力范围内，当孩子达成目标后，进行适当的奖励，促使孩子向着下一目标迈进，激发孩子的好胜心，长期坚持，就能培养孩子自强不息的精神。

2. 培养孩子的忧患意识。很多孩子从小都是在蜜罐里泡大的，他们不知道生活的艰辛，父母的辛苦，花钱大手大脚，不知节俭，爱攀比，好挥霍，这些行为让很多父母忧心忡忡。然而，这些都是父母种下的恶果，家长应当明白“成由勤俭败由奢”的道理，告诉孩子困难、挫折与失败是人生的必修课，让孩子知道生活的不易，并愿意在苦难中接受挑战，自强不息，一步步地迈向成功！

3. 多给孩子动手的机会。不论在生活还是学习上，只要孩子力所能及的事情，尽量让孩子自己完成，家长不要越俎代庖，事事包办，如果家长为孩子大包大揽，容易让他养成依赖的习性，而依赖是自强的大敌。有些家长认为多在生活方面照顾下孩子，能让他有时间有精力去学习，然而，事实却不是这样的。生活上的依赖会影响孩子的心理，阻碍学习以及思维独立性的形成。有这么一个小案例，有一个小男孩，一次要参加一个演讲比赛，到了学校，才想起把演讲稿落在家里了。于是男孩急急忙忙给妈妈打电话，要妈妈替他把演讲稿送到学校里去。这位妈妈想了想，告诉儿子："我正在上班，很忙，帮不了你的忙。"儿子在电话里急得要哭出来："妈妈，你不帮我忙，我没法参加比赛，我要被老师批评的。"母亲坚定地说："我也没办法。我不完成任务，我也要被批评的。"结果，男孩在那次演讲比赛上的表现一塌糊涂。下台之后，男孩非常难受，觉得自己的错误要自己承担，不能再依赖他人，从此他改掉了粗心大意的缺点。后来，这位母亲说自己当时并没有特别的急事，是有意要帮儿子改掉粗心马虎的毛病，也就是让儿子学会为自己所做的事负责。总之，培养孩子的自强精神，是家庭教育中必不可少的课程。

4. 让孩子正确面对挫折。生活并不总是风和日丽，也有暴风骤雨。孩子的成长也要经历各种考验，家长要让孩子学会面对挫折时不灰心、不丧气，迎难而上，奋发前进。告诉孩子，唯有穿越生活中的种种苦难，坚持到底，自强不息，才能最终达到幸福的彼岸。

"回首向来风雨路，万里长征任疾驰。"如今的社会，知识爆炸，竞争激烈，稍有迟滞便会遭到社会的无情淘汰，因此，更需要发扬坚韧不拔、自强不息的精神。一个人，只有自强不息、坚持到底才能够登上成功之巅；一个社会，只有自强不息、群策群力才能够不断进步；一个民族，只有自强不息、勇于创新才能不断开拓进取；一个国家，只有自强不息、顽强拼搏才能在世界永远立于不败之地！让我们努力塑造孩子"天行健，君子以自强不息"的精神，为了明天，为了未来，乘风破浪，扬帆前进！